これからの病院経営を担う人材

医 療 経 営 士 テ キ ス ト

多職種連携とシステム科学

異界越境のすすめ

中 級【専門講座】

松下博宣

6

日本医療企画

はじめに

　本テキストを改訂するにあたり、「創造するリーダーシップとチーム医療」から「多職種連携とシステム科学」へと改題を行った。筆者はチーム医療と多職種連携について、北米、アジア、アフリカ、日本を回遊するようにして各国の医療機関の現場、大学・大学院での研究・教育、職能団体での継続教育に携わってきている。近年では、カナダやフィンランドなど海外の研究者とチームを組んで、チーム医療と多職種連携についての国際共同研究も行っている。

　そのようななかで、多職種連携協働の実践や教育や研究について問題意識を抱き続けてきた。本テキストに通底することなので、まず、このことについて述べておこう。

　第1に、保健・医療・福祉およびそれらの関連領域（以下、ヘルスケアと呼ぶ）には、連携や協働が強く求められ始めている。これは海外、日本、先進国、途上国を問わずグローバルな現象だ。そのため、実践とディシプリンの両面に渡って、チーム医療と多職種連携の理論や方法論が強く求められている。

　第2に、ヘルスケアは、縦割りの「蛸壺」ないしは「サイロ」が連綿と広がる世界だ。それぞれの専門職は、それぞれの大学院、大学学部、短期大学、専門学校等で教育を受ける。たとえば、医学、歯学、薬学、看護学、助産学、保健学、公衆衛生学、作業療法学、理学療法学、臨床心理学、言語聴覚学、診療放射線学、臨床検査学、臨床工学、栄養学、社会福祉学……などだ。近年、多職種連携教育の試みがされてはいるものの、これらのディシプリンは、伝統的に縦割り体制が中心で、わずかな例外はあるものの、分野横断的なコラボレーションは不十分なものにとどまってきた。

　第3に、学生は、このような縦割り体制で学び、それぞれの資格を取得した後、医療機関をはじめそれぞれの職場で、それぞれの専門を活かして働くことになる。しかし、それぞれの職場や部署とて、縦割り体質が決して弱くはない。また、勉強熱心な方々は、学会や職能団体に所属して知識やスキルの更新に余念がないが、多くの場合、それらは専門によって制度化されているため、内向きで相互の交流には消極的なことのほうが多い。そのようなことがあいまって、個々の臨床現場では、チーム医療、連携、協働の必要性が声高に叫ばれつつも、なかなか十全な多職種連携協働を実現することは容易ではない。

　多職種連携協働を進めるためには、以上のような前提条件にも解決すべき問題が多々あるということだ。つまり、臨床現場の多職種連携の問題の根は深く、問題の深層構造にまで視野に収めなければいけない。これは本テキストに通底する問題意識ともいうべきものだ。

さて、チーム医療や多職種連携を主題とする本は多い。しかし、本テキストが他と決定的に異なるのは、総合科学の有力部門の１つである、システム科学 (Systems Science) の視点から多職種連携やチーム医療にアプローチしているということだ。現代の科学領域と実践分野は、基礎、応用を問わず、狭い専門分野に特化することによって発展してきている。その結果、実践、科学の場を含めて非常に多くの専門分野がありながらも、横の連携、融合、橋渡し、総合化が希薄である。まさに、保健、医療、福祉を含めるヘルスケアは、その典型だろう。

　基礎、応用の先に構想すべきは総合である。まさに、連携、融合、橋渡し、総合的、ホリスティックなスタンスが、チーム医療や多職種連携には必要欠くべからざるものであり、そのための科学的、ないしは横断的な学問的基盤が、総合科学の雄であるシステム科学である。このような理由で、本テキストのタイトルには「システム科学」と冠している。

　このような考え方に基づいて、第１章は、多職種連携やチーム医療をシステム科学という目線で捉えるときのコツを深掘りしていく。チーム医療、多職種連携、多職種教育、多職種実践、多職種連携協働などを扱った文献や用語をレビューしたうえで、本テキストの特徴を明らかにしておく。さらに、社会の変遷を鳥瞰し、今日本が向かっているとされるSociety5.0を捉えていこう。また、多職種連携協働の実態を捉える尺度を紹介する。この尺度を実際の病院で使い、多職種連携協働の実態調査をした結果なども交えて考えてみよう。

　第２章では、組織風土について考えてみよう。筆者は長年、多職種連携やチーム医療に関するアドバイザリー、コンサルティング、講演などで多様な臨床現場とかかわりを持ってきた。そのようななかで、組織風土こそが、多職種連携を促進したり阻害したりする淵源をなしているのではないか、と見立ててきた。この章ではシステム科学の視座に立ち、組織風土を分析し、見える化する手法を、事例を交えて考えてみよう。

　つづく第３章では、多職種連携協働を前向きに進めるためには、どのように人材を育成したらよいのか、について考えてみよう。人の持つ能力行動特性をシステム科学の視点から見た場合、実に多様な発見がある。これらをぜひ読者とシェアしたい。

　第４章はイノベーションについて洞察を深めるための章だ。多様なアイディアが交わり、スパークを起こすことによってイノベーションは巻き起こる。だとしたら、多職種が擦れ合って、交わる多職種連携の場は、イノベーションの萌芽の坩堝（るつぼ）ということになるだろう。

　第５章では、リーダーシップについて考えよう。システム科学では、確定的な答えがな

い、複雑な人の行動を、ソフト・システムズ方法論で捉える。チーム医療や多職種連携の成否はリーダーシップであり、欧米では、多職種連携協働を促進するためのリーダーシップ教育が大変盛んだ。そのような最新理論、事例も紹介したい。

　第6章では、イノベーションとリーダーシップの関係を考えてみたい。ヘルスケアは社会性の強いサービスだ。サービスとはいったいなんなのか。ヘルスケアに関するサービス・イノベーションが創発する機序はなんなのか。それぞれの立場でイノベーションをいかに起こしていくのか。多職種連携を促進するためには、従来のスタイルとは異なるリーダーシップが求められる。すなわち、コラボレーティブ・リーダーシップというスタイルについても考察を加える。

　第7章は最終章となる。リーダーの延長線上には、自らリスクをとって、積極果敢にビジネスを立ち上げ、新規事業に挑むアントレプレナーが存在する。実は、多くのイノベータやアントレプレナーは多様なアイディアが交じり合ってスパークする多職種連携の場から生まれているし、また多職種連携を上手に活用している。そんなことを最終章では考えてみよう。

　医療経営士、医療経営士を目指す方々は、おそらくは大学などで多様な学問を学ばれた方々が多いと思う。個々の臨床や経営の現場に入っていって、多職種連携やチーム医療の場に触れることも多いのではなかろうか。場合によっては、多職種連携のアドバイスやコンサルティングなどに関わる方々もいるかもしれない。今や多職種連携やチーム医療は経営的な一大テーマにもなっているので、そのような読者にとっては、本テキストは有用な1冊となることだろう。

　また、多くの読者は、多様な多職種連携チームの一員として日々働いていることだろう。それぞれの役割や立場から見れば、多職種連携とまったく無縁な人はいないのではなかろうか。ぜひ、本テキストに触れて、現代のリベラル・アーツともいえるシステム科学の目線から多職種連携を考える際の一助にしてほしいと思う。

松下　博宣

目　次
contents

はじめに ……………………………………………………………………………………ii

第1章　多職種連携をシステムとして捉えよう

1 チーム医療から多職種連携へ …………………………………………… 2
2 ソフトシステムとしての多職種連携……………………………………… 7
3 多職種連携に関わる実践とディシプリン……………………………… 9
4 VUCA時代にはシステム科学のレンズで
　　多職種連携を捉えよう …………………………………………………… 13
5 トランスレーショナル・システム科学の7つの基礎的前提 …19
6 多職種連携と働きかたの進化 …………………………………………… 23
7 分身ロボットやケア支援ロボットとの連携協働 ………………… 29
8 多職種連携のネットワーク進化 ………………………………………… 34
9 多職種連携の実態を見える化する尺度AITCS-Ⅱ-J …………… 40

第2章　多職種連携と組織風土

1 多職種連携協働における阻害要因と促進要因 ………………… 58
2 多職種連携アイスバーグモデル ………………………………………… 72

第3章 多職種連携を推進するコンピテンシー

1 システム科学を用いて能力行動特性を深掘りする …………… 80

2 2つのコンピテンシーの特定方法 ……………………………… 86

3 関係性スキルと技術スキルとの関係 ………………………… 97

第4章 多職種連携(チーム医療)によるイノベーション

1 日本史始まって以来の大変化～大量死時代の到来 ………… 106

2 慢性疾患の増加 ……………………………………………… 109

3 キュアからケアへのシフト～大量死時代の看取り場所 …… 112

4 医療サービスの変化トレンド～キュア・ケアの場の大変化 ‥ 115

5 多職種連携の動向 …………………………………………… 118

6 チームとは何か～多職種連携(チーム医療)の定義 ………… 121

7 多職種連携の今後～内に対する凝縮性と
外に対する拡張・拡大性 …………………………………… 124

8 専門職によるチーム組成～日本的チームの特性 …………… 126

9 インフォームド・コンセント ……………………………… 129

10 多職種連携のマネジメント手法 …………………………… 131

第 **5** 章 **未来を創造する力＝リーダーシップ**

1 実践力とは何か……………………………………………… 136
2 リーダーシップとは………………………………………… 139
3 リーダーシップとコミュニケーション………………… 143
4 リーダーシップ研究の百家争鳴………………………… 146
5 リーダーシップ発揮の手法〜コーチング、内発的動機づけ、
　 エンパワーメント………………………………………… 149
6 マネジメントとリーダーシップ………………………… 153
7 情動的知性と社会的知性………………………………… 154
8 フロー体験のマネジメント……………………………… 156
9 シンクロニシティ創発のリーダーシップ……………… 159
10 多職種連携を促進するコラボレーティブ・リーダーシップ… 166
11 コラボレーティブ・リーダーシップとは何か………… 169

第 **6** 章 **イノベーションとリーダーシップ**

1 イノベーションとは……………………………………… 178
2 イノベーションのさまざまな理論・モデル………… 180
3 社会イノベーションとは何か………………………… 187
4 社会イノベーションの普及とスケールアウト……… 196
5 社会事業のモデル……………………………………… 202
6 サービスの特性………………………………………… 207
7 社会イノベーションとサービス共創性……………… 210

8 医療サービスのイノベーション創発場 ……………………… 213

9 イノベーション・パイプライン ……………………………… 219

第7章 アントレプレナーシップと
医療社会起業家

1 医療・保健・福祉分野におけるアントレプレナーと
イノベーション ………………………………………………… 226

2 社会起業家とは ………………………………………………… 232

3 医療社会起業家とは …………………………………………… 236

4 医療社会起業家の特性 ………………………………………… 238

【コラム】①診療報酬制度でもますます拡大するチーム医療の評価‥11
②臨床現場の生々しい主観的言葉に耳を傾けよう ……… 67
③コンピテンシー理論の混乱 ……………………………… 81
④転職、縁故と斡旋会社経由の比較 …………………… 99

おわりに …………………………………………………………… 248

第1章

多職種連携をシステムとして捉えよう

1 チーム医療から多職種連携へ

2 ソフトシステムとしての多職種連携

3 多職種連携に関わる実践とディシプリン

4 VUCA時代にはシステム科学のレンズで多職種連携を捉えよう

5 トランスレーショナル・システム科学の7つの基礎的前提

6 多職種連携と働きかたの進化

7 分身ロボットやケア支援ロボットとの連携協働

8 多職種連携のネットワーク進化

9 多職種連携の実態を見える化する尺度AITCS-Ⅱ-J

　本章では、多職種連携をシステムとしてとらえる際のポイントを整理してみよう。チーム医療という用語は、文字どおり医療のためのチーム医療を指す。しかし近年、連携すべき職種は医療職のみならず、保健、介護、福祉などを含める地域包括ケアシステムに拡大している。よって、連携のあるべき姿を正確にいえば、チーム医療ではなく、多職種連携となる。具体的には、多職種連携に関わる実践と科学的なアプローチ、システム科学のレンズについて押さえたうえで、現代の多職種連携の時代的な推移を振り返る。そのうえで、専門職のみならず、AI（人工知能）やロボットなどとの連携協働やネットワーク進化を考えてみよう。さらに、多職種連携の実態を計測するスケールやその活用方法などを紹介する。

チーム医療から多職種連携へ

かつてチーム医療と呼んでいたものを、医療のみにとらわれずに、保健、福祉やそれらに関連する部門も視野に入れて、多職種連携（インタープロフェッショナル・コラボレーション）というように捉え直そう。さらに、多職種連携をシステムとして捉え直すと、今まではっきり見えていなかったものが見えてくる。これからの多職種連携は、医療に閉じこもることなく、保健・医療・福祉や関連領域にまで境界を越境していく。さらに、まったく別の産業とのコラボレーションも必要になってくる。つまり、異次元のフェーズに進化していくし、AI（人工知能）やロボットの進化にともなって、人とマシンのコラボレーションも進んでいく。具体論としては、リアルな事例を交えて、多職種連携協働の実態を計測して「見える化」するツールを紹介する。

1 なぜ多職種連携なのか

改訂を迎えた本テキストでは「チーム医療」という用語に加えて、「多職種連携」という用語を多用していく。その理由をまず述べておこう。

今日、「多職種間」を意味する用語として英語圏ではinterprofessionalという用語が定着している。Inter-professional Workという用語は、この分野の先駆的な研究者であるLeathard（1994）によって初めて概念化された[1]。やや些末なことだが、interとprofessionalという2つの単語をハイフン「-」で結んでいる。その後、Leathard（2003）[2]は、ハイフンを取り去り、interprofessional collaborationという用語を採用し、こどもの虐待防止には医師、訪問看護師、看護師、ソーシャル・ワーカー、警察官、裁判官、学校福祉の職員、教員、両親や親類関係者等の協働が不可欠である[3]と主張した。

このように、今日では、このハイフンは消えて、interprofessionalというように1つの単語として用いられることが一般的だ。このような流れのなか、Interprofessional Collaboration（IPC）という用語が多用されている。プレンティス（2019）によれば、従来職種別の縦割り教育の弊害に対する反省を出発点とする多職種間教育に焦点を当てればInterprofessional Education（IPE）となり、横の連携を十全に取りつつ働くことに焦点を

※1　Leathard. A. (1994). Going Inter-professional: Working Together for Health and Welfare.　p3-5. Routledge.
※2　Leathard. A. (2003). Interprofessional Collaboration from policy to practice in health and social care. Brunner-Routledge.
※3　田村由美 (2018).　改訂版新しいチーム医療. 看護の科学社. P11.

当てればInterprofessional Work(IPW)となる[4]。WHO、すなわち世界保健機関(2010)は、多職種連携協働教育(IPE)とは、2つあるいはそれ以上の専門分野出身の学生が、効果的な連携・協働と健康アウトカムを実現するために、お互いを学び、お互いから学び、共に学び合うことから生じるものである、と定義する[5]。主要な用語とそれらの定義は次ページの**表1-1**のようになる。

2 多職種連携教育(IPE)とは何か

表1-1にも掲載したように、英国のCAIPE(Centre For Advancement of Interprofessional Education)は、「多職種連携教育は、2つかそれ以上の専門職が人々の健康とヘルスケアの質を改善するために、学習の場を共にし、お互いのことを、相互に学び合うときに生じるものである」(CAIPE, 2002)としている[6](下線は筆者)。英語のoccurという自動詞は、生じる、起こる、出現する、というほどの意味だ。日本語訳の他の用例では、この含蓄深い言葉をあえて訳していないのが不思議だ。ここでは、occurという英語を「生じる」と訳そう。

IPE(多職種連携教育)は、本質的に、与えられるものではない。また、教え込まれるものでもない。まして、固定的なカリキュラムを履修することによってのみ習得するものでもない。そうではなく、多職種連携教育はどのような場であれ、時であれ、そこに「生じる」ものなのである。つまり、教える、教えられるものではなく、場と時に「生じる」ものだ。

いったい多職種連携教育は、どのようなときに「生じる」のか。それは、「学習の場を共にし、お互いのことを、相互に学び合うとき」である。教室のなかとは限らない。臨床の現場とも限らない。そこに教員がいてもいなくても関係ない。2つかそれ以上の専門職が人々の健康とヘルスケアの質を改善するために、学習の場を共にし、お互いのことを、相互に学び合うときに生じるものである」(下線は筆者)。この意味深いニュアンスを肚に落とすことが肝要である。

※4 Prentice, D. (2019). Navigating Interprofessional Care: The Past, Present & Future.Presentation material shared at the 4th Health Forum, Bukyo Gakuin University, Tokyo.

※5 World Health Organization(2010). Framework for Action on Interprofessional Education & Collaborative Practice. https://apps.who.int/iris/bitstream/handle/10665/70185/WHO_HRH_HPN_10.3_eng. pdf;jsessionid=D4143EB147792E35F17359DD11AEE71F?sequence=1 (accessed 2019.8.22)
　原文は "Interprofessional education occurs when students from two or more professions learn about, from and with each other to enable effective collaboration and improve health outcomes"

※6 Centre for Advancement of Interprofessional Education, Definition of Interprofessional Education (revised). https://www.caipe.org/ (2019.8.22)
　原文は "Occasions when two or more professions learn with, from and about each other to improve collaboration and the quality of care"

表1 - 1　**主な用語とその定義**

発表主体	発表年	発表者	用語の定義
			チーム医療
厚生労働省 チーム医療の推進に関する検討会 報告書	2010年		チーム医療とは、医療に従事する多種多様な医療スタッフが、各々の高い専門性を前提に、目的と情報を共有し、業務を分担しつつも互いに連携・補完し合い、患者の状況に的確に対応した医療を提供すること。
チーム医療推進協議会	NA		チーム医療とは、一人の患者に複数のメディカルスタッフ（医療専門職）が連携して、治療やケアに当たること。
文部科学省 発表資料	2008年		（病院におけるチーム活動）目的・目標に応じて、チームメンバーが決まる。目標達成したら、チームは解散する。チームメンバーは連携・協力して目標達成に貢献する。
文部科学省 発表資料	2008年		（地域における多職種・多機関の援助）利用者の必要に応じて、メンバーが入れかわり、利用者のケアを継続してゆく。関わる人が連携協働して利用者のケアに貢献する。
日本医師会	2013年	常任理事 藤川謙二	高い専門性を持つメディカルスタッフが連携し、適切に補完し合うことがチーム医療の推進であり、患者への良質な医療の提供につながる。
厚生労働省 報告書：チーム医療の推進にかかる基本的な考え方	2010年		チーム医療とは、多様な医療スタッフが、各々の高い専門性を前提に、目的と情報を共有し、業務を分担しつつ互いに連携・補完し合い、患者の状況に適確に対応した医療を提供すること。
			多職種連携教育 (IPE: Interprofessional Education)
Barr. H. Working together to learn together: learning together to work together, Journal of Interprofessional Care, Vol. 14. p.177-179. 日本語訳は、田村由美. 新しいチーム医療. 看護の科学社. を参照した。	2000年	Barr	IPE の構成要素は、対人関係、グループ間の関係、組織間の関係、専門職化のプロセスの理解によって導かれる一貫した根本原理のなかで、協働の実践のための共に学ぶ学習といった成人学習の原則の適用である。
CAIPE	2002年		協働とケアの質を改善するために、複数の専門職が、共に互いから、互いについて学び合うときに生じるものである。Interprofessional Education occurs when two or more professions learn with, from and about each other to improve collaboration and the quality of care.
WHO	2010年		多職種連携教育は、複数の専門職の学生が互いに学び、互いから学び合い、効果的な協働（コラボレーション）を可能にし、健康上の成果を改善するときに生じるものである。Interprofessional education occurs when students from two or more professions learn about, from and with each other to enable effective collaboration and improve health outcomes.
			多職種連携協働 (IPW: Interprofessional Work)
田村由美. 改訂新しいチーム医療. 看護の科学社	2018年	田村由美	よりよい健康のための専門職の協働。専門職種間の協働実践。多職種協働。多職種間連携・協働
			多職種連携実践 (IPP: Interprofessional Practice) の定義
WHO	2010年		多職種連携実践は、多様な状況で最高品質のケアを提供するために、多様な専門的背景を持つ複数の医療従事者が、患者、その家族、ケアギバー、およびコミュニティと連携して包括的なサービスを提供する時に現れる。Collaborative practice occurs when multiple health workers from different professional backgrounds provide comprehensive services by working with patients, their families, caregivers and communities to deliver the highest quality of care across settings.

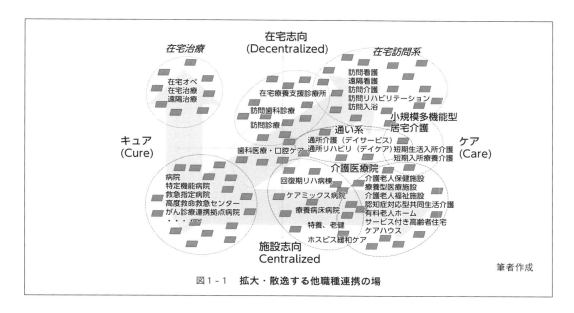

図1-1　拡大・散逸する他職種連携の場

3　チーム医療と多職種連携との関係性

　さて、グローバルなシーンを見据えると、日本でさかんに流通してきた「チーム医療」という言葉は、「チーム」という言葉と「医療」という言葉と対にしているという点で、チームが含意するものの対象として医療に限定してしまっているのだ。

　図1-1を見てほしい。現在、多職種連携が求められている場は、左下の伝統的な病院を中心とする領域から、脱病院化して、より地域へ、より在宅へとシフトしてきている。この動きを、わかりやすく、地域包括ケアシステムへのシフトと呼んでもよいだろう。

　いずれにせよ、日本で流通してきた「チーム医療」（鷹野，2002[※7]；細田，2012[※8]；福原，2013[※9]；川島，2016[※10]）という用語は図1-1でいえば、主として左下の領域を限定的に示す、あるいはそのような含意があるものと、理解する必要があろう。

　ところが、現実は、医療とて一部が脱病院化しているし、地域包括ケアシステムのなかで、プレーヤーは拡大化、散逸化している。つまり、多職種連携は、病院外の地域包括ケアシステムでも、病院と連携する地域包括ケアシステムの中でも着々と進行中である。

　こうもいえよう。つまり、医療サービスは他のサービスと独立して単独では医療サービス足りえず、居宅介護、介護予防、福祉、まちづくり、防犯、見守り、認知症ケアサポートなど、多様なヘルスケア関連のサービス、システムと連携、協働しなければならない。すなわち、医療の内部に閉鎖する「チーム医療」ではなく、保健、医療、福祉、さらにそれ

※7　鷹野和美（2002）．チーム医療論．東京：医歯薬出版．
※8　細田満和子（2012）．「チーム医療」とは何か―医療ケアに生かす社会学からのアプローチ．日本看護協会出版会．
※9　福原麻希（2013）．チーム医療を成功させる10か条―現場に学ぶチームメンバーの心得．中山書店．
※10　川島みどり（2016）．増補版 チーム医療と看護―専門性と主体性への問い．看護の科学社．

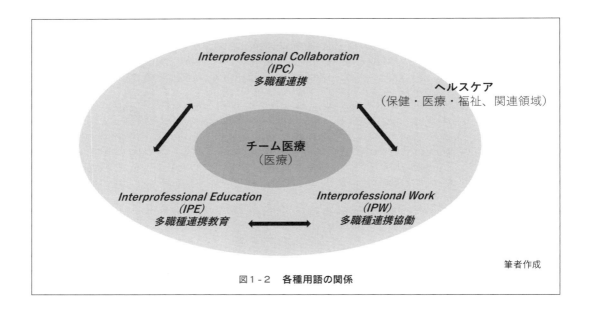

図1-2　各種用語の関係

筆者作成

　らが関連する地域包括ケアシステムに対して開放性を持つ多職種との実質的な連携や協働こそが求められるのである。

　よって、本テキストでは、図1-2のように、多職種連携の部分集合としてチーム医療を位置づけることとする。つまり、保健、医療、福祉、それらが関連する包括的な大きな領域をヘルスケアと呼ぼう。このような場で必要とされるものが多職種連携である。病院が重要な役割を果たすという状況は今後とも続き、したがって、医療にアプローチするチーム医療の重要性は増すばかりだ。チーム医療とは、多職種連携の一部であり、多職種連携に関する、たとえば、多職種連携教育（Interprofessional Education：IPE）、多職種連携協働（Interprofessional Work：IPW）、多職種連携（Interprofessional collaboration：IPC）の方法論は、地域包括ケアシステムでも、その重要な一部である病院でも導入可能であるし、積極的に応用を図るべきだろう。

2 ソフトシステムとしての多職種連携

　本テキストは、チーム医療と医療を包含する多職種連携を次のようにシステムとして、さらにはソフトシステムとして捉えていく。ポイントは3点である（図1 - 3）。

1　多職種連携における3つのポイント

　第1に、多職種連携（チーム医療）は人間と人間が織りなすきわめて人間的な行いである。異なる意見や主張がぶつかったり、声が大きな人の意見が無批判的に通ってしまったりもする。みんなで合意した事柄が、結果として間違うこともあろうし、関係者一同合意したことが、守られないこともあるだろう。「患者中心」や「患者第一」という聞こえの良い合言葉やスローガンはあるものの、誰かの都合が優先されることもあるだろう。チームのなかでの自分の役割をよく果たす人もいるし、そうでない人もいるだろう。

　そのような状況のなか、葛藤、対立、感情的ないさかい、理不尽なこともしばしば起こるものだ。これらは、人間が人間を相手にして行うコミュニケーションに拠って立つ人間活動システムの常である。多職種連携（チーム医療）は、目的志向的なものだが、人間が集

（1）多職種連携（チーム医療）は、<u>人間活動システム</u>としてコミュニケーションによって成り立つ。

（2）多職種連携（チーム医療）のコミュニケーションには、<u>パートナーシップ、協力、調整</u>という普遍的・一般的な機能要件が求められる。

（3）多職種連携（チーム医療）とは、多様な<u>ヘルスケアに関わる意思決定主体</u>が、それぞれの専門性を<u>前提</u>に、<u>目的と情報を共有</u>し、連携・補完し合い、患者（顧客）の状況に的確に対応したサービスを共創する<u>ソフトシステム</u>である。

筆者作成

図1 - 3　ソフトシステムとしての他職種連携（チーム医療）

まって行う活動であるがゆえに、さまざまな問題が起こりうるのである。

　第2に、一言でコミュニケーションといっても、そこには、実に多様なことが含まれる。日本語化されて久しいコミュニケーションとは便利な言葉だが、あまりにも抽象的すぎてポイントが絞りづらい。しばしば、「チーム医療や多職種連携を推進するためにはコミュニケーションが重要である」というような主張がなされるが、実はそのような言説は何もいっていないに等しい。抽象的な規範を述べているだけである。

　コミュニケーションを捉えるときは、そうではなく、システム科学では具体的かつ実証的捉える。詳細は後ほど具体的なデータと実証的な研究を引きながら議論していくが、抽象的で規範的な「コミュニケーション」ではなく、パートナーシップ、協力、調整という3種類のコミュニケーションが、チーム医療や多職種連携の成否を左右するということが、世界中の研究者の実証研究によって明らかになっている。また後述するように、そのための尺度も存在する。すなわち、多職種連携(チーム医療)のコミュニケーションには、パートナーシップ、協力、調整という普遍的・一般的な機能要件が求められるのである。

　第3に、多職種連携(チーム医療)とは、多様なヘルスケアに関わる意思決定主体が、それぞれの専門性を前提に、目的を探索したり、追求しつつ、情報を共有し、連携・補完し合い、患者(顧客)の状況に的確に対応したサービスを共創するソフトシステムである。意思決定主体とは、後に詳しく見るように、いろいろな意思決定に関与する主体のことだ。通常は人間だが、最近はロボットなども含まれるようになってきている。

2　気づきから学びあい、学びをシェアする

　ソフトシステムというのは、目的を探索する人間が、いろいろとパートナーシップを共有し、協力、調整を進展させると同時に、チーム活動それ自体が学習プロセスそのものだということを意味している。問題や課題を発見したり、問題解決方法を提案しあったり、異なる意見を一時的に共立併存（アコモデーション）させたり、それらの方法を実行して、結果を評価する。アクションプランを実践している最中の気づき（アウェアネス）もあれば、事後的な気づきもあるだろう。そうした気づきから学びあい、かつお互いの学びをシェアすることが肝要である。

❸ 多職種連携に関わる実践とディシプリン

では、どのように多職種連携を分かりやすく、それぞれの専門職の賛同を得ながら無理なく、クリエイティブに、目標をシェアし、お互いの立場を尊重して、対話を進め、擦れあい、気づきあい、時にリーダーとなり、時にメンバーとなり、リーダーシップをシェアしつつ、進めていったらよいのだろうか。

1 分野横断的あるいは学際的連携の重要性と困難さ

図1-4をご覧いただきたい。個々の臨床現場、つまり実践の場の組織風土は、蛸壺やサイロのような形をしていることが多い。専門に特化したディシプリンによって区切られているので、人事異動で軽々しく行き来もできないし、各種介入の理論、実践方法も当然異なることになる。それぞれの専門職でしか遂行することができない業務が、法的に決められていることも多い。専門性のゆえんだ。

それと同時に、大学での教育（多くの場合、研究も含める）も前述したように相互交流、知の還流があまりオープンではないサイロ的な体質である※11。人はすべての領域におい

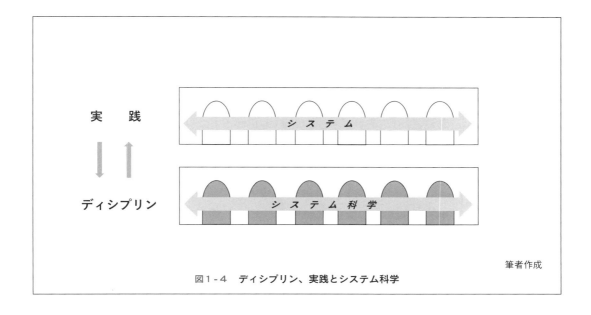

筆者作成

図1-4　ディシプリン、実践とシステム科学

て専門性を持つことは難しい。近代科学も、実践の場も、おおむね、このようなパラダイムで構築されてきているし、専門性を追求するためには狭く深く探求することが効率的である、というのが現代社会の、ある意味、多くの批判はあるものの、合意事項であるといってよいだろう。

　要は、実践もディシプリンも、それぞれの専門性を生かしながらも、分野横断的に、あるいは学際的に連携することが本質的に重要となってくるのだが、実はそれは容易ではない。

　「では、多職種連携を進めるためには、どうしたらよいのか」

　これが筆者のリサーチクエスチョン（研究の土台となる問い）であり、実践にあたっての問いである。筆者のアプローチは、専門分野を問わず、共通で普遍的なものを基軸にしてコトにあたる、ということである。

2　システムとシステム科学

　どの臨床現場でも、どの専門分野でも、使っているもの。全員が触れているもの。それがないと仕事が前に進まないもの。考えの基本にあるもの。そのようなものの大きな1つは、システムである。

　個々の科学、学問分野においても、システムの影響は大きい。今日、どの専門分野でも介入対象はシステムとして理解されるし、介入行為もシステムとして把握される。知的活動を情報の側面から支えるものは情報システムである。情報システムと無縁に仕事を行う専門家は現代社会においてはありえない。

　専門職を育成する大学等においてもシステムの浸透は圧倒的だ。アドミッション（入学）も、カリキュラムも修了もポリシーという名のシステムで管理される。また、日々の授業も、教育も研究も、もはや、諸般のシステム抜きには一歩も前に進まないはずだ。

　このように実践の場は実に多岐にわたり、それぞれが蛸壺やサイロであっても、システムで動いていることは共通している。また、大学等の専門職を教育し、専門分野の研究を進める場も、システムが作動していることは共通している。

　このような意味合いで、図1-4では、多様な実践の場を横断的に貫くものをシステムと呼び、多様な学術分野、ディシプリンを貫くもののことをシステム科学と呼ぼう。

　とはいえ、あまり堅苦しく考える必要はない。今やシステム科学は、人間の感情、コミュニケーション、能力、行動、人々をいかにまとめるのか、という事柄にも有効な洞察を提供してくれる。また、昨今話題によく上る人工知能、ロボティクス、Society5.0、デジタル・トランスフォーメーションなども視野に収めている。換言すれば、システム科学とは

※11　とはいえ、先駆的な多職種連携教育に着手している大学も、日本では徐々にだが増え始めている。2008年には日本保健医療福祉連携教育学会が設立されている。

column ① 診療報酬制度でもますます拡大するチーム医療の評価

　チーム医療や多職種連携はカネになる。診療報酬制度のなかで、チーム医療や多職種連携のシステム化が加点、加算の対象になっているからだ。しかも、その対象範囲は改訂のたびに拡大している。2002年の「褥瘡対策未実施減算」新設による多職種連携による褥瘡対策チームを普及させたい厚生労働省は、多職種連携によるチームを医療機関のなかに組成させ所定のフォーマットで業務を遂行しない場合、所定の褥瘡対策が未実施と見なし診療報酬を減算とした。チーム医療と多職種連携が診療報酬制度のなかで、評価されたのはこれが初めてだった。

　それ以降、医科歯科連携、特定集中治療室での早期離床・リハビリテーション、医師事務作業補助体制、看護職員と看護補助者間との業務分担・共同の推進、感染防止対策、呼吸ケア、介護支援連携、栄養サポート、リハビリテーション総合計画評価、糖尿病透析予防指導、精神科リエゾン、移植後患者指導管理、外来化学療法、在宅患者訪問褥瘡管理指導、認知症ケア、外来緩和ケア、入退院支援など多様な診療報酬項目で多職種連携によるチーム組成が加点の対象となっている。

　2018年度の診療報酬改定では、医療安全対策地域連携加算、感染対策・薬剤耐性対策、入院時支援加算、入退院支援チームなどがより精緻化された。診療報酬制度では、システムとして成立しているか否かを、「算定要件」として見定めることになっている。医療チームと多職種連携のシステム構成員の内訳と、チーム具体的な業務が記されるようになってきている。

　これらのうち、抗菌薬適正使用支援加算を例として見てみよう。この加算は、感染対策・薬剤耐性対策薬剤耐性（AMR）対策の推進、特に抗菌薬の適正使用推進の観点から、抗菌薬適正使用支援チームの組織を含む抗菌薬の適正使用を支援する体制の評価に係る加算として、100点（入院初日）が新設された。

　抗菌薬適正使用支援チームの構成員として、

ア　感染症の診療について3年以上の経験を有する専任の常勤医師

イ　5年以上感染管理に従事した経験を有し、感染管理に係る適切な研修を修了した専任の看護師

ウ　3年以上の病院勤務経験を持つ感染症診療にかかわる専任の薬剤師

エ　3年以上の病院勤務経験を持つ微生物検査にかかわる専任の臨床検査技師いずれか1名は専従であること。また、抗菌薬適正使用支援チームの専従の職員については、感染制御チームの専従者と異なることが望ましい。

　抗菌薬適正使用支援チームの業務として、

①感染症治療の早期モニタリングと主治医へのフィードバック

②微生物検査・臨床検査の利用の適正化

③抗菌薬適正使用に係る評価

④抗菌薬適正使用の教育・啓発

⑤院内で使用可能な抗菌薬の見直し

⑥他の医療機関から抗菌薬適正使用の推進に関する相談を受ける

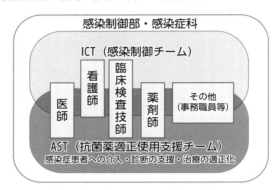

ヘルスケアにかかわる人ならば、もつべき教養、リベラル・アーツのようなものである。

　以上のように、本テキストのスタンスは、多職種連携やコラボレーションをシステムとして捉えることから始めたいと思う。そうすることによって、とかくサイロや蛸壺になりやすい多職種の間で共通の発想、橋渡しのアイディアが生まれることとなる。

❹ VUCA時代にはシステム科学の レンズで多職種連携を捉えよう

1 今こそ求められるシステム科学とシステム思考

　現代はボラタリティ（Volatility、変動性）、アンサータンティ（Uncertainty、不確実性）、コンプレクシティ（Complexity、複雑性）、アンビギュイティ（Ambiguity、不透明性）が激増して、将来を見通しにくい「VUCA」時代といわれている。

　そうした時代にあって、いい仕事をするためには、過去の延長線上ではない未来を自ら生み出す発想、イノベーティブな思考で様々な課題を設定する能力が求められている。イノベーティブで新しいものを生み出していくためには、グッドクエスチョン（良い問い）を、頭を酷使して、頭に汗をかいて、実行可能なアイデアを絞り出すことが求められる。そのために、必要なものがシステム科学とシステム思考である。

　本テキストが類書と大きく異なるのは、多職種連携をシステムとして捉えている点だ。そして、本テキストの目的は、多職種連携をシステム科学のレンズを通して分析し、改善し、イノベーションの影響を受けながらも、それ自体がイノベーションの契機を生み出すことを支援することにある。だから、はじめに、システム科学とはいったいなんなのかについて、押さえておこう。

　図1-5に示すように、いろいろな意思決定に関与する主体のことを意思決定主体※12（アクター）と呼ぶ。多様な意思決定主体どうしが関係性（リレーション）を持ち、繋がり合ってできあがる全体のことを人間活動（ヒューマン・アクティビティ）システムという。今、人間活動という用語を使ったが、何が人間的で、何が人間的でないのか、については議論が分かれるところだ。その境界線はどこになるのか、あるいは、どこに引いたらよいのか、についても、議論を進めながら考えていこう。

　さて、意思決定をする複数のアクターがいればいるほど複雑なシステムになる。注意すべきはアクターの範囲である。誰しもが、意思決定を行う主体として人間を思い浮かべるはずだ。しかし、今やデータや情報を集約し、評価し、ものごとを選択し決める機能は、人間だけにとどまらずAI（人工知能）やAIと一体になったマシン、ロボットにも及んでいる。

　また、アクターとしての人間の中身も一様ではなく、分析的思考や概念思考に優れた人

※12　システム科学では意思決定主体のことをエージェントということもある。ここではアクターという言葉を使う。アクターとは、俳優、関係者、行為者などと訳されるが、意思決定主体者は、役割を演じる俳優であり、他者と関係を紡ぐ関係者であり、多様な目的を探索したり、目的を追求する行為者でもあるので、アクターという言葉もまた豊かな含意を持つ。

$$S=(a, r)$$

S: system　システム
a: actor　アクター（人間、マシンを含む意思決定主体）
r: relation　関係性

筆者作成

図1-5　人間活動システムとは

もいれば、人間関係づくりに長けた人もいる。ストレス耐性のない人もいれば、柔軟性に富んだ人もいる。これらの意思決定主体としての人間の行動や能力にかかわる幅広い特性のことを、ひとまず、能力行動特性と呼んでおこう。詳細は議論が進むにしたがって掘り下げていくことにしよう。

　社会のなかで、人間がかかわる人間活動システムは、意思決定を行うアクターと、アクターの間の関係である、ということ、つまり人間活動システムは、S＝（a，　r）と表すことができる（図1-5）。この考え方は、本テキストの中で、今後随所に出てくることになる。

2　システム科学から見る多職種連携

　システム科学（systems science）[13]は、自然、生命、社会、認知、工学、理学、医学といった諸学もの垣根を越えて、単純なものから複雑なものまでの全体を学際的に捉える。システム科学者にとって、世界はシステムのシステムである[14]。システム科学は、自然、生命、医療、健康、経済、経営、社会、工学、理学、医学等にわたる広範な領域で、対象を「システム」として捉える。システムは、相互に制御とコミュニケーションを行う要素と要素との間の関係性によって成り立つ、と見る。要素とは、意思決定の力を伴う人間ならば、アクターやアクターとして捉えるし、要素がモノの場合もある。

　現代においては、科学技術や多様な学問分野の知識が活用されることによって、イノベー

---

[13]　ここでは、英語表記と日本語表記の違いに留意されたい。英語ではsystems scienceというように複数形だが、日本語ではシステムズ科学とはいわずに、システム科学と通称している。
[14]　G. Mobus, G. and Kalton, M.（2015）. Principles of Systems Science, 2015, New York: Springer.

ションが、製品、サービス、企業経営、政策など様々な領域で興っている。とくにヘルスケア分野はイノベーションの坩堝だ。システム科学は、イ・ノ・ベ・ー・シ・ョ・ン・の・創・発・に対して有効な示唆を与えるものだ[15]。以上のような視点から、多職種連携というシステムの特徴、振る舞い、問題などをざっと見ておこう。

■（1）多職種連携は多様な学問、科学の学際領域で発動する

多職種連携では医師、看護師、薬剤師、理学療法士、作業療法士、放射線技師、栄養士など様々な専門職的なバックグラウンドを持つ人間がかかわり合う。医師ならば医学、看護師ならば看護学、薬剤師ならば薬学、理学療法士ならば理学療法学、作業療法士ならば作業療法学……というように、それぞれの専門職は、大学院、大学、専門学校などで、それぞれの学問分野で提供される知識やスキルのセットを、国家試験を通して認定され、それぞれの分野で活躍していくことになる[16]。さらに医学には外科、内科、整形外科、皮膚科といったさらなる専門に細分化されているし、看護学にも成人看護、救急看護、小児看護、母性看護といったように専門分野が細分化されている。

ただし、従来、それぞれの学問分野は、まるでサイロや蛸壺のように独立していて相互の連絡ややりとりがあまりなかった。学会にも、個々個別の学問を他とは分離することによって内向きに専門特化、制度化してきたという背景がある。このようにして、たとえ同じ臨床現場で活動していても、異なる専門分野を繋ぐ学問的基盤は希薄である。

■（2）多職種連携は不断のコミュニケーションと制御によって成り立つ

それにもかかわらず、ヘルスケアの現場では、専門職は連携したり協働したりしなければ仕事は進まない。専門職が用いる専門用語はジャーゴン（jargon）と呼ばれる。このジャーゴンが曲者だ。ほんの一例だけを挙げると、「評価」という基本的な語彙でさえ、専門によって異なる意味で使われている。理学療法士（PT）や作業療法士（OT）は、「評価する」というのは看護職の「アセスメントと問題の明確化」を意味する。PTやOTの「治療」は看護職がいう「ケア介入」であり、医師の「治療」とは治療の中身が異なる[17]。

「患者中心」は頻繁に用いられる便利な言葉だ。しかし、このように頻繁に患者を中心として使われる用語が職種によって定義が異なり、入院管理、退院管理、各種カンファレンス、多様な電子媒体で様々な情報がコミュニケーションを介してやり取りされること自体が、情報とコミュにケーションの中にリスクが潜んでいることを示している。不断のコミュニケーションと制御を担保するためには、それぞれの専門職を権威による位階や序列では

※15　松下博宣（2017）．医療看護イノベーション．メディカ出版．
※16　もとより、看護領域等では、看護専門学校や短期大学を卒業後、4年制大学の正規学部教育を受けることなく博士課程前期・後期に進学することができる。そのため、看護学部で教職・研究職に就きながらも、自らは大学学部で教育を受けた経験がない教員が少なからず存在することがしばしば議論となる。教員の間に、学術・教養レベルには他領域には見られない乖離が見受けられるというのだ。このように蛸壺やサイロの内部では、学歴（学問歴・学校歴）に関する捻じれ現象が生じていて事を複雑にしている。
※17　田村由美（2018）．改訂版新しいチーム医療．看護の科学社．P17．

なく、対等なパートナーとして、異なる価値観や意見をアコモデーション（並立共存）させるソフトシステムアプローチが必要だ。

■（3）多職種連携はイノベーションの影響下にあり、かつイノベーション創発の契機となる

　現代のヘルスケアはイノベーションの坩堝と化している。分子標的薬、遺伝子治療、がん免疫療法、ロボットによる手術、iPS細胞の応用といった主として治療分野のイノベーションが無数に現在進行中である。治療方法が抜本的に変化すれば、多職種連携のありかたも変化せざるを得ない。また、病院経営のイノベーションも多職種連携に影響を与えている。医療法人を含める民間病院の多角化経営ないしは関連領域への進出の動向がそれだ。例えば、二木（1998）によると、特別養護老人ホームの3割は私的医療機関が母体であること、病院・老人保健施設・特別養護老人ホームの「3点セット」を開設している私的保健・医療・福祉複合体が全国に約260グループもある[18]。3点セットでは3点を繋ぐ多職種連携が一層求められることになる。また、人工知能、ビッグデータ、IoT（もののインターネット）が健康医療情報（ヘルス・インフォーマティクス）のあり方に抜本的な変化を及ぼしつつある。たとえば、遠隔医療や遠隔看護といったイノベーションは健康医療情報のイノベーションと歩調を相前後させながら進行中だ。そうすると新しいテクノロジーの導入も多職種連携に陰に陽に影響を与えることになる。

■（4）多職種連携は、地域包括ケアシステムの核心をなす

　保健、医療、福祉分野の政策的なイノベーションの姿として、地域包括ケアシステムを捉えてみよう。地域包括ケアシステムは、それぞれの地域の実情に合った医療・介護・予防・住まい・生活支援が一体的に提供されるものとされている[19]。従来、個別に扱われてきた、医療、介護、予防、住まい、生活支援を「一体的に」提供するためには、「一体的に」をさらに具体化された多職種連携協働が要請されることになる。

　もちろん、従来の医療の一大中心をなしてきた病院の役割や機能も、それぞれの地域包括ケアシステムに適応するように変化していく。そうなると、院内の専門職と、院外の地域包括ケアシステムの専門職との多職種連携といった課題も浮上することになる。患者や利用者を中心にすえた多職種連携こそが、地域包括ケアシステムの核心的な課題なのだ。

※18　二木立（1998）. 保健・医療・福祉複合体：全国調査と将来予測. p115. 医学書院.
※19　厚生労働省（2013）. 地域包括ケアシステムの構築に向けて. https://www.mhlw.go.jp/file/05-Shingikai-12601000-Seisakutoukatsukan-Sanjikanshitsu_Shakaihoshoutantou/0000018729.pdf

- 諸学問を繋ぐトランスディシプリナリーなアプローチ。
- システム科学としてダイナミックに環境、社会、組織、価値、人間をシステムとして捉える。
- 異分野融合、異界越境することによりシステミックデザインを重視。
- 社会進化としてのイノベーションの振る舞いに注目。

多職種連携協働（IPC）と多職種連携教育（IPE）

筆者作成

図1-6　トランスレーショナル・システム科学(TSS)とは

3　最先端トレンドとしてのトランスレーショナル・システム科学

　システム科学の地平線は日進月歩の勢いで切り開かれている。なかでも、トランスレーショナル・システム科学(Translational Systems Science)は、先端的、全体的、進化的、ダイナミックなレンズを我々に提供してくれる。トランスレーショナル・システム科学は、システム科学の新しいトレンドであり、複雑に絡み合った問題状況に対して、全体的、包括的にシステム思考を用いて、実際的な応用をはかるものである[20]。

　より詳細な説明は、後のページに譲るとして、ここではトランスレーショナル・システム科学のレンズから見る多職種連携の性質について4点ほど指摘しておきたい(図1-6)。

(1)ダイナミックに環境、社会、組織、人間をシステムとして見る

　多職種連携協働は組織システムであると同時に社会システムであり、狩猟時代、農業時代、工業時代、情報時代という社会の進化とともに、いろいろな形態が生まれてきた。連携や協働の相手としてのアクターは人間から機械、AIロボティクスというように拡張しつつある。

(2)諸学問を繋ぐ、融合するトランスディシプリナリーなアプローチ

　保健・医療・福祉を含むヘルスケア分野の多職種連携協働は、諸学問が基盤にあるので、インターディシプリナリー(学際)、トランスディシプリナリー(学超)なアプローチ

※20　Kijima, K.（2015）. Translational and trans-disciplinary approach to service systems. In Service Systems Science. pp37-54. Springer.

を視野に収める。

(3) 異分野融合、異界越境することによりシステミック・デザインを重視

　多職種連携は、既存のシステム（図1-4でいえば、サイロや蛸壺）内に閉じこもらずにシステム越境を伴う。多様なシステムを越境することにより、異分野融合による新しいシステムをシステミックにデザインすることを志向する。

(4) 社会進化の原動力としてのイノベーションの振る舞いに注目する

　多職種連携はイノベーションの影響下にあるが、それと同時に、イノベーションを創発させる孵化器（インキュベーションシステム）の役割も果たす。多職種連携は社会進化の一大原動力である。

⑤ トランスレーショナル・システム科学の7つの基礎的前提

　トランスレーショナルというような用語を読んだり聞いたりすると、なんとなく分かりにくいという印象を我々は持つものだ。翻訳_{（トランスレート）}するという用語が形容詞になった言葉がトランスレーショナルなのだが、この言葉が意味するものは翻訳にとどまらない。この意味深長な言葉の含意として、越境、転換、変換、変形、変態、変容、さらに共創などがある。

　トランスレーショナル・システム科学では、なぜ、なにを、どのように越境、転換、共創していくのか、を大きな前提として位置づける。トランスレーショナル・システム科学の7つの基礎的前提は以下のとおりである。

1 　7つの基礎的前提と異界越境者のはたらき（図1-7）

■（1）3つの知、つまり、学理（エピステーメ）、技術知（テクネ）、賢慮（フローネシス）は循環し共進化する。

　大学など研究機関の研究者は、理論や学説など学理を生み出す。それらは、主に論文や本といった著作物のかたちをとる。その一方、現場では様々な技術、技術を活用する知恵、つまり、技術知を生み出す。簡単にいえば、技術知とは現場のワザだ。それぞれが、離ればなれでお互いに交流がなければ、学理（エピステーメ）も技術知（テクネ）も発展しない。両者をつなぐものが賢慮（フローネシス）である。賢く慮る知恵は、どちらか一方に偏ることなく、双方をぐるぐる巡るように循環する。これらの循環する知が連動し、相互に刺激しあって、学理、技術知、賢慮は、スパイラルを描くように発展し進化していく。このような知の働きを熟知して加速させる人のことを知の変換者_{（ナレッジ・トランスフォーマ）}という。

■（2）異界越境者は異なるシステム境界を越境する。

　前述したように、ヘルスケアの世界には無数といってよいほどの蛸壺やサイロがある。それぞれの蛸壺やサイロは、内に閉じたシステムである。チーム医療や多職種連携で活躍するアクターは、異界越境者_{（トランスレーショナル・アクター）}である。彼ら、彼女たちは、蛸壺やサイロを飛び越えたり、融合させたり、溶かしたり、橋渡しをしたりして、超越して価値を生み出す。このようにして、異界越境者はシステム境界を越境する。

▌(3)異界越境は、既存のシステムから別のシステムへのシステミックな変化の契機となる。

　蛸壺やサイロ、つまり、ことなる領域や専門分野を飛び越え、融合し、溶かし、橋渡しをし、超越すること異界越境という。異界越境が発動することによって、異なるモノコトの新しい組み合わせが生まれる。そして、異界越境によってもたらされる新しいモノコトの創発は、既存のシステムから別のシステムへとシステミックに変化すること、つまりイノベーションの契機となる。このように異界越境者は、システム位相を転換していく。つまり、異界越境者は位相変態者でもある。

▌(4)参加、解釈、社会化、客体化、超越によって成り立つ異界越境性が価値共創の基礎である。

　異界越境者は、自分にとって面白いと思えることに首を突っ込んで「参加」する。そして、その面白い文脈のなかで、モノコトに斬新な意味づけや「解釈」を加える。遭遇した新しいチーム、新しい文脈のなかで、仲間をつくって、その場を「社会化」していく。そして、斬新な発見を「客体化」して見える化する。さらに「超越」して、また新しい文脈に飛び込んでいく。このようにして異界越境性が立ち現れることとなる。

▌(5)異界越境者は、場のなかで、データ、情報、知識、知恵をやりとりして価値を生み出す。

　場とは、絶えず変化する文脈が躍動し収斂する磁力に満ちた意味のフィールドである。異界越境者がシステム境界を越えて、新しい場に首を突っ込み、場を他者と共有することによって、新しいデータ、情報、知識、知恵が新しい場でやりとりされる。そして、異界越境者は場をテコにして新しい価値を生み出していくことになり、場がその価値を共有することになる。このようにして、異界越境者は究極の価値を生み出す。つまり、異界越境者は、価値共創者でもある。

▌(6)異界越境者は、コンピテンシーを適用することによって、場のなかの文脈価値を転換する。

　異界越境する人は、その人に備わった力（能力行動特性、第3章で詳細に議論する）を存分に活用して、当人が遭遇する文脈のなかに価値を見つけ、新しい価値を紡ぎ出したり、付加したりして、その人ならではの新しい価値を作り出す。さらに別の新しい文脈にその価値を持ち込んで、新たな文脈で価値を転換する。つまり、異界越境者は融通無碍に文脈を渡り歩く文脈価値転換者でもある。

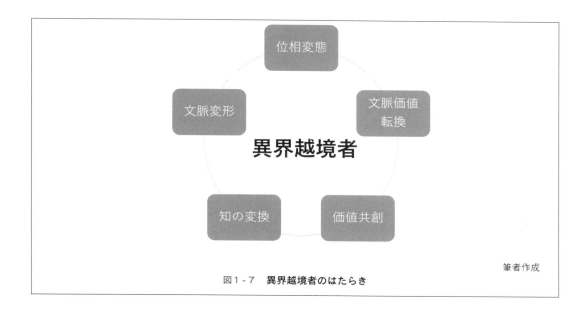

図1-7　**異界越境者のはたらき**

筆者作成

▌(7) 文脈価値は、文脈化(参加)、再文脈化(解釈)、共文脈化(社会化)、脱文脈化(客体化)、超文脈化(橋渡し)という異界越境的な位相を経て創発する。

　文脈に対するはたらきかけという点では、人は参加することによって文脈化する。解釈することによって再文脈化する。社会化とは、言い換えれば、共文脈化である。そして、客体化とは脱文脈化である。その先にある橋渡しは超文脈化である。すなわち、文脈価値は、文脈化(参加)、再文脈化(解釈)、共文脈化(社会化)、脱文脈化(客体化)、超文脈化(橋渡し)という異界越境的なフェーズを経て創発することになる。つまり、異界越境者は、大いなる文脈変形者でもある。

2　多職種連携者に求められる異界越境性

　異界越境者は、はたらき者である。それと同時に異界越境者は、いたずら者、遊び人間でもある。遊びの、1つの本質的なものは、異界越境性にあるからだ。異界、つまり未知の世界、未知の文脈、未知の専門分野に越境していく異界越境者は、知の変換者でもあり、文脈変形者であり、それらと同時に位相変態者でもあり、文脈価値転換者でもあり、はたまた価値共創者でもある。

　遊びを追い求め、遊びを好む自由闊達な気持ちが遊び心だ。この遊び心が異界越境者の原動力である。私たちの身の回りにはたくさんの「境界」がある。国境、河川、業界、禁忌、タブー、常識、敵陣、固定観念、新しいモノ・コトなど、自分にとって未知の世界、未知

の事柄は人それぞれだ。

　1人で境界を越えて異界に赴く。そこで新しい仲間をつくる。奇怪、斬新、奇妙奇天烈な経験に首を突っ込む。大いなるものに戦を挑んだり、困難を克服する。そして境界を再び越えて元の居場所に帰還する。すると帰って来た世界も大きく変化している。自分も変化している。

　古今東西の少年を主人公とする冒険譚には、このような共通の型が存在する。「桃太郎」、「スサノヲ神話」、ギリシャ神話の「オディプス」、スウェーデンの「ニルスの不思議な冒険」、イギリスの「ジャックと豆の木」など多数ある。遊び心のない、遊び心が少ない人や組織には、イノベーションの契機は訪れない。

　このように、トランスレーショナル・システム科学の視点から見ると、「トランスレーショナル」という言葉の持つ含意は、多様であり実に奥深いものだ。多職種連携に関与し、それを進める当事者は、大なり小なり、異界越境者的な性格を帯びることになる。多職種連携に携わる方々は、異界越境者の多様で奥深いはたらきを意識してコトにあたることが肝要だろう。

多職種連携と働きかたの進化

1 狩猟時代（Society1.0）から始まった連携と協働の人類史

　狩猟時代（図１‐８のSociety1.0）から、人類は連携と協働を繰り返しやってきた。石や槍を遠くまで投げることに長けた人は、投石や投擲の役割を得る。足が速く素早く草原を走ることが得意な人は、獲物を追い込む役割を得た。投擲や素早い走行が苦手でも、火をおこし、獲物からさばきとった肉の加工が上手な人は調理手という役割を得ることになった。この時代、富の源泉は体力であり、収穫すべき獲物は環境の生態系システムから得ていた。

　やがて農業時代（Society2.0）を迎えると、人々は、狩猟時代よりもっと高度な役割分担による連携と協働を行うようになった。植物の種をまくための畑や水田を耕し、水を灌漑システム等によって確保し、実際に種をまき、穀物や野菜を栽培し、収穫する。収穫された穀物や種子などを貯蔵し、配分するといった役割が生まれた。狩猟時代には獲物を狩るのは体力（人力）に依存していたが、農業時代になると、牛、馬などいわゆる農業を効率的に行うための動物も幅広く利用されることになる。やがて、穀物などの収穫物を貯蔵し、配分するという役割は、権力の集中と表裏一体となり、多様な役割はコミュニティーの長老、力ある者によってなされるようになる。しばしば武力を集中させる権力によって、狩猟時代では分散化されていた人が住む集落は、しだいに大型化し、班田などの形成を経て、古代国家の律令制度そして封建制度の主従関係による統治システムが立ち現れた。

　そして時代は工業時代（Society3.0）を迎えることとなる。それまでの人力や動物の力に頼っていた動力源に代わり、内燃機関の登場によって動力の機械化が一気に進む。産業の中心は農業から工業へとシフトし、都市への人口集中や大量輸送手段に支えられる商業、交易、貿易等で、人々の移動は、より遠くへ、より速く、より効率的になっていく。それと同時にモノ中心のシステム化の時代となった。市場は拡大し、生産要素として、工場、機械などの資本を所有する資本家が台頭し、家内制手工業から軽工業へ、そして重工業へと富を生み産業構造は変化。日本では規格大量生産システムが花咲いた。工業時代のシステム化は工場のみならず、人事システムでは年功序列や終身雇用といったサブシステムをも生み出した。また、市場や金融に向かっては系列というサブシステムも生み出した。政策の側から見れば、護送船団方式システムも編み出された。

　資本主義の勃興と歩調をあわせるように民主主義体制を採用する国々が増え、やがてマ

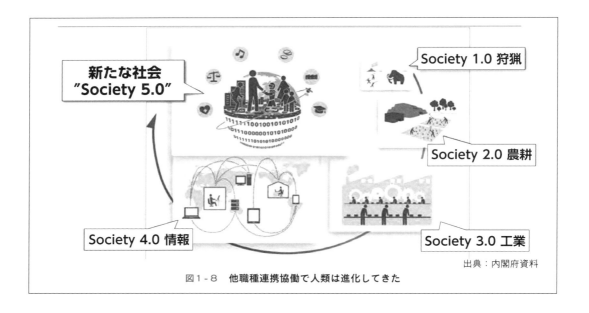

図1-8　他職種連携協働で人類は進化してきた

出典：内閣府資料

ルクスが予言したように、資本主義国家は、資本主義の発展のゆえに革命をへて社会主義化はせずに、社会主義を採用した国々は崩壊していった。いずれにせよ、資本主義と民主主義を表向きにせよ奉ずる国々の市場では、一気に非常に多様な連携や協働が、司法、立法、行政、公共団体、企業、大学など、ありとあらゆる部門で行われるようになったのだ。

　そして時代は、情報時代（Society4.0）へと突入していく。我々が生きる現代である。工業時代には、土地、資本、労働が富の源泉だったものが、情報時代には、情報を取り扱う知力が富の源泉になった。情報時代とは、換言すると情報に依拠したサービスの時代でもある。また、どの時代でも、次の時代を先取りして、力の源泉を先取りする人々がリードするものだ。工業時代も終わりに差し掛かろうとした時代の間に、例えば情報技術産業の一角でソフトウェアを、インターネットを、電子的商取引を、知力でもって開発した起業家に富が集まった。インターネットの発明と普及は特筆すべきだ。

　過去30年ほどはインターネットとソフトウェアのトレンドに乗った企業や国は成長したが、乗り損ねたところは停滞した。ブラウザを発明した米国のソフトウェア開発者で投資家のマーク・アンドリーセンは、「ソフトウェアが世界を食べつくす」とまで言い放った。その通り、インターネットとソフトウェアでアマゾンは書店を食べつくし、アップルは音楽業界を飲みこんだ。世界は現在、インターネット×ソフトウェアが席巻しているが、今後は、インターネット×IoT×人工知能×ビッグデータがイノベーションの駆動力になっていくだろう。工業時代、人々は自動車、鉄道、航空機に乗って移動して情報を得たが、情報の時代では、新たな情報を得るために空間を移動するというコストはゼロとなった。これがICTによる空間の克服である。

　さて、現代の先進国のヘルスケアは後期工業時代に、発展と普及を見た。そして今日の情報時代のなかで、さらなる変化を遂げようとしている。近代以前は、聖職者、医師、司法などに限られてきた専門職だったが、現代のヘルスケア分野では、知力を裏書きする知識とスキルの専門化が顕著だ。国家として各種臨床系の資格を付与する際に、所定の高等教育を経て、一定の知見、技術を涵養するに足るベースを持っているのか否かを判定するようになった。簡単な図式にすると、高等教育による専門職の育成→資格認定→職業活動、という専門職のキャリアである。

　情報時代では、フィジカル空間に隣接してクラウド空間さえあれば、データ、情報、知識、そしてしばしば知恵でさえも、瞬く間にシェアされ伝搬していく。工業時代には集中化と階層化が多くの組織で採用されたが、情報時代では、自律分散と水平的なネットワークが組織編制原理として台頭してきている。個人が、もし、富の源泉たる知力を有していれば、いつでも、どこでも付加価値の高い仕事（≠労働）を立ち上げることができるようになったのだ。自由に自律分散的に、融通無碍に連携、協働ができる時代を迎えている。ただし、それは知力が伴えば、という厳しい条件つきだ。

2　デジタル・トランスフォーメーションで加速する多職種連携

　デジタル・トランスフォーメーション（DX）とは、ITの社会への浸透が、人々の生活をあらゆる面で変化させる、ということだ[21]。デジタル・トランスフォーメーションにより、仮想世界と物理的世界が融合され、大きな変化が起こるとされる。ただし、前述したように、大きな変化が同時多発的にやっている世の中は、まさにVUCAの世界であり、先が読みづらい。

　さて、この動きの中で重要な位置を占めるのが、拡張知能（エクステンデッド・インテリジェンス）だ。拡張知能よって、高度なAIに基づくシステム、プロセス、ロボティクスと協働することで、人はより拡張された知能を持つことができる。それによって、人はより大きな影響力を発揮できるようになる。Society5.0のなかでも注目を集めているイノベーションの1つの方向である。

　これまでの情報社会（Society4.0）では知識や情報が十分にスピーディかつ深く、共有されず、偏っていた。その結果、分野横断的な連携が不十分になりがちだった。これらの問題を克服していく際に、また新しいSociety5.0という社会の構想が政府によって提案されている。

　人が1人で保有する能力や認知には限界がある。よって、溢れかえる膨大な情報から個人個人が、その人にあった本当に必要な情報を見つけて活用することは容易ではない。まして、障害などを抱える人々の労働や行動にはどうしても大きな制約がかかっている。ま

※21　Stolterman, E., Fors, A. (2004). Information Technology and The Good Life. Umeo University. Information Systems Research Relevant Theory and Informed Practice.

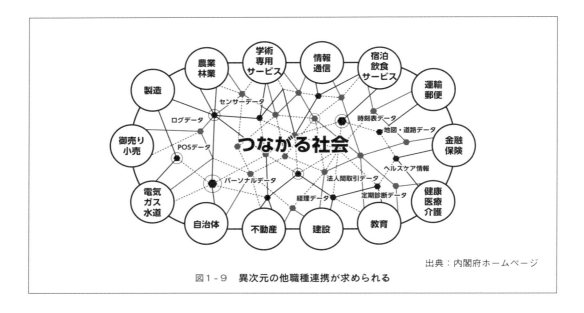

出典：内閣府ホームページ

図1-9　異次元の他職種連携が求められる

た、少子高齢化や地方の過疎化、社会資源の大都市への集中などの課題に対して様々な制約があり、十分に対応することが困難だった。だから、デジタル・トランスフォーメーションによって、人の知能そのものを拡張していくべきだという主張には正当性がある。

「Society 5.0で実現する社会は、IoT（Internet of Things）で全ての人とモノがつながり、様々な知識や情報が共有され、今までにない新たな価値を生み出すことで、これらの課題や困難を克服する。社会の変革（社会イノベーション）を通じて、これまでの閉塞感を打破し、希望の持てる社会、世代を超えて互いに尊重し合あえる社会、一人ひとりが快適で活躍できる社会となる」というように説明されている[22]。

国が掲げるビジョンで現実化した事例はわずかなので、以上のビジョンの説明は割り引いて解釈すべきだろう。しかし、図1-9のように、もはやヘルスケアは、従来のように健康、医療、介護分野だけで連携、協働すればよい、という時代は過去のものになりつつあることは確かだ。

冒頭で言及した14ページの図1-5のＳ＝（ａ，　ｒ）の式を当てはめれば、金融保険、教育、学術、自治体はいうに及ばず、防災、運輸郵便、農業林業、卸売り、小売り、電気ガス水道、建設、そして各種の意思決定主体と、「ｒ」つまり関係性を取り結び、連携協働することにより立ち上がる新しいシステムのシステムの出現、新たなヘルスケアイノベーションが待たれるのである。

このように考えれば、本テキストの主題である、保健、医療、福祉、およびそれらと関

※22　内閣府ホームページ。https://www8.cao.go.jp/cstp/society5_0/index.html　ここでSociety5.0とは、サイバー空間（仮想空間）とフィジカル空間（現実空間）を高度に融合させたシステムにより、経済発展と社会的課題の解決を両立する、人間中心の社会（Society）とされている。

連する分野の多職種連携というのは、それ自体が大きなテーマではあるが、さらに、来るべき時代のさらに広範囲で異分野にまたがる多職種間の連携や協働を先取ることが重要になる。他者が想像もしない異質なモノコトの間に、いかに新しい組み合わせを創造するのか。既存のモノトコであっても、新しい組み合わせ、結合が求められるのである。

　いずれにせよ、異分野を越境して 橋 渡 し する想像力、創造力、知力、行動力が次世代の起業家、クリエーター、イノベータには求められている。これだけは間違いないだろう。

3　人間が連携協働するアクターと分野の拡張

　既に述べたように、今日そして近未来は、デジタル・トランスフォーメーションが進展しつつ、ヘルスケア（医療・保健・福祉）は、内部に向かって連携協働すると同時に、運輸、宿泊・飲食サービス、情報通信、学術、農業・林業、製造、卸売り・小売り、電気・ガス・水道、自治体、不動産、建設、教育、旅行、スポーツなど幅広い分野と連携協働することによって、新しいサービスが生み出すことになる。

　従来の「チーム医療」論の大きな限界は、連携協働の相手を専門職、つまり人間に限定してきたことだ。これは、英語圏でも同じで、interprofessional collaborationという用語そのものが、professionalつまり専門資格を有する人間と限定してしまっている。

　システム科学では見方が異なる。意思決定主体というとき、人間の認知、判断、意思決定を補完し、拡張する能力行動特性が認められれば、それらを意思決定主体として捉えるのだ。人間の認知、判断、意思決定を補完し、拡張する能力行動特性を持つマシンやロボットも多様な意思決定主体の一部をなす、と見なす。

　人間がテクノロジーを活用して、人間の持つ能力行動特性をマシンやロボットに翻訳して、橋渡しする。マシンやロボットは、かつては人間だけのものだった能力行動特性を補完し、代替し、さらには拡張していく。

　前述したように、人類は工業時代を通して、内燃機関をはじめ様々な機械を作り、機械と連携して様々な作業を効率化してきた。そして情報時代を迎え、コンピュータという機械、そしてインターネットというシステムを得て、膨大なデータ、情報、知識にアクセスし、相互にやりとりし、処理し、新しい知識や知恵を生み出すというところまで来ている。それらにとどまらず、機械と情報の進化は、AI（人工知能）やロボットというアクターにまで拡張している。さらには、先端的な領域では、人間とのインターフェイスを介さなくても、AI（人工知能）を搭載したマシン同志が自律的にコミュニケーションをとるマシンインターネット（machine internet）が実現されつつある。

　マシンインターネットでは、IoTつまり、インターネットで結ばれた機械、機器同士が正確かつ効率的に相互通信できればよく、データはかならずしも人間が読解できるように

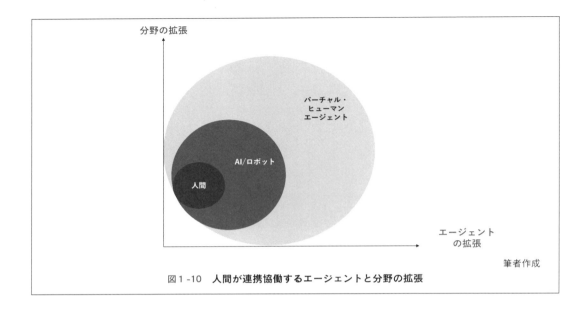

図1-10　**人間が連携協働するエージェントと分野の拡張**

わざわざトランスレート(翻訳)する必要はない。ただし、適格な制御を加えたり、暴走を抑制したりするために、マシン同士のコミュニケーションを人間にもわかりやすいようにトランスレートし、人間がマシンインターネットをコントロールするためのマシンと人間の間に立つトランスレータ(翻訳者)が重要となってくる。単なる言語の翻訳にとどまらず、人間の期待や、振る舞いを理解してマシンに伝える役割を帯びるので、わかりやすくいえば、バトラー(執事)のような役割になるだろう。このように、S ＝ (a , r)の式のactorは、AI(人工知能)、ロボットはいうに及ばず、後述するようなバーチャル・ヒューマン・エージェントも現れつつある(図1-10)。

⑦ 分身ロボットやケア支援ロボットとの連携協働

1 デジタル・トランスフォーメーションによる多職種連携

　デジタル・トランスフォーメーション（DX）という言葉を聞いたことのある医療関係者ならば、手術支援ロボットを思い浮かべる人が多いのではなかろうか。たとえば、腹腔鏡手術を支援する内視鏡下手術支援ロボットのダビンチだ。患者の負担が少ない内視鏡下手術の特徴を活かし、ロボット機能を合わせることで、今まで不可能とされていた角度から視野を確保し、人間の手以上の緻密さを持つ手術器具により繊細な動きを可能にするのがダビンチだ。従来の腹腔鏡下手術と比較して、合併症リスクの低下、神経損傷の危険性の低下、直腸腫瘍の危険性の低減、手術問題の短縮などの効果が報告されている[23]。

　狩猟時代や農業時代、そして工業時代の前半までは、富の源泉を生む大きな部分が人力に由来した。この人力を物理的に拡張することを目的とする人間が装着するロボットがヘルスケアシーンでは有望だ。この分野では「パワードスーツ」や「筋肉スーツ」と呼ばれている。簡単にいえば、身体機能を補完し、拡張する装着型ロボット（図1-11）だ。たとえば、

出典：Atoun社の製品紹介サイト　http://atoun.co.jp/

図1-11　人力を物理的に拡張することを目的とした装着型ロボット

※23　ダビンチの活用事例と効果については、
　　　http://www.tokyonishi-hp.or.jp/department/urology/specialized/davinci.php

図1 -12　**遠隔操作ロボット OriHime**　　出典：オリィ研究所ホームページ

パナソニックのグループ企業Atounが開発している「パワードウェア」[24]（図1 -11）だ。同社は、「パワードスーツ」でなく「パワードウェア」と呼び、シャツを羽織ったり、ズボンを履いたりするようにロボットを着ることで、「これまでにない人間のパワーを引き出す」ことができる新たな「ウェア」としている。開発当初は、リハビリテーション用途とすることを意図していたが、現在では健常者用の「パワードウェア」の市場性が高いという。

　異次元の連携協働という意味では、現在そして近未来に有望視されているテクノロジーとして、分身ロボット、ケア支援ロボット、サービスロボット、人間拡張ロボットなどを見過ごしてはいけない。人間と連携するアクターやアクターとして、ロボットが台頭してきている。

　分身ロボットとは、病気や障害のために、自由に移動できない人々が自宅や病院からインターネット経由で操作できるロボットだ。たとえば、ベンチャー企業のオリィ研究所は、OriHime[25]（図1 -12）と呼ばれる遠隔操作ロボットを開発している。部分的に実用用途の事例もできつつある。OriHimeにはカメラ・マイク・スピーカーが搭載されていて、インターネットを通して操作することができる。学校、会社、実家、恋人の家など、いわゆる移動の制約がなければ、ぜひとも行きたい場所にOriHimeを置くことで、周囲を見回し、聞こえてくる会話にリアクションするなど、あたかも「その人がその場にいる」ようなコミュニケーションが可能となるとされる。

※24　Atounが提供するパワードウェアについては、http://atoun.co.jp/
※25　オリィ研究所、OriHimeについては、https://orylab.com/

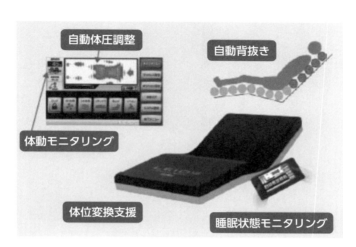

図1-13　ロボティクス・マットレス　　　　　　　　出典：東京大学大学院医学系研究科 真田弘美研究室作成資料

2　医療工学や人間工学を援用した分身ロボット、家事支援ロボットetc.

　分身ロボットというと、人の形をしたロボットを思い浮かべるのが常だろうが、そうとも限らない。人の手よりもっと繊細な手の動きを人の代わりにやってくれる、人の姿とは程遠い機能的なロボットもある。

　その代表としてロボティクス・マットレス（図1-13）がある。これは、超急性期に体位変換できない患者のために、患者個々のニーズに合わせて体圧を分散できるマットレス[26]だ。ロボティクス・マットレスは、看護と理工学を融合する試みであり、東京大学の真田弘美教授の研究グループが開発した画期的なロボティクスである。これは、体圧を常時測定しながら最適な内圧に自動調整をしてくれる機能を持つマットレスである。

　通常、体位交換というと、繊細で微妙な看護師の手の動きや、察する技や寄り添う技が複合した身体性に勝るものはないと考えられがちだろう。そうした常識を覆すのが、ロボティクス・マットレスだ。

　交通事故で多発骨折した患者さんが、苦痛のあまり看護師による体位交換を拒否する場面も多い。そこで、真田教授のグループは、やむを得ずロボティスク・マットレスを入れたら、翌日、「よく眠れた。看護師さんよりもずっと楽です」[27]、という反応があったことを報告している。医療工学や人間工学を援用してプログラム化することによって、凡百の看護師が提供する以上の技を、ロボティスク・マットレスが実現する可能性が示唆される。

※26　真田弘美、川口孝泰（2019）. 看護研究の展開への期待と展望. 看護研究.Vol.52. pp536-549.
※27　真田弘美、川口孝泰（2019）. 看護研究の展開への期待と展望. 看護研究.Vol.52. pp536-549.

図1 -14　コミュニケーション・ロボット
出典：NTTDocomro ホームページ　https://www.nttdocomo-v.com/div/event/2118/

　これは、人間がAIやロボットに使われるのではなく、ロボットを人間がどのように使うかを具体化している点において、看護の新たな可能性を広げていく１つの画期だろう。
　さて、病気や障害を持っていても、入院より在宅環境を望む人は多いものだ。ところが、在宅で洗濯物や、いろいろなモノの片付けなど、人手がかかる煩雑な作業があり、単身者などにとっては困難を伴うことが多い。そのような状況で期待がもてるロボットが、家事支援ロボットだ。たとえばugo（Mira Robotics）[28]は、遠隔操作により、家事を手伝うアバターロボットで、操作を繰り返すこと拠って、このロボットが自動的にAIを使って頻繁な操作、動作を学習して自律的に作業ができるようになる。
　プリフォード・ネットワークス（Preferred Networks）という企業は、全自動の片づけロボットシステムを開発している。部屋の全自動片づけは、従来のロボットシステムでは実現困難だった。ところが、同社は、深層学習を活用することにより、初めて実用的なレベルで実現できたとしている。
　物をつかむ、物を置く、動作計画を立てる、人の指示を理解して、対応するなど、ロボットが人間の生活空間で仕事をするために必要な物体認識・ロボット制御・音声言語理解技術に最先端の深層学習を用いた結果、ロボットが高速・高精度に動作できるようになったとしている。同社の画像認識エンジンは、深層学習フレームワークChainerおよびChainerMN、ChainerCVを用いたCNN（畳み込みニューラルネットワーク）を利用している。画像認識エンジンによってキャプチャされる映像は図1 -15のようなものである。
　さて、次世代のインターフェイスとして期待されているものの１つとして、バーチャル・

※28　Mira robotics が提供するソリューションについては、https://mirarobotics.io/

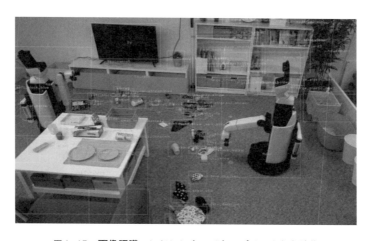

図1-15　**画像認識エンジンによってキャプチャされた映像**
出典：Preferred Networks ホームページ https://projects.preferred.jp/tidying-up-robot/

ヒューマン・エージェントの試みがある。従来のコンピュータが動作する前提は、人間がコンピュータに命令し、コンピュータがそれに反応する、という一方通行だった。

　13ページ脚注でエージェントとアクターは同義であることを説明したが、バーチャル・ヒューマン・アクターとは、ゲーム分野で長いこと使われてきたキャラクターを動かすためのAI、つまりキャラクターAIを活用して、人の振る舞い、つまり、外界から情報を受け取り、記憶・判断して、反応に結びつけるという一連の振る舞いをモデル化することにより実現しようとする技術だ。ゲームのキャラクターAIとは、ゲーム空間の物理現象、敵や味方の動きを、自然現象や本当の敵や人間の動きとして再現するためのAIだ。

　クーガー（Couger）というAIベンチャーは、　AI、AR、ブロックチェーンをつなぐプラットフォームを作り、バーチャル・ヒューマン・アクター開発に取り組んでいる。バーチャル・ヒューマン・アクターが、人間の会話の中に自然に入っていき、AI自ら会話をしながら、できること、するべきことを判断して提案、実行するという。

　以上のように、意思決定主体（アクター）としての人間に代わる、正確にいえば、人間の能力行動特性（コンピテンシー）に関与し、補完し、拡張するアクターとして、マシン系やロボット系が普及してきている。先に、人間的なもの、人間的でないもの、の境界について触れたが、人間とマシンやロボットはトランスレーショナルな関係、換言すれば、相互に橋渡し的な関係、相互に浸透的な関係、相互に超越的な関係、相互に共創的な関係を持つようになってきている。このように人間とマシンの間の境界線がますます曖昧になってきている。従来の「チーム医療」論が今日のヘルスケア分野で着々と進化している連携協働をリアルに捉えきれていない1つの理由は、これらのマシン系やロボット系を積極的に連携や協働のパートナーとして捉えていないことだ。

8 多職種連携の ネットワーク進化

1 ネットワークシステムとしての多職種連携

　多職種連携をネットワークシステムとして捉えてみよう。システム科学の基本、S＝（a，r）の考え方に沿えば、意思決定主体（a）とそれらの関係（r）が織りなすネットワークの活動が、外ならぬ多職種連携である。意思決定主体（a）として人間や前節で見たようなAIマシン、ロボットを置いてもいいし、機関でもいいだろう。

　ネットワークとしての多職種連携は図1-16のように、固定的なものではなく、進化もすれば退化もする。矢印に沿って変化すれば進化となるが、矢印の逆方向に移動して退化することもある。

　図1-16が示すように連絡は、意思決定主体であるアクターが単純なやりとりを行う状態だ。連絡を取り合う状態から進化して、メンバー間に一定の関係性が発生するのが交流の状態だ。先に述べたように、AIマシンやロボットが連携の一端を担うこともある。この場合、人間アクターとAIマシンやロボットは相互に補完しあう関係だ。

　医療界では「連携」が金科玉条のように語られるが、その種の議論は思考停止に陥る危険性がある。ネットワーク理論では、連携の先に、連合というフェーズがある。連携とは、意思決定主体の間に、メンバーシップのネットワークが確立している状態だ。メンバーシップとは、明確な役割のもとで、どのような成果を生み出すことに責任があるのかについて、メンバー相互が理解していることをさす。AIマシンやロボットもメンバーシップを持つことになる。

　やがて連合は統合に向かって変化していく。統合状態のチームには、ネットワークをサポートする基盤としてプラットフォームをもち、それが確立された状態にある。プラットフォームによって、ネットワークは統合状態を維持していくし、プラットフォームから抜けることによって、関係性を緩くして連携状態に戻ることもある。

　以上のように、多職種連携のネットワーク進化は、「連絡⇔交流⇔連携⇔統合」の間で変化する。これら連絡、連携、連合、統合フェーズによって、コラボレーションのスタイルが変わってくる。

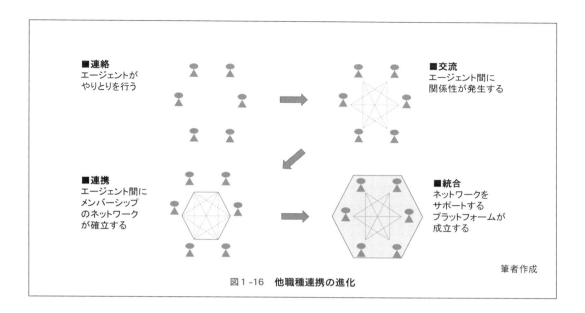

図1-16　他職種連携の進化

2　実践と学問・科学＋の進化は協奏、共創関係にある

　さて、前節でネットワーク類型によるチームの発展について一瞥したが、さらに、多職種連携の進化と多様性の変化と学問の変化について考えてみよう。システム思考を用いて、これらの変化をわかりやすく1枚にまとめたのが図1-17だ。

　連携は、まず、職種内連携と多職種連携に大別される。ヘルスケアの現場では、多職種連携やチーム医療が声高に叫ばれてはいるものの、職種内連携が不十分なことも多々あるので、いきなり多職種連携にジャンプするのではなく、まずは足元の職種内連携から地道に進めるべきだろう。

　さて、ヘルスケアにおいてはそれぞれの専門職課程は、医学や薬学は別にして、諸事情により社会的地位が相対的に低かった時代には、専門学校等で教えられていたが、近年は4年制大学に移行してきている[29]。ただし、その移行は統一性のあるものではない。大学は専門学校と異なり、研究を通して学問を研鑽する場なので、臨床の連携のありかたが、学問のありかたと相互に連動するという構造を持っている。

　図1-17は、実践の場（臨床現場など）での実践のアプローチと、学問の場（大学、研究機関など）での学問のアプローチを視覚的に表現してみたものだ。ネットワークは、前節で述べたように、連絡、交流、連携、統合というように発展ないしは進化するものである。

　実践のアプローチでは意思決定主体は臨床現場の専門家が中心となり、学問のアプロー

---

[29]　とはいえ、近年、看護学部の新設が相次いだため、教員の需要に対して供給が追いついていない。このため、看護学部では他学部と比較して、博士号を有する教員が少数に留まっているという状況がしばしば指摘されている。これは欧米の大学看護学部には見られない現象である。

チでは意思決定主体は研究者が中心となる。

　実践のアプローチでは、イントラ・プロフェッショナル・コラボレーション（内部モード）から、マルチプロフェッショナル・コラボレーション（連絡モード）へ、そして、クロス・プロフェショナル・コラボレーション（交流モード）へ、そして、インター・プロフェッショナル・コラボレーション（連携モード）へ、さらに、トランス・プロフェッショナル・コラボレーション（統合）へと変化していく。

　学問のアプローチ（つまりディシプリン）は、実践・臨床の場と共鳴や共創しつつ、発展していく。筆者の見立てでは、実践のアプローチも、学問のアプローチも、図1-17の中ほどに図示したように、本質は同型である。つまり、イントラ・ディシプリナリ（内部モード）から、マルチ・ディスプリナリー（連絡モード）へ、そして、クロス・ディシプリナリー（交流モード）へ、そして、インター・ディシプリナリー（連携モード）へと変化していく。さらに、その先にはトランス・ディシプリナリー（統合モード）がある。

　蛇足ながら、筆者の立場は、システム科学者のはしくれとして、両者の協奏、共創関係をサポートすることになる。さて、上に述べたそれぞれの特徴は以下のようになる。

■ （1）職種内連携（イントラ・プロフェッショナル・コラボレーション）

　文字どおり、単一職種の内部で行う協働作業である。さきにも触れたとおり、多職種連携というフェーズに移行する前に、単一職種の内部で行う連携や協働作業が不十分なことも多々あるので、十分に注意されたい。科学の構造でみる場合、科学分野と課題は1対1の形で対応している。イントラ・ディシプリナリー・アプローチとは、同一の学問内部で協働して研究することである。

	モード	実践のアプローチ	専門/学問分野　対象	学問のアプローチ
職種内連携	内部	イントラプロフェッショナルコラボレーション Intra-professional Collaboration		イントラ・ディシプリナリー 同一の学問体系が共同で研究を行う
多職種連携	連絡	マルチプロフェッショナルコラボレーション Multi-professional Collaboration	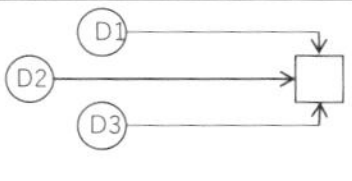	マルチ・ディシプリナリー 複数の学問体系が連絡し共同で研究を行う
	交流	クロスプロフェッショナルコラボレーション Cross-professional Collaboration	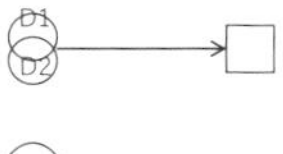	クロス・ディシプリナリー 複数の学問が交流し及ぶ新しい新たな知が生じる
	連携	インタープロフェッショナルコラボレーション Inter-professional Collaboration	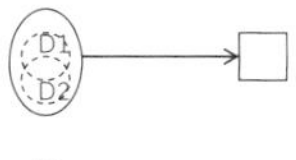	インター・ディシプリナリー 複数の学問体系の共同作業により、新たな知を共有する
	統合	トランスプロフェッショナルコラボレーション Trans-professional Collaboration	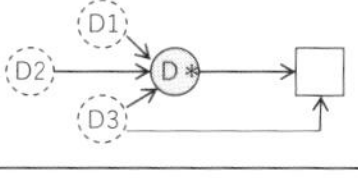	トランス・ディシプリナリー 既存の学問体系の枠組みを壊し、新しい知、学問体系を創造する

Dは学問/科学領域を示す。D＊は新しい領域の発生を示す。

出典：Rouseseau et al.（2018）．General Systemology, Springer Nature. P53. を参考して筆者作成

図1-17　実践と学問のアプローチ

■(2)マルチ・プロフェッショナル・コラボレーション

　これはネットワーク類型では連絡に相当する。複数の専門を持つ専門家が連絡をとりあい、課題にあたるというフェーズである。通常、臨床現場で頻繁に見られる「連携」や「協働」は、このマルチ・プロフェッショナル・コラボレーションに相当するが多い。科学領域では、複数の科学的バックグラウンドを持つ専門家が、相互に連絡を密にとりながら、同一の課題にあたるというマルチ・ディシプリナリー・アプローチである。

■(3)クロス・プロフェッショナル・コラボレーション

　クロス・プロフェッショナル・コラボレーションはネットワーク類型でいうと、交流に相当する。クロスというのは、専門領域が重複するように被ってくるという意味だ。図1-17に示したように、異なる専門領域(D1、D2)を重複させて相乗効果を発揮しながら、業務にあたるというのがこのフェーズの特徴である。臨床のクロス・プロフェッショナル・コラボレーションは、科学領域では、複数の学問体系におよぶ新しい専門分野が生じることになる。すなわち、クロス・ディシプリナリー・アプローチである。

■(4)インター・プロフェッショナル・コラボレーション

　このフェーズは、ネットワーク類型の連携に相当する。すなわち、異なる専門分野を専門とする専門家が、連携して作業を行う。そのような場から新規性の強い発見がされ、新しい知が創生されるというフェーズであるという点で、前述したマルチ・プロフェッショナル・コラボレーション、クロス・プロフェッショナル・コラボレーションに比べて進化した形態である。図1-17に示したように、異なる専門性が統合、融合して、新しい知が生まれることに特徴がある。科学におけるインター・ディシプリナリー・アプローチとは、複数の異なるバックグラウンドを持つ科学者が、連携研究を行うことにより、新たな発見を行い、新たな科学的な知見を共有することである。

　現段階でのヘルスケア領域では、前述した連携、そして連携に対応するインタープロフェッショナル・コラボレーション(IPC)が注目されている。本テキストも多職種「連携」を主題にはしているものの、IPCの進化形態として、次のトランス・プロフェッショナル・コラボレーション(TPC)があるということを忘れてはならないだろう。

■(5)トランス・プロフェッショナル・コラボレーション

　このフェーズは、ネットワーク類型の統合にあたる。図1-17に示したように、トランス・プロフェッショナル・コラボレーションでは、既存の業務のやり方に留まることなく、新しい業務遂行方法が考案、提出、適用される。それにしたがい、新しい専門を有する専門家が生まれる契機となる。トランス・プロフェッショナル・コラボレーションは、科学

におけるトランス・ディシプリナリー・アプローチに対応する。既存の学問体系の枠組みが崩れ、新しい学問体系が生じることになる。

3 ヘルスケアはトランスレーショナルな多職種連携で成り立つ

　既に見たように、ヘルスケアの臨床現場は多職種連携によって成立する「場」である。わざわざ、「場」と書く理由は、これらがたんなる物理的な場所ではなく、絶えずダイナミックに動いていていろいろな文脈が共有される認知的な場であるだからだ。この臨床現場を立体的に見てみよう。立体的というは臨床現場のバックヤードを支える研究の現場や臨床でケアされる患者、そして、患者に提供される臨床実践行為を関連づけてシステミックに見る、ということだ。

　ごく単純化して示すと、図1-18のように、4種類のトランスレーショナル・サイクルといってもよいシステムがヘルスケアの2つのB、つまり臨床（Bedside）、研究（Bench）と、3つのP、つまり患者（Patients）、臨床実践（Practice）、全人口（Population）を橋渡しして循環している。システムを通して循環しているものは、データ、情報であり知識、知恵だ。

　わかりやすくいうとこうなる。研究によって開発される新薬、医療機器、新しい治療方法などは、患者と接している臨床の現場にフィードバックされる。これが、bench to bedsideという矢印だ。そして治験として実施の患者に提供され、効果と安全性がテストされる。このように一気にイノベーションになることは稀で、多くの場合、システマティックレビュー、メタ分析、治療ガイドラインへの収載、さらなる品質管理をへて臨床実践に

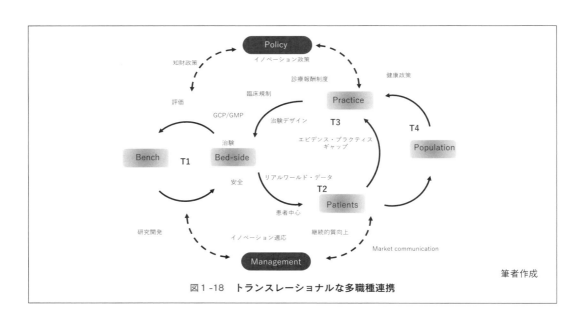

図1-18　トランスレーショナルな多職種連携

取り入られていく。

　そして臨床実践から臨床のベッドサイドへ実践ガイドという付加価値が加えられた治験デザインがフィードバックされる。そして、臨床現場から研究の現場へと、これらの情報や知識がフィードバックされることになる。これらのシステミックなサイクルが回転することにより、抜群の効果があり安全な療法はイノベーションとなり、特定の患者を超えて人口（Population）全体に波及していく。また、臨床の患者に応用されることによって、患者の健康状態にも改善が加わるということになる。

　以上のようなT1、T2、T3、T4をめぐるトランスレーショナル・システムも多職種連携で成り立っている。臨床ベッドサイトには多数の臨床に関与する職種がいる。医師、歯科医師、薬剤師、看護師、保健師、助産師、診療放射線技師、臨床検査技師、作業療法士、理学療法士、言語聴覚士、臨床心理士、視能訓練士、管理栄養士、臨床工学技士、精神保健福祉士、事務職などだ。研究現場には、医学、理学、バイオサイエンス、人工知能、データサイエンスに属する多様な研究者が活動している。TIをめぐるサイクルには、薬剤メーカー、医療機器製造会社、医療情報システムベンダーも参画する。

　近年は、CRO（Contract Research Organization）と呼ばれる医薬品開発支援企業がアウトソーサーとして、かつて製薬会社がすべて自社で行っていた研究、開発、製造、販売という機能を提供している。具体的にいうと、創薬、非臨床試験、臨床試験、薬物濃度分析、品質試験、承認申請、製造販売後調査、安全性定期報告、医薬情報提供などメーカーや医療機関、厚生当局、大学等と連携協働して行っている。このように、現代のヘルスケアは多種多様なトランスレーショナルな多職種連携や協働で成り立っている。

　さらに、このようなトランスレーショナルなエコ・システム（生態システム）では、絶えず科学的な発見つまりイノベーションの萌芽が出てくる[30]。このような場は、起業家精神を持ち合わせた科学者や技術者にとって、起業のネタに溢れた金城湯池である。おりしも、大学は、技術移転機関や知財部を設立し、大学発ベンチャー育成にも熱心になりつつある。東京大学や早稲田大学のように、大学と深い関連を持つベンチャーキャピタルも存在する。新技術をかぎ分け、ビジネスとして開花するネタに感度よく反応する目利き（つまり腕の良いベンチャーキャピタリスト）がいて、潤沢なリスクマネーの供給が可能になれば、以上のトランスレーショナルなエコ・システムは、新技術と新しい市場を開拓するベンチャー企業の孵化器（インキュベータ）にもなる。

---

[30]　しばしばイノベーションをめぐる議論では、イノベーションが創発する場を、生態系のアナロジーを含意してエコ・システムと表現する。このような文脈では、イノベーション・エコ・システムやイノベーション生態系という用語が用いられることが多い。

9 多職種連携の実態を見える化する尺度 AITCS-Ⅱ-J[※31]

1 多職種連携や協働の実態や課題を抽出する信頼性のあるスケールの必要性

　多職種連携や協働の実態とはいったいなんなのだろうか。多職種連携や協働の実態とはいかなる構成要素によって成り立つだろうか。そして、多職種連携や協働の実態はどのようにすれば計測できるようになるのか。このような実態に対する洞察において影響力を有するものの１つとしてルッツ（1999）の研究がある。

　ルッツは、医学・医療に関わる論文を詳細に渉猟した。その結果、多職種連携を構成する下位概念として統合、継続性、調整、協力、パートナーシップ、連鎖が精緻に概念化されずに濫用されていることを指摘した[※32]。

　さて、上述した疑問に答えるため、個々の医療現場の多職種連携の程度や課題を抽出し、改善に役立てる実践的なツールを求める声が高まってきている。これらの希求に対する回答が、多職種連携や協働の程度や課題を抽出する信頼性のあるスケールだ。尺度と言い換えてもよい。

　組織心理的現象を、システムを介在させることによって計測する計量心理学（サイコメトリクス）は、システム科学の応用分野である。多職種連携の実態を計測するとされる尺度について、信頼性と因子妥当性が検証されたとされるものを一瞥してみよう。

　森田ら（2013）はがん緩和ケアに関する地域の医療福祉従事者の連携を計測するために、「緩和ケアに関する地域連携評価尺度」を開発した[※33]。福井（2014）は、在宅医療、介護に携わる在宅医、訪問看護師、ケアマネージャー、介護職、薬剤師等を対象として、地域における他職種との顔の見える関係構築の良さを測定するために、「在宅医療介護従事者における顔の見える関係評価尺度」を世に問うている[※34]。また藤田ら（2015）は、在宅ケアにおける医療職と介護職を含めた連携行動を評価する尺度として、「在宅ケアにおける医

※31　この項目は、次の文献に依拠し、改変を加えた。松下博宣・市川香織・藤谷克己・ドーン・プレンティス・キャロル・オーチャード・石川弥生（2020）．急性期医療機関における多職種連携協働の実態を計測する－日本語版多職種連携協働評価スケール（AITCS-Ⅱ-J）の応用－．東京情報大学研究論集 Vol. 23　No. 2　pp.11-23

※32　Leutz, W. N.（1999）．"Five laws for integrating medical and social services: lessons from the United States and the United Kingdom". Milbank Q, 77（1）, 77-110.

※33　森田達也・井村千鶴（2013）．緩和ケアに関する地域連携尺度の開発．Palliative Care Research.8（1）, 116-26.

※34　福井小紀子（2014）．在宅医療介護従事者における顔の見える関係評価尺度の適切性の検討．日本在宅医学会誌，16（1），pp.5-11,（2014）

療・介護職の多職種連携行動尺度」を構築した[35]とされる。これらは、医療機関というよりは、むしろ地域の場での連携や協働状況を評価する尺度である。医療機関を中心とした職場における多職種連携状況評価尺度として、藤田（2018）は、探索的因子分析で「職場の多職種連携状況」を構成する3つの因子「患者中心の職場のまとまり」、「職員間の協働性」、「連携のための活動」を抽出している。

2　AITCSというスケールがもつ3つの優位性

　このような状況のなかで、筆者が注目し活用しているのは、Assessment of Interprofessional Team Collaboration Scale（AITCS）というスケールだ。このスケールが持つ他のスケールに対する優位性について、同スケールの開発者であるOrchard,C.,et al.（2018）の論考を引用しつつ整理してみよう。第1に多言語への展開である。AITCSは英語圏のみならず、ドイツ語、スペイン語、ポルトガル語、フランス語、スウェーデン語等の多言語に翻訳されて使用されている。第2に国際性である。AITCSは、韓国、アメリカ、カナダ、ブラジル、ドイツ、ユーゴスラビア、日本などの多様な健康、ヘルスケア文化を持つ国々の臨床現場で用いられている。第3に、広範にわたるケアの現場で使われていることである。プライマリーケア、病院、代替的な医療施設、会議への参加者、学生、地域ケアなどの場を含め汎用的に用いられている[36]（図1-19）。AITCSは、多言語、多文化、多国家で用いられ、多くの研究者がその国の文化や医療機関の風土のローカルな特質を包摂するため改良を加えている。

　筆者を含む研究チームは、日本国内の医療機関、地域ケアのみならず、英語圏と日本の多職種連携の実態を計測し比較考量している。AITCSは図1-20のように、多職種連携をシステムと見立てて、パートナーシップ、協力、調整というサブシステムを計測するものである。

3　23の質問項目で、多職種連携の実態を見える化

　このような目的に対して合理的な選択として一定の普遍性が検証されているAITCSとAITCS-Ⅱ（AITCSの37質問を23質問に整合的に短縮した尺度）を独自に日本語化して活用している[37]。以下に示そう。

[35]　藤田淳子・福井小紀子・池崎澄江（2015）．在宅ケアにおける医療・介護職の多職種連携行動尺度の開発．厚生の指標, 62（6）, 1-9.
[36]　Orchard, C., et al. (2018). "Assessment of Interprofessional Team collaboration Scale（AITCS）: Further Testing and Instrument Revision". Journal of Continuing Education in the Health Profession, 38（1）,11-18.
[37]　AITCSとAITCS-Ⅱの日本語版は以下のサイトで公開されている。https://hironobu-matsushita.com/materials/

（1）多言語への展開
AITCSは英語圏のみならず、ドイツ語、スペイン語、ポルトガル語、フランス語、スウェーデン語等の多言語に翻訳されて使用されている。
（2）国際性
AITCSは、韓国、アメリカ、カナダ、ブラジル、ドイツ、ユーゴスラビアなどの多様な健康、ヘルスケア文化を持つ国々の臨床現場で用いられている。
（3）汎用性
AITCSは、広範なケアの現場で使われている。プライマリーケア、病院、代替的な医療施設、会議への参加者、学生、地域ケアなどの場を含め汎用的に用いられている。

※引用：Orchard, Carole et al (2018). Assessment of Interprofessional Team collaboration Scale(AITCS): Further Testing and Instrument Revision. Journal of Continuing Education in the Health Profession. Volume 38, Issue 1, pp11-18.

筆者作成

図1 -19　Assessment of Interprofessional Team Collaboration Scale（AITCS）とは

筆者作成

図1 -20　IPC（多職種連携協働）の3つの サブシステム

1．Include patients in setting goals for their care.
　　患者目標を設定するときは患者を巻き込んでいる。
2．Listen to the wishes of their patients when determining the process of care chosen by the team.
　　私が所属するチームはケアプロセスを決めるときに患者の要望に耳を傾けている。
3．Meet and discuss patient care on a regular basis.
　　常時患者ケアについてミーティングを行い話し合いをしている。

4．Coordinate health and social services（e.g. financial, occupation, housing, connections with community, spiritual）based upon patient care needs.
患者ニードに基づいて、健康やソーシャルサービス（家計、仕事、住まい、地域のつながり、スピリチュアル）に関わる調整をしている。

5．Use consistent communication with team members to discuss patient care.
患者ケアについて話し合うためにチームメンバーとは首尾一貫したコミュニケーションをしている。

6．Are involved in goal setting for each patient.
患者個々のケア目標設定に関わっている。

7．Encourage each other and patients and their families to use the knowledge and skills that each of us can bring in developing plans of care.
治療計画、ケアプラン等を立てるときは、多職種の知識やスキルを活用するために、多職種のメンバー、患者、家族に働きかけている。

8．Work with the patient and his/her relatives in adjusting care plans.
治療計画、ケアプラン等を調整するときには、患者や家族と一緒になって行う。

9．Share power with each other.
チーム内では皆が力を出し合って協力している。

10．Respect and trust each other.
お互いが尊敬しあい信頼している。

11．Are open and honest with each other.
皆オープンで親切だ。

12．Make changes to their team functioning based on reflective reviews.
振り返りと改善によってチームの機能に変化を加えている。

13．Strive to achieve mutually satisfying resolution for differences of opinions.
異なる意見が出るときは、お互いが満足のいく解決ができるよう努力している。

14．Understand the boundaries of what each other can do. お互いができることとできないことを理解している。

15．Understand that there are shared knowledge and skills between health providers on the team.
チーム内で知識とスキルが共有されていることを理解している。

16．Establish a sense of trust among the team members.
チームメンバーの間には信頼感ができあがっている。

17．Apply a unique definition of interprofessional collaborative practice to the practice setting.
職場には多職種連携協働（チーム医療）について独自の取り決めがある。

18．Equally divide agreed upon goal amongst the team.

チーム内では、メンバーによって合意された目標が公平に分担されている。

19．Encourage and support open communication, including the patients and their relatives during team meetings.

チームミーティングでは、患者・家族を含めてオープンにコミュニケーションをとることが奨励され支持されている。

20．Use an agreed upon process to resolve conflicts.

対立や衝突を解決するためにあらかじめ決められた手順を活用している。

21．Support the leader for the team varying depending on the needs of our patients.

変化する患者のニーズに応じてメンバーはチームリーダーをサポートしている。

22．Together select the leader for our team.

皆が一緒になってチームリーダーを選んでいる。

23．Openly support inclusion of the patient in our team meetings.

チームミーティングに患者を含めることをオープンにサポートしている。

　以上の質問票は、図1-21のサイトでアクセスできるようになっている。自分たちの医療現場、職場、医療機関の多職種連携が、どのくらいうまくいっているのか、いないのか。どのような職種や部門、部署に問題があるのか。このような多職種連携の実態を客観的に分析して見える化できるツールなので、興味がある読者は下記のサイトにアクセスするといいだろう。

　一般的に尺度の信頼性はクロンバックαと呼ばれる係数で測定する。カナダ（Orchard, 2018）[38]、スウェーデン（Hellman, 2016）[39]、イタリア（Caruso, 2018）[40]、日本（松下ら、2019）[41]での研究の結果、表1-2のように、高いレベルのクロンバックα係数が各国の研究者から報告されている[42]。

※38　Orchard, C., et al. (2018)．"Assessment of Interprofessional Team collaboration Scale (AITCS)：Further Testing and Instrument Revision"．Journal of Continuing Education in the Health Profession, 38（1），11-18.

※39　Hellman T, Jensen I, Orchard C, Bergström G. (2016)．Preliminary testing of the Swedish version of the Assessment of Interprofessional Team Collaboration Scale (AITCS-S). J Interprof Care. 30: 499-504

※40　Rosario Caruso, Arianna Magon, Federica Dellafiore, Sara Griffini, Laura Milani, Alessandro Stievano, Carole A. Orchard. (2018)．Italian version of the Assessment of Interprofessional Team Collaboration Scale II (I-AITCS II)：a multiphase study of validity and reliability amongst healthcare providers. Med Lav 2018; 109, 4：000-000 DOI: 10.23749/mdl.v109i4.7101.

※41　松下博宣，市川香織，藤谷克己，ドーン・プレンティス，キャロル・オーチャード，石川弥生 (2019)．急性期医療機関における多職種連携協働の実態を計測する－日本語版多職種連携協働評価スケール（AITCS-Ⅱ-J）の応用－．東京情報大学研究論集．vol.23 No.2 pp11-23.

※42　正確を期すれば、クロンバックα係数の算出以外に、因子負荷分析をかけて因子負荷量を検証すべきだが、データ数の制限もあり、今後の課題としたい。

hironobu-matsushita.com

ここに格納して公開中

筆者作成

図1-21　質問のセットは

	Country	Partnership	Cooperation	Coordination
Orchard et al.(2018)				
AITCS	Canada	0.937	0.911	0.894
AITCS-II		0.898	0.924	0.898
Hellman et al.(2016)				
AITCS-S	Sweden	0.91	0.95	0.79
Caruso et al.(2018)				
I-AITCS-II	Italy	0.923	0.944	0.968
This syudy(2019)				
AITCS	Japan	0.962	0.963	0.917
AITCS-II -J		0.912	0.94	0.917

筆者作成

表1-2　4か国におけるAITCS，AITCS IIの尺度信頼性比較

4 急性期自治体立病院Aの多職種連携の実態を分析する※43

　A病院は地方自治体立病院であり地域の基幹的総合病院である。2019年現在、350床の病床を保有している。診療科目は内科、循環器内科、外科、小児科、整形外科、脳神経外科、皮膚科、泌尿器科、産婦人科、耳鼻咽喉科、眼科、放射線科、麻酔科、病理診断科

※43　この項目の学術的詳細な報告は、以下の文献による。松下博宣，市川香織，藤谷克己，ドーン・プレンティス，キャロル・オーチャード，石川弥生（2019）．急性期医療機関における多職種連携協働の実態を計測する－日本語版多職種連携協働評価スケール（AITCS-II -J）の応用－．東京情報大学研究論集 .vol.23 No.2 pp11-23.

A病院　基本統計	対象人数	有効回答	有効回答率		項目	対象人数	有効回答	有効回答率
項目	人	人	(%)			人	人	(%)
年齢 n=358　20才代	143	72	50.3%	看護部門 n=237　2階病棟		40	13	32.5%
30才代	161	68	42.2%	地域包括ケア病棟（3A棟）		23	19	82.6%
40才代	159	93	58.5%	3B病棟		27	23	85.2%
50才代	144	94	65.3%	4A病棟		39	31	79.5%
60才代	15	8	53.3%	4B病棟		41	22	53.7%
無回答		23		5A病棟		41	35	85.4%
性別 n=358　女性	477	294	61.6%	5B病棟		41	30	73.2%
男性	145	55	37.9%	外来		50	20	40.0%
その他		2		看護室		25	11	44.0%
無回答		7		手術室／中材		24	5	20.8%
資格 n=358　医師	65	10	15.4%	透析室		14	12	85.7%
薬剤師	23	14	60.9%	中央診療		13	9	69.2%
看護師	316	216	68.4%	該当なし			7	
助産師	11	9	81.8%	診療技術部 n=33　リハビリテーション科		31	14	45.2%
診療放射線技師	18	8	44.4%	臨床検査科		24	2	8.3%
臨床検査技師	23	2	8.7%	中央放射線科		18	8	44.4%
臨床工学技士	8	9		栄養科		5	0	0.0%
理学療法士	15	8	53.3%	臨床工学科		8	9	
作業療法士	9	5	55.6%	経験年数 n=358　5年未満		207	91	44.0%
言語聴覚士	2	1	50.0%	5年以上10年未満		88	51	58.0%
精神保健福祉士	0	1		10年以上15年未満		87	44	50.6%
社会福祉士	4	3	75.0%	15年以上20年未満		50	29	58.0%
介護福祉士	2	2	100.0%	20年以上25年未満		39	36	92.3%
看護補助	56	30	53.6%	25年以上30年未満		75	66	88.0%
事務職	50	30	60.0%					
事務技術職	5	3	60.0%					
該当なし	15	4	26.7%					
無回答		3						
常勤／非常勤 n=358　常勤	492	305	62.0%					
非常勤	130	44	33.8%					
無回答		9				筆者作成		

表1-3　A病院基本統計

に渡る。対象病院では、地域包括ケア病棟（30床）専用の新棟増設を決定していて稼働予定だ。新病棟では、周辺の療養型病棟や老人施設からの受け入れを積極的に進め、地域包括ケアシステムの中での多職種連携を一層進める予定である。院内には、褥瘡対策チーム、感染防止対策チーム、医療安全対策チーム、緩和ケアチーム、栄養サポートチーム、地域連携チーム、呼吸ケアチームを含む多職種連携チームが活動している。

　ところが、多職種連携の実態は多様で、現場では不況和音も少なくない。スローガンとしての「多職種連携」に異論を差しはさむ余地はないものの、今まで客観的、実証的に対象病院の多職種連携の実態、そこに内在する課題や問題を組織風土という視点から計量的に調査したことはなかった。そこで、病院長、看護部長を含めるトップマネジメントチームの総意として、本件調査研究に参加し、得られた知見を病院経営、人的資源開発、従業員の職務満足、医療安全、医療の質の向上に資していこうということになった。ちなみに、有効回答者の基本属性は**表1-3**の通りであった。

　A病院では、今まで、職種別に、なんとなく多職種連携に対する温度差があるように感じられていた。ところが、その印象はあくまで印象であり、客観的なエビデンスで示されたものではなかった。ところが、AITCS-II-Jを用いることにより、以下のように職種別の職種別の有意差が明らかになった。

　職種別（AITCS-II-J平均スコア76.17、標準偏差10.01）の最高は、社会福祉士（AITCS-II-J平均スコア90、偏差値63.8）、最低は、薬剤師（AITCS-II-J平均スコア58.5、偏差値32.3）であった。Tukey法による多重比較によれば、助産師と薬剤師間（p = 0.012）、看護補助と事務職間（p = 0.018）、看護補助と診療放射線技師間（p = 0.049）、看護補助と薬剤師間（p = 0.0003）、看護師と薬剤師間（p = 0.007）に有意差が認められた（図1

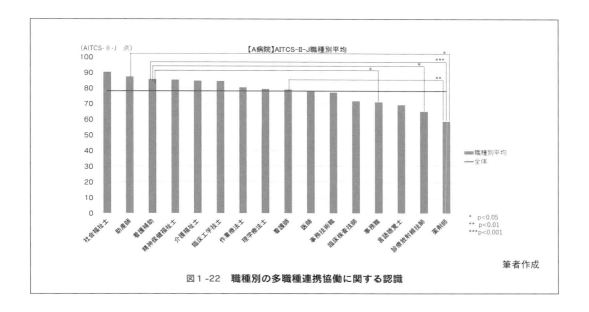

図1 -22　職種別の多職種連携協働に関する認識

-22）。これらの職種の間には多職種連携に関して有意な認識ギャップが存在することが示唆された。具体的には、看護補助は事務職、診療放射線技師、薬剤師に比べて、多職種連携に関する認識が高いという結果であった。また、看護師および助産師については、薬剤師に比べ多職種連携に関する認識が高いという結果であった。

　所属部門別でも興味深い分析結果を得た。具体的には、所属部門別（平均点73.17、標準偏差9.25）の最高は、地域医療連携室（AITCS-Ⅱ-J平均スコア93.1、偏差値71.54）、最低は薬剤部（AITCS-Ⅱ-J平均スコア62.22、偏差値38.17）だった。Tukey法による多重比較によれば、地域医療連携室と診療技術部間（p ＝ 0.046）、地域医療連携室と事務部間（p ＝ 0.0006）、地域医療連携室と薬剤部間（p ＝ 0.00004）、看護部と事務部間（p ＝ 0.005）、看護部と薬剤部間（p ＝ 0.0006）に有意差が認められた（図1 -23）。具体的には、地域医療連携室は、診療技術部、事務部、薬剤部に比べ多職種連携協働に関する認識が高いという結果であった。また、看護部は、事務部、薬剤部に比べ多職種連携に関する認識が高いという結果であった。所属部門間においても多職種連携に関して有意な認識ギャップが存在することが示唆された。

　看護部門は316人もの人員が配置され、今回のサーベイにも216名が有効回答を寄せた一大職種グループを形成している。また臨床においては、患者、多職種との接点が多く、多職種連携の要的な位置づけを長年担ってきている。このような背景により、看護部門内の病棟などを含めるより詳細部署別の実態を分析してみよう[44]。

※44　この調査は、1急性期病院の限定的なデータ数にのみ依拠している。したがって今後は、研究対象医療機関とデータの数を増やし、大規模な横断的研究を展開する必要である。その際は、因子分析を行い、パートナーシップ、協力、調整の3因子に属する各質問の負荷量を測定する必要があろう。

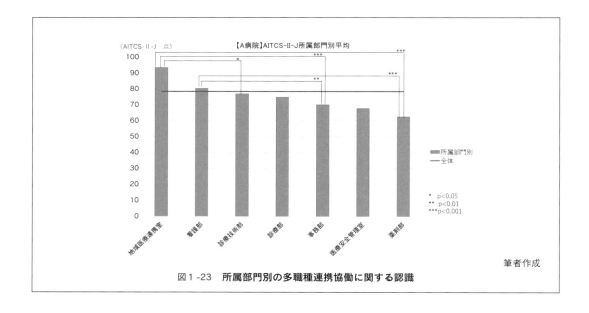

図1-23　所属部門別の多職種連携協働に関する認識

　看護部署別（平均点78.06、標準偏差6.08）の最高は4 A病棟（AITCS-Ⅱ-J平均スコア63.81、偏差値78.06）、最低は外来（AITCS-Ⅱ-J平均スコア67.35、偏差値30.90）だった。Tukey法による多重比較によれば、外来は4 A病棟（p＝0.00006）、中央診療（p＝0.023）、5 A病棟（p＝0.008）に比べ有意に平均点が低く（図1-24）、外来に所属する看護職は他部署の看護職に比べ多職種連携に関する認識が低いという結果であった。看護職のみの間でも、所属する看護部署によって、多職種連携に関する有意な認識ギャップが存在することが示唆された。

　「あなたの職場では医療専門職が十分に配置されていると思いますか」という質問に対して、リカート段階スケールにて、「1．まったく不十分だ、2．不十分だ、3．普通だ、4．十分だ、5．まったく十分だ」から回答を選択させる。それぞれの段階におけるAITCS-Ⅱ-J平均スコアを比較したところ、医療専門職の配置が「5．まったく十分だ」という群と「1．まったく不十分だ」という群の間に（p＝0.012）、また、「4．十分だ」という群と「1．まったく不十分だ」という群の間に（p＝0.009）、有意差が認められた（図1-25）。この結果より、医療専門職の人材配置が十分であると認識している職場においては、多職種連携に関する認識はポジティブである可能性が示唆された。

　多職種連携（チーム医療）を人材不足や医療スタッフの負担軽減に対処するための有効な方策として捉える主張には根強いものがある。厚生労働省が主管する医師の働き方改革に関する検討会（2018）では、「患者へのきめ細かなケアによる質の向上や医療従事者の負担軽減による効率的な医療提供を進めるため、さらにチーム医療の考え方を進める必要がある」と明記されている。また、厚生労働省第51回社会保障審議会医療部会報告書（2017）では「個々の従事者の業務負担を最適化しつつ、医療の質を確保する方法の一つとして、

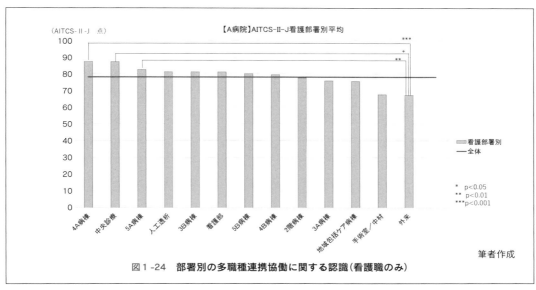

図1-24　部署別の多職種連携協働に関する認識（看護職のみ）

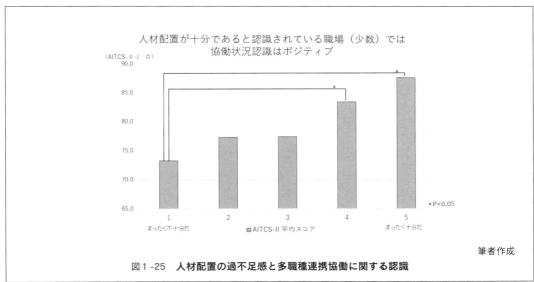

図1-25　人材配置の過不足感と多職種連携協働に関する認識

同じ水準の能力や価値観を共有した上で、医師－医師間で行うグループ診療や，医師－他職種間等で行うタスク・シフティング（業務の移管）／タスク・シェアリング（業務の共同化）を、これまでの『チーム医療』を発展させる形で有効活用すべきである」[45]と記されている。これらの公的文書が主張することが真実なのであれば、多職種連携（チーム医療）の実態が充実すればするほど、医師を中心とした人材不足感が臨床現場から解消・払拭されるとい

※45　厚生労働省（2017）．第51回社会保障審議会医療部会 新たな医療の在り方を踏まえた医師・看護師等の働き方ビジョン検討会報告書．33.
https://www.mhlw.go.jp/file/05-Shingikai-12601000-Seisakutoukatsukan-Sanjikanshitsu_Shakaihoshoutantou/0000162895.pdf

うことになるはずだ。

　図1-25によれば、人材配置の過不足感と多職種連携に関する認識が示す通り、人材配置が十分であると認識されている職場ほど協働状況認識はポジティブなものであった。一見、上述の公的文書の主張が裏付けられたかのような解釈ができないこともないだろう。しかし、ことはそれほど単純ではない。多職種連携（チーム医療）が効果的に運用されるから、人材不足感が解消されるのではなく、そもそも、効果的な多職種連携（チーム医療）を実現し運用するためには潤沢な人材の配置が必要である、ということも示唆されるからである。

　日本は欧米諸国と比べて、医師、看護師などの単位ベッド数あたりの人員配置が必ずしも充分ではない。根本的なことではあるが、効果的な多職種連携は充分な人員配置の前提の上に成立する。

問題 1

多職種連携協働の実態を計測する「Assessment of Interprofessional Team Collaboration Scale（AITCS）」スケールで計測する要素について、正しい組み合わせはどれか。

〔選択肢〕

①コミュニケーション、協力、改善活動

②コミュニケーション、共通目標、動機づけ

③コミュニケーション、協力、調整

④パートナーシップ、調整、改善活動

⑤パートナーシップ、協力、調整

⑤

Assessment of Interprofessional Team collaboration Scale(AITCS)とは、多職種連携協働の程度や問題点を浮き彫りにするスケールである。AITCSは英語圏のみならず、ドイツ語、スペイン語、ポルトガル語、フランス語、スウェーデン語、イタリア語等の多言語に翻訳されて使用されている。近年では、開発者のDr. Orchardが短縮版の AITCS-Ⅱをデザインしている。

AITCS-Ⅱ-J（日本語版）を「多職種連携協働風土サーベイ」の一部として組み込み、複数の医療機関の多職種連携協働(チーム医療)を診断している。このサーベイの特徴は：

（1）高い信頼性

各国の研究において、クロンバックα値0.91～0.95という高い信頼性が立証されている。我々の研究でも高い信頼性が実証されている。

（2）クラウドベースのスケール

我々の研究グループでは、質問票をすべてクラウド環境に格納して運用している。調査参加者は、スマートフォン、タブレット、PCでサーベイサイトにアクセスして回答する。これにより、高度のデータ秘匿性と個人情報の保護レベルを維持しつつ、質問票作成、配布、データ回収、データ生成、分析を、紙面による調査と比べ迅速にかつ効率的に実施できるようになった。

（3）多職種連携協働の阻害要因、促進要因を明らかにできる

自由コメントスペースに従業員の忌憚のないナマの声を書いてもらう。独自のテキストマイニング手法を用いて、組織風土の奥底に内在する多職種連携協働の阻害要因、促進要因を明らかにする。

（4）多職種連携協働のカギである3要因ごとの特徴を明らかにできる

パートナーシップ、協力、調整といった多職種連携協働のカギである3要因を中心に詳細を分析することができる。曖昧模糊とした定性分析ではなく、明確

な数値として「見える化」できるのが、本サーベイの強みである。

（5）職種ごと、部門ごと、クリニカルラダーごとの課題を明確化できる。

さらに、職種、部門などの属性を医療機関のニーズに従って自由に設計できるので、ハンドメードの分析が可能である。

（6）グローバル対応

従来の和製スケールは、日本の内側に閉じていて国際性がない。本スケールは、英語圏のカナダ、米国、英国はもとより、イタリア、スウェーデンなどとも科学的な比較ができる。つまり、グローバルな視点から各国の多職種連携協働の比較ができるのである。

問題 2　ネットワークの発展段階には段階がある。その段階について、正しいものはどれか。

〔選択肢〕

①交流→連携→統合→連絡

②連絡→交流→連携→統合

③交流→連絡→改善→実装

④連合→交流→連絡→連携

⑤統合→連携→交流→連絡

解答 2　②

解説 2

ネットワークは一般的に、連絡→交流→連携→統合という発展段階を経る。アクター(エージェント)がやりとりを行う状態が「連絡」。アクターの間に緊密な関係性が生じる状態が「交流」である。さらにネットワークが進化してアクター間にメンバーシップが確立する状態が「連携」である。さらに、ネットワーク全体をサポートするプラットフォームが成立する状態が「統合」である。

第2章
多職種連携と組織風土

1 多職種連携協働における阻害要因と促進要因
2 多職種連携アイスバーグモデル

　本章では、多職種連携と組織風土の関係を考えてみよう。第1章では多職種連携の実態を「見える」化するスケールを紹介したが、多職種連携を促進したり、阻害したりする根本的な要因はなんなのだろうか。これらを明らかにする分析手法を、実例を交えながら考察したい。多職種連携の促進要因と阻害要因は、組織風土に暗黙的に埋め込まれている。組織風土には、従業員が抱く問題意識、規範意識、期待、要求等が含まれ、これらが複雑にからみ合って促進要因や阻害要因となっていく。そして、多職種連携というシステムは、階層構造をなしている。その階層の奥深いところには、縦割りの専門性、教育システムの桎梏、医療機関の経営スタイルや日本の医療ならではの構造的な問題が横たわる。多職種連携アイスバーグモデルを使いながら、これらの問題を整理していこう。

多職種連携協働における阻害要因と促進要因

　保健・医療・福祉に関連する組織の風土には、多職種連携や協働をかたくなに邪魔する魑魅魍魎が跋扈している。それは医師中心の価値観、職種間のねじれた上下関係、既得権益、職種ごとの独自の自己主張、長年積もり積もった慣習、因習であったりする。このような事柄を、知恵をつかって上手に解消しないかぎり、多職種連携は絵に描いた餅になってしまうだろう。本章では、実際の実例を下敷きにして、システム科学の考え方を用いて、多職種連携を阻外するもの、促進するものを、見える化して、計量的に捉える手法を紹介する。

1　組織風土とは[1]

　第1章で述べた分析はAITCS-II-Jを用いて、職種別、所属部門別、部署別の認識ギャップを明らかにしてゆこう、というものであった。そして、前述した統計分析の結果、有意差を得た属性が多数あったことが明らかになった。ただし、なぜ、そのような有意差が生じたのかという原因については明らかいになっていない。

　そこで、さらに分析を一歩進め、組織風土上、なにが多職種連携協働の阻害要因なのか、促進要因なのかについて迫ってみたい。

　さきに、組織風土に言及したが、組織内で役割を帯びて活動する人間は、組織風土の醸成に影響も与えると同時に、逆に組織風土から直接間接に影響、拘束も受けるものだ。そして人間と同じように組織は生まれ、成長、成熟しやがては衰退していく。組織風土は人工的な構成物であるが、同時にその漠構造（複数の要因が複雑に影響し合い、明確な要因が特定されにくい性格を持つ構造）のため、その把握は容易ではない。

　さて、近年の組織風土を分析対象とする動向を一瞥してみよう。第1に経営資源としての組織風土である。松下（2005）によると、経営資源としての組織風土とは、従業員の意識、態度、行動にあるパターンを与えるものであり、トップからボトムまで浸透している価値観、考え方、ものの見方、仕事の進め方の根幹に横たわる暗黙的な影響因のことである[2]。

※1　この項目の内容は右の文献に拠った。松下博宣，市川香織，藤谷克己，石川弥生（2020）．組織風土に関わる多職種連携の阻害・促進要因の検討〜組織風土パーセプションの共起ネットワーク分析〜．保健医療福祉連携．13巻1号．
※2　松下博宣（2005）．看護経営学　看護部門改造計画のすすめ　第4版．p179，日本看護協会出版会．

さらに、松下（2005）は、因子分析の結果、医療機関の組織風土を構成する因子を、方向の明確性、意思決定、組織の統合度、マネジメント・スタイル、業績志向性、組織のバイタリティー、処遇、人的資源の開発、ホスピタル・アイデンティティーの9因子を特定している[※3]。

第2に組織の健康経営志向の動向である。組織で働く人間が健康でなければ組織の健康は担保され得ず、人間の健康と組織の健康は相互依存的であるという前提に立ち、組織や職場が健康であるための条件を明確化して、組織風土の健康化に資していこうという動向である。例えば、福井ら（2004）は、産業精神保健の視点に立って、米国国立労働安全衛生研究所（NIOSH）の先行研究をレビューすることにより「健康職場モデル」を提起している[※4]。

第3は、患者安全との関連である。病院による深刻な医療過誤が発覚する際に、しばしば病院の組織風土に関わる問題が指摘されてきた。医療過誤の温床として、あるいは、その構造的根幹として、組織風土の問題が横たわるというのである。このような系譜に立ち、West et al.（2014）は、組織風土が患者に対する医療サービスの質や安全、従業員の職務満足にも影響を与える因果関係を実証的に示しモデル化している[※5]。

2 ヘルスケアは複雑適応系である

人の心身の状態や健康は複雑に絡み合った多様な要因が影響する。保健・医療・福祉も同様に、気候変動、国家財政、政策、診療報酬制度、公的保険、民間の保険、自己負担の割合、高齢者医療、社会保険審査、自治体、医療機関の経営、製薬会社、医療機器メーカーの動向、知的財産、患者権利の保護、イノベーション生態系、個々の臨床介入方法の改善、リスク、安全、事故対策、防災、復興、レジリエンス、質の保証、患者の受診行動、情報公開、インフォームドコンセント、大学、学術動向、学会による提案、地域包括ケア、個々のリーダー、スタッフ……数えきれないくらいの要因が複雑にからまってこじれた課題や問題をたくさんつくっている。

このようなことを背景にして、先進国のヘルスケア分野には、システム科学の一部門である複雑適応系（コンプレックス・アダプティブ・システム）の考え方が、複雑な状況をよりよく理解するための理論的枠組みとして導入されている[※6]。医療機関の組織風土も、以上のような事柄に必然的に影響を受けるし、

※3　松下博宣（2005）．看護経営学 看護部門改造計画のすすめ第4版．p179，日本看護協会出版会．
※4　福井里江，原谷隆史，外島裕（2004）．職場の組織風土の測定 組織風土尺度（OCS-12）の信頼性と妥当性．産業衛生学会誌，46：213-222.
※5　West, M.A., Topakas, A.and Dawson, J.F. (2014). Climate and Culture for Health Care Performance. In Schneider, B.and Barbara, K.M. (eds.) The Oxford Handbook of ORANIZATIONAL CLIMATE and CULTURE:335-359,Oxford University Press,NewYork.
※6　ヘルスケアを複雑対応系とみなすのは英語圏を中心としたグローバルな傾向だ。たとえば、The Health Foundation（2010）．Complex adaptive systems.
https://www.health.org.uk/sites/default/files/ComplexAdaptiveSystems.pdf#search='complex+adaptive+system+healthcare'

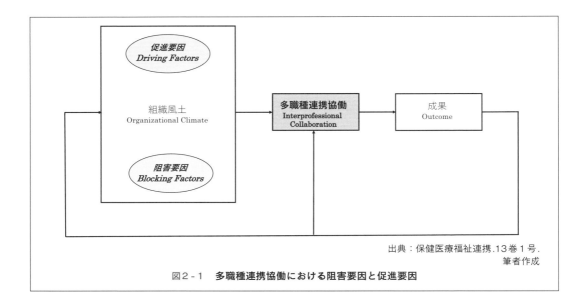

出典：保健医療福祉連携.13巻1号.
筆者作成

図2-1　**多職種連携協働における阻害要因と促進要因**

影響もする。よって、医療機関の組織風土もまた、複雑なシステムが織りなすものとして理解できる。医療機関は複雑適応的なシステムであり、その内外で創発する多職種連携チームも同様に複雑適応的な様相を呈する。

　さて、多職種連携という人間活動システムに対して操作的介入を行う余地を得るためには、多職種連携をシステミックかつ動学的に把握する必要がある。なぜシステミック（systemic）でありシステマティック（systematic）でないのか。日本語でカタカナ表記してしまうと、なんとなく同じような語感を与えてしまうため、ここは丁寧に議論を進めるために、慎重に用語に含意されるものを明らかにしておこう。システマティックとは「体系的」ということである。それに対して、システミックというのは、システムの構成要素として、制御とコミュニケーションという動学的要素を含意している。多職種連携協働システムに、操作的介入、つまり、創意工夫を凝らし改善を加えるためには、制御とコミュニケーションが必要である。

　図2-1で示すように、医療機関や地域包括ケアシステムには、多職種連携や協働を推進することによって、手中にしたい成果があるはずだ。それは医療安全や継続的に高められた質が含まれるし、場合によっては、従業員の職務満足や、平均在院日数の低減などといったことも含める医療機関もある。

　いずれにせよ、それらが、多職種連携や協働と成果をつなぐ矢印である。そして、多職種連携協働に向かって組織風土から矢印が伸びている。つまり、組織風土のなかの、なにものかが、多職種連携を阻害したり、促進したりする。多職種連携をめぐる矢印の流れはダブルループになっている。これらが、本章の見立てである。

3 多職種連携の成否は組織風土に根ざす

　図2−1に示すように、多職種連携協働の促進要因と阻害要因は、組織風土に暗黙的に埋め込まれているものである。組織風土には、従業員が抱く問題意識、規範意識、期待、要求が含まれ、組織風土に内在する多職種連携の促進要因と阻害要因が多職種連携に影響を与える。さらに、多職種連携は医療の質や患者安全を含める成果（アウトカム）に一定の影響を及ぼす。成果は多職種連携チームにフィードバックされるとともに、組織風土の醸成にも循環的に影響を与えることになる。多職種連携は、組織風土の制約と影響を受けつつも、成果を生み出すダブルループのなかに位置付けることができる。

　さて、このような前提に立って、クラウド環境にインターネット経由で回答可能な質問票をGoogle Formにて構築した。調査対象者はそれぞれの職場から、調査対象医療機関の全従業員のみがアクセスすることができる所定のQRコードとアドレスを通して、スマートフォン、タブレット、PCなどの端末からインターネット上の質問サイトにアクセスし、Q1多職種連携の促進要因、Q2多職種連携の阻害要因について、自由コメントをテキストとして回答した。さらに、回答者の基本属性（年齢、性別、資格、常勤・非常勤の別、所属部署等）も調査した。回答は1人1回のみという制限をかけた。

　回答結果はSecure Socket Layer技術を用いて暗号化され、研究代表者が管理するクラウドのストーレッジに蓄積され、暗号を解除後それらのテキストデータをダウンロードしてテキストマイニングを実施した。付言すると、これらにより、高度のデータ秘匿性と個人情報の保護レベルを維持しつつ、質問票設計、配布、データ回収、データ生成、分析を、紙面による調査と比べ迅速にかつ効率的に実施することができた。

対象：A病院に勤務する全部門、全職種、常勤、非常勤の全従業員
　　　質問1：多職種連携（チーム医療）をより一層促進するためには、なにが必要となると思いますか。ご自由にご意見を書いてください。簡単な言葉をあげるだけでも結構です。

　　　質問2：多職種連携（チーム医療）を阻むのはどのようなことでしょうか。ご自由にご意見を書いてください。簡単な言葉をあげるだけでも結構です。

　収集されたテキストデータはテキストマイニングソフトのKH Coder 3[7]を用いて分析した。今回用いた分析は①単語頻度分析（どのような単語が何回出現するかをカウントする）、②単語共起ネットワーク分析（単語間の共起関係を抽出して有向グラフとして出力する）である。

※7　テキストマイニングのフリーソフト。KH coder：https://khcoder.net/

　フリーコメントについて単語頻度分析をかけ、頻出する単語とその単語を含むテキストデータを収集した。「阻害」については192文、抽出語は1,409語であった。「促進」については170文、抽出語は1,469語であった。頻出名詞と頻出語を含むフリーコメントのうち代表的なものは表2-1の通りである。

4　システム科学で捉える共起ネットワーク

　共起ネットワークとは、単語の出現パターンの類似した単語をノード（頂点）として、共起関係としてリンク（線）で表したネットワークである。構成要素であるノードとしての単語もさることながら、むしろ、集積されたリンクの関係性に注目をする手法である。頻度（frequency）とは当該単語の出現頻度が高いほど当該単語を囲んだ円形は大きく、また共起の程度（coefficient）が強いほど太い線で描画される。また、頻度、共起の程度が近接している単語は、頻度と共起の類似パターンとして認識され、サブグラフ（subgraph）が得られる。

　第1章で考えてみたS＝(a, r)の式を当てはめればこうなる。組織風土はある種の複雑なシステムとして捉えることができる。つまり組織風土とは、組織内の様々な人、つまり意思決定主体（a）が抱く主観と主観の間の複雑な関係性（r）である。組織風土は間主観的な認知が複合したものである。

5　多職種連携をはばむ阻害要因

　以上を前提として、多職種連携に関する「阻害」に関して収集された192文に対して、共起ネットワーク分析を行い、合計10のサブグラフが得られた（図2-2）。得られたサブグラフの出現パターンについて、テキスト中の当該単語について表の原テキストデータに立ち返り、得られたサブグラフの出現パターンについて複数の研究者が討議し意味付けを行い、サブグラフごとに、その特徴を表現した。たとえば、Subgraph 01に関しては、威圧・圧力に満ちた態度や言動／チーム内で共有する情報が活きない、とし、さらに、この特徴を（強圧／情報非活用）としてラベリングした。

Subgraph 01：威圧・圧力に満ちた態度や言動／チーム内で共有する情報が活きない。（強圧／情報非活用）

Subgraph 02：看護と薬剤、それぞれの役割と専門に関する認識。（看護師と薬剤師の連携不足）

表2-1　頻出語を含むフリーコメント

自由コメント＜阻害＞		自由コメント＜促進＞	
不足 n=22	職種間の役割の理解不足 時間やスタッフの人員不足 知識不足 人員不足 人手不足、人員不足。 人材不足。 マンパワー不足。 調査している側でも職種を把握していないくらい多岐にわたる人材が不足している。 お互いの仕事内容の理解不足 人材不足。 医師不足。 マンパワー不足、コミュニケーション不足 人手不足と人件費、意識の違い。薬の事は、薬剤師がやるべき。 人材不足、コミュニケーション不足。 コミュニケーション不足。 人員不足、疲弊。各職種がしっかり自分の役割を果たすことが必要。 コミュニケーション不足。 時間不足、見解の相違、コミュニケーション不足。かかえこみ。過度な労働。 意識の違い、コミュニケーションの不足。 自由な意見交換を阻害する要素、共有しようという意識付けの不足 人員不足。各職種の業務、各自のスキルを持っているのに　面倒な事は判断、業務を拒否。 事務職の不足。業務の忙しさ、ゆっくりディスカッションする時間がとれない。	意見 n=22	意見交換の場 意見交換のしやすさ 意見を集める、カンファレンスの充実 意見交換する場を設けられない。ゆとりが必要。 患者のために必要な、率直な意見交換 意見交換、協力を求められたら、断らずに話を聞いて対応できる 意見を求める 意見を言える環境 意見を、トップを介さず、ストレートに言い合える環境が必要 意見交換する場所が必要 医師の意見が絶対的な風土が強い。患者の意見が今まで何度も無視されているのを見てきた 意見が今まで何度も無視されているのを見ると悲しくなる 意見・要望を聞く姿勢を持ってほしい 意見を言うことができる 意見を大事にしてくれる医師。医師と自由に意見交換ができる 意見交換ができる.話し合い、多職種カンファレンスの充実 意見交換 意見を出し合うことができれば良いのではないかと思う 意見を言える環境 意見を自由に発言できる雰囲気 意見言い合い共に協力しあい参加する 意見交換ができる関係づくり
医師 n=20	医師の傲慢さ、参加者が集まる時間、職種ごとの役割認識が低い 医師の存在、専門職の認識 医師の方針。自由に意見が言えない、一部の人の強い意見が反映されている。 医師の態度。自分が一番というプライド。忖度。傲慢さ。 医師へ意見を言えない。意見や話すらもしっかり聞いてもらえない。 医師の存在と威圧的な態度、非協力的な言動。 医師の協力が得られない。それぞれの立場での意見の違い 医師不足。自分の価値観に固執し他者の意見を聞かない、又は言えない環境。 医師の圧力、わがまま。上司に正当な評価をしてもらえない。 チーム医療を大切にする医師がいない 医師のプライド⇨自分勝手、エゴ。 医師に確認し、責任持ってやるべき。薬剤師の業務拡大がされない。院外処方でない	医師 n=16	医師の参入が絶対必要 医師の個人的な感情による仕事の采配はよくない 医師とのコミュニケーション 医師の接遇マナー、薬剤師の病棟配置と薬剤管理 医師の考え方が古く医師の意見が絶対的な風土が強い。患者の意見が今まで何度も無視された医師が考え方を変えなければだめだと思う。 医師の参加があると良いと思います。お互いの意見・要望を聞く姿勢を持ってほしい 看護師の意見を大事にしてくれる医師。 医師と自由に意見交換ができる、話し合い 医師に話を聞いてもらいたい。指示通りに動けばいいと話すら聞いてくれない医師がいる 医師とのフラットな関係。多職種間で上下関係を気にせず意見を出し合う 医師の威圧感をなくしてほしい。

	医師の自分勝手⇒忙しさ。非協力的。上司部下の壁。 パワハラな医師。医師のコメディカルを見下した対応や言動、 医師のコメディカルを見下した対応や言動、態度。 医師の奢り、高圧的な態度、否定的な意見、医師の独りよがり、異なる意見の否定 医師の独りよがり。封建主義思想。 医師の他職種の意見を聞く姿勢の低さ。 医師によるパワハラで苦しむ人がいる現状を知ってほしい。 医師会。自由な意見交換を阻害する要素		医師のハラスメントをなくす。医師の理解、意見を自由に発言できる雰囲気 医師の理解、意見を自由に発言できる雰囲気 医師の治療方針の柔軟性。患者の QOL を考慮した治療であってほしい
職種 n=19	自職種が一番忙しいと思っている。 職種の考え方の違い。専門職としてのプライド。セクショナリズムと資格の壁。 職種ごとの役割認識が低い。高圧的な態度、言葉、自部門のみを守ろうとする姿勢。 職職種ごとの役割認識が低い。職種・専門性のプライドという壁。 職種がバラバラであるように思われる。職種間の役割の理解不足、パワーバランスの違い。 他職種の意見が聞けないこと、多忙で毎回カンファレンスに参加出来ない。 職種間のヒエラルキー、自由に意見が言えない、一部の人の強い意見が反映されてしまう。 「多職種には理解出来ない」的な考え。看護師の立場が弱い。 調査している側でも職種を把握していないくらい多岐にわたる人材が不足している。 今の時代の流れを考えない各職種のトップ、トップダウン、時間と心の余裕のなさ。 職種のパワーバランスが悪い、他職種の上司の方針が他職種の意見に耳を傾けない。 他職種の上司の方針が他職種の意見に耳を傾けない。 の意見に耳を傾けない⇒チーム医療を大切にする医師がいない⇒利己的な考え方⇒自己 各職種の上下関係、上司からのパワハラ⇒お互いの思いやり、自部署を守ることが強いこと。 医師の他職種の意見を聞く姿勢の低さ。チーム内での指揮命令系統の違い。 職種ごとの固執した意見、コミュニケーション不足 各職種がしっかり自分の役割を果たすことが必要。 相手の職種に気をつかう。コミュニケーション。自由な意見交換を阻害 各職種の業務、各自のスキルを持っているのに面倒な事は判断、業務を拒否してしまう事。	コミュニケーション n=13	コミュニケーション、意見交換の場。カンファに参加することの職場の理解 コミュニケーションと人間関係 情報共有と伝達を頻回な何でも言い合えるコミュニケーション コミュニケーションと忖度なしの意見、他職種への思いやり コミュニケーションと思いやりの心、寛大な心、話しかけやすさ コミュニケーションをはかるため相談員の充実 他部署からの意見を、トップを介さず、ストレートに言い合えるコミュニケーションが必要 コミュニケーションをとること 検査の方は、検査に徹するのも大事ですが、患者の移動 CT などもう少し協力 他職種に合わせた時間帯、コミュニケーション、それぞれの部門で、責任持って仕事をする コミュニケーションをもっとやり、それぞれの部門で、責任持って仕事をする。 医師とのコミュニケーション。指示通りに動けばいいと話すら聞いてくれない 格差なく意見言い合い共に協力しあい参加する。カンファレンスへの多職種の参加

| 意見 n=16 | 職場内で相談する環境が作られていなくて、ある1部の人のが採用され不公平に感じている
上下関係や反抗的な意見、態度、チーム医療に興味のない医師の存在。
他職種の意見が聞けないこと、多忙で毎回カンファレンスに参加出来ない
最初から決まっているゴール。それに対して意見が言いづらい状況になる。威圧的な態度。
職種間のヒエラルキー、自由に意見が言えない、一部の人の強い意見が反映されてしまう
一部の人の強い意見が反映されてしまう
医師へ意見を言えない。意見や話すらもしっかり聞いてもらえない。柔軟な対応ができず。
意見や話すらもしっかり聞いてもらえない。
医師の協力が得られない。それぞれの立場での意見の違い、当該部署の忖度。
意見を聞かない、又は言えない環境。⇨力関係⇨時間の制約。医師の圧力、わがまま。
職種のパワーバランスが悪い、他職種の上司の方針が他職種の意見に耳を傾けない。
医師の他職種の意見を聞く姿勢の低さ
意見の否定、医師の他職種の意見を聞く姿勢の低さ、チーム内での指揮命令系統の違い
医師の独りよがり、異なる意見の否定
職種ごとの固執した意見。暴言暴力的ハラスメントが横行している職場環境
意見交換を阻害する要素。共有しようという意識付けの不足 | 患者 n=13 | 患者の在宅療養を支えるための看護師間の連携と薬剤師の介入
患者さんの目標に対する医師の参入。
患者ファースト
患者のために必要な、率直な意見交換⇨チーム医療に関わる機会がない。
患者中心、昔からのやり方を変えてみる
患者の治療や退院支援について率直に意見交換する場所が必要。医師の考え方が古く
患者の意見が今まで何度も無視されているのを見ると悲しくなる。
患者の点滴などのオーダ管理も自分でしない。いつまでも「お医者様」という態度。
患者カンファレンスに医師の参加があると良いと思います
患者への対応ができない医師が多い 接遇ができていないスタッフが多い
患者の移動CTなどもう少し協力してほしい。外来にたくさん患者がいる中で搬送している
患者がいる中で搬送していることも理解していただきたいです
患者のQOLを考慮した治療であってほしい |
| 業務 n=12 | 専門職としての業務の役割認識、職種の考え方の違い
ルーチン業務、職種間の役割の理解不足
自分の業務だけ（余計な仕事）をこなせば良いという個々の気持ち
多重業務
薬剤師の業務拡大がされない。院外処方でない。持参薬管理は、看護師がやればいいと認識。
拡大派と非協力的な薬剤師がいる。パワハラな医師。自分勝手、忙しさ、非協力的
行有無量の多さ
各職種がしっかり自分の役割を果たすことが必要。
各自のスキルを持っているのに 面倒な事は判断、業務を拒否してしまう事。
面倒な事は判断、業務を拒否してしまう事。医療資格者の事務的業務。
医療資格者の事務的業務が多すぎる。
忙しさや時間のなさと業務の忙しさ、ゆっくりディスカッションする時間がとれない。 | 協力 n=12 | 大きなゴールは統一されているのが良いと思います。患者さんの目標に対する医師の参入。
チーム医療に関わる機会がない。協力が必要なら断らずに話を聞いて対応できるようにする。
協力を求められたら、断らずに話を聞いて対応できるようにする
協力性とカンファレンスの充実。今の時代、医師が考え方を変えなければだめだと思う
より自由に発言できる環境が必要だと思います。
外来にたくさん患者がいる中で搬送していることも理解していただき協力してほしい
お互いの意見交換。上司部下の壁を越えた協力
協力・人間関係。上層部の深い理解と覚悟
薬剤部の業務拡大。信頼と協力。格差なく意見言い合い共に協力
意見を自由に発言できる雰囲気、協力、報連相、事例における倫理的検討、薬剤部の業務拡大
協力しあい参加する。互いへの理解や思いやり
カンファレンスへの多職種の参加
協力性、医者が威張りすぎ、チームワーク。多職種カンファレンス |

	お互い n=10	お互いの尊敬、カンファレンスの充実、目標の統一。 お互いがお互いの話を聞く、お互いの仕事の範囲を明確にする お互いの話を聞く、お互いの仕事の範囲を明確にし、提示していく お互いの仕事の範囲を明確にし、提示していく。その上でお互いに参入できることはなん お互いに参入できることはなんなのか話し合う お互いの意見・要望を聞く姿勢を持ってほしい、お互いの職種を尊重、理解していく。自由に意見を言うことができる お互いの協力。検査は検査に徹するのも大事だが患者の移動CTなどもう少し協力してほしい お互いの意見交換、上司部下の壁⇨全ての医療者が平等であってほしい お互いを尊重することが今のところ必要だと思う！なんでも、職種関係なく意見を言える環境

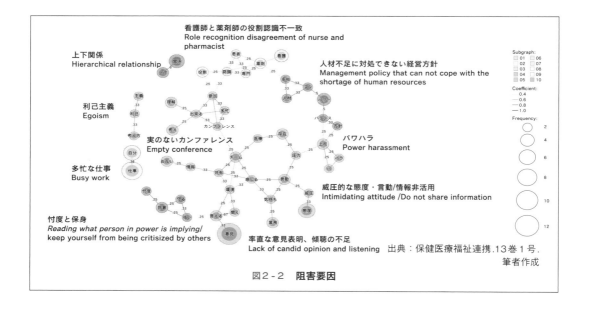

図2-2　阻害要因

Subgraph 03：多忙のためカンファレンスに参加できず他者の考えを理解出来ない。（活用できていないカンファレンス）

Subgraph 04：部署では忖度・守りの姿勢が強い。（忖度と保身）

Subgraph 05：多岐な人材・マンパワーのバランスがとれていない方針。（人材不足に対処できない経営方針）

| column ② | 臨床現場の生々しい主観的言葉に耳を傾けよう |

　この種の調査をすると、生々しい声が届くものだ。特に、医師に対する鬱憤、屈折した感情模様を端的に表現したコメントが多く寄せられた。いくつか収集された生の声を挙げてみよう。

「医師の意見が絶対的な風土が強い。患者の意見が今まで何度も無視されているのを見てきた」

「医師の考え方が古く医師の意見が絶対的な風土が強い。患者の意見が今まで何度も無視された」

「医師の奢り、高圧的な態度、否定的な意見、医師の独りよがり、異なる意見の否定」

「パワハラな医師（原文ママ）。医師のコメディカルを見下した対応や言動」

「医師の圧力、わがまま。上司に正当な評価をしてもらえない」

　このような横暴ともとられかねない、自己中心的な（？）医師に対する鬱屈した感情は、実は多くの医療機関にもみられるものだ。また、医師や医師中心の医療供給体制に問題意識や屈折した劣等感を抱く人々は多いものだ。さりとて、このような感情を、日常の職場のなかで堂々と開陳できる機会はほとんどない。つまり、この種の主観や問題意識は組織のなかでは抑圧されることになりやすい。

　伝統的な科学の世界では「客観的」であることが重視されて、「主観的」であることは軽視されるのみならず排斥さえされがちだ。しかし、システム科学では異なる。主観を非常に重んじるのだ。主観性の強調は、すでに一般的にシステム思考において見られたパラダイムシフトである[8]。

　したがって、後に詳しくみるように、主観的で断片的な多数のコメント、つまり生の現場の声の奥底に通底する傾向、つまり間主観性（インターサブジェクティビティ）と呼ばれる個人個人の断片的な主観を超えた集団的認知のパターンを抽出することが大切になってくる。これを可能にする技術が、テキストマイニングの一種である言葉の共起ネットワーク分析だ。

Subgraph 06：はっきり意見をいう・聞くことができない環境。（*率直な意見表明、傾聴の不足*）

Subgraph 07：利己的な考えや利己主義。（*利己主義*）

Subgraph 08：自分の仕事で忙し過ぎる。（*多忙な仕事*）

※8　木嶋恭一、中條尚子（2007）．ホリスティック・クリエイティブ・マネジメント：21世紀CEOプログラム：アクターベース社会システム科学の創出．丸善株式会社．P70.

Subgraph 09：上司からのパワーハラスメント。（パワハラ）

Subgraph 10：上下の関係。（上下関係）

6　多職種連携を活性化する促進要因

　「促進」に関して収集された170文について、共起ネットワーク分析をかけ、合計7つのサブグラフが得られた。サブグラフの分析については、62ページの「阻害」と同じステップを踏んだ。

　図2-3を見ると、なにが多職種連携を活性化する促進要因なのかが見えてくる。つまり、職場のなかで、患者を含めて、自由闊達に意見を言い合うことができて、そういった意見を職種の間でも、お互いに耳を傾けあう。このような相互に傾聴的な対話型のコミュニケーションが、多職種が参加するカンファレンスで進める必要がある。そのようなことを繰り返して、思いや情報をシェアすることこそが多職種連携協働を一歩前進させるためには必要なのだ。

Subgraph 01：患者を含め職場で意見を交換する風土と時間を持つ。（自由闊達に意見を言い合える）

Subgraph 02：職種間の理解を促す。（職種間の理解）

Subgraph 03：お互いの話を聞く。（相互傾聴）

Subgraph 04：多職種が参加するカンファレンスを充実させる。（多職種カンファレンス）

Subgraph 05：それぞれの部門、チームで仕事に対する思いを伝える。（思いの共有）

Subgraph 06：医師、薬剤師が病棟の管理に関与する。（医師、薬剤師、看護師の管理上の繋がり合い）

Subgraph 07：情報を共有する。（情報共有）

　上記に関して考察してみよう。共起とは、Reason（2008）によると、複数の言語現象が同一の発話・文・文脈などの言語的環境において生起することである[9]。

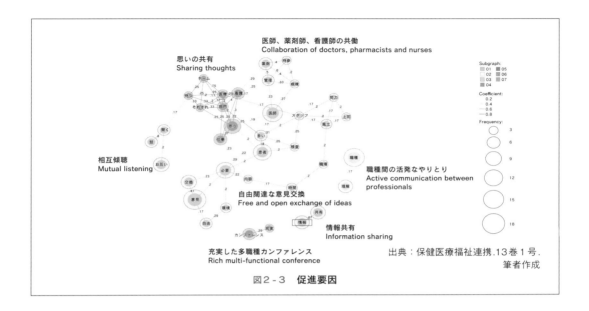

図2-3　促進要因

出典：保健医療福祉連携.13巻1号.
筆者作成

7　阻害要因と促進要因を解きほぐす

　回答者にはそれぞれの職場で多職種連携に関して、多様な経験、習慣、エピソードが保持されている。回答者は、それらに依拠して、あるいはそれらと照合して、例えば多職種連携の阻害要因について、意識に想起する事柄を言語化して回答することになる。一人ひとりは、それぞれの経験の断片あるいは蓄積を主観的に言語的に表現することになるので、これを主観的言語表現と呼ぶ。

　190名の有効回答者から寄せられた主観的な言語表現の集積において個人を超えて発現される言語の共起現象は、個人を超えた、あるいは複数の個人の「間」のパターンであるゆえに、間主観性を随伴する言語表現である。

　このような間主観性を、組織風土―本質的に間主観的なパーセプションの構成体―の反映の一端として計量的に把握しようとするのが、この研究の方法論的な着眼点だ。多職種「間」の組織風土は、多職種そして個人の「間」に横たわる間主観的な相互認識の構成体であるといえる。

　医療機関は、意図する、意図せざるに拘わらずそれぞれの組織風土を醸成し、組織風土はそれぞれの組織構成員によって間主観的に認識される。どのような組織風土の要因によって多職種連携は非活性の状態に阻害されるのだろうか。

　高圧的な態度をとる人間が枢要なポジションにいる場合、どのような高度で洗練された

※9　Reason, J (2008).：The Human Contribution Unsafe Acts, Accidents and Heroic Recoveries. Ashgate Publishing Limited,London./ジェームズ・リーズン (2014), 佐相邦英 (訳), 電力中央研究所ヒューマンファクター研究センター (訳)：組織事故とレジリエンス―人間は事故を起こすのか、危機を救うのか：20, 日科技連出版社.

情報システムを使用しようとも、フェイス・ツー・フェイスの場では情報は有効に活用されない（阻害要因1）可能性がある。近年、病棟薬剤業務等、看護師と薬剤師の連携が重視されつつあるが、病棟における看護師と薬剤師の連携不足がA病院では大きな阻害要因となっている（阻害要因2）可能性が示された。また、部門・部署ごとに頻繁にカンファレンスが行われているが、業務系の情報のみを報告、連絡する場にはなっているものの、討議や対話の場になっていないことも示された。事実関係を確認し、問題意識を含める思いを共有し、意思決定まで共有するような効果的なカンファレンスが行われておらず、カンファレンス自体が活用されていない（阻害要因3）ことが示唆された。さらに、同調圧力に屈し、自由に意見をいえず、葛藤を回避し、傾聴もされず、忖度と保身の場と化した職場からは効果的な多職種連携は生まれない（阻害要因4、6、7）だろう。McCallin（2001）は、「医師が中心となるケアサービスでは協働は時に指示的になっている」、「専門職間のコンフリクトがチームワークを妨げる」ことを指摘している[10]が、本研究においても同型の傾向があらわれた。

　自分の仕事の職責を敢えて狭め、自分さえよければ他者の立場を意に介さないような「利己主義」が幅を利かせる職場では、多職種連携は活性化されない（阻害要因7、8）。さらに、人材不足を嘆く声が多かったが、人材不足を解消する経営努力が従業員から見えない職場、さらにはパワーハラスメントが横行する一部の職場には健全な多職種連携は醸成され得ない（阻害要因5、9）ことが示唆される。

8　多職種連携を前に進める対話が必要だ

　逆に、どのような組織風土の要因によって多職種連携は促進されるのだろうか。コミュニケーションという言葉は日常的に多用されるが、その本質はたんなる会話とは異なることに注意したい。いわゆる会話ではなく意味の共有が涵養されるコミュニケーション、つまり対話の必要性が示唆される。

　すなわち、必要ならば葛藤関係に発展することも厭わない自由闊達な意見の言い合いによって思いが共有される（促進要因1、5）。その葛藤関係に陥ることを回避するためには、相互に真摯に傾聴することが求められる（促進要因3）だろう。このような促進要因と複合することによって、職種間のやりとりあるいは多職種カンファレンスは意味の共有が随伴するコミュニケーションすなわち対話の場となり、多職種連携を実り大きいものに発展させることが示唆された（促進要因2、4、7）。

　Molyneux（2001）は、「すべてのチームメンバーが参加し、患者の状況をあらゆる側面から注意深く検討して、それぞれの専門的視点から話し合い合意して、チームケアを実施

---

[10]　McCallin,A.（2001）. Interdisciplinary practice － a matter of teamwork: an integrated literature review, Journal of clinical Nursing, 10（4）:419-428..

すること」、「チームミーティングで、どの意見も無視されることがないこと」、「チームが
信頼感を感じられる雰囲気をもっていること」の重要性を指摘している[11]が、これらは、
先に述べた促進要因１、２、３、５と通底する。

　促進要因６「医師、薬剤師、看護師の管理上の繋がり合い」という項目が抽出されたこと
には、注意が必要であろう。A病院における職種は22職種である。しかし、多職種連携
において、医師、薬剤師、看護師のわずか３職種のみの繋がり合いを促進すれば、他の
19職種の連携が阻害されかねないという危惧もあろう。

　表２-１に明らかにされているように、多くの従業員にとって、「医師」の存在が促進要因、
阻害要因の両方に関与すると捉えられている。多職種連携において医師の影響力は、促進
要因にも阻害要因にもなりうるという意味において決定的である。医師は、自らの影響力
とコミュニケーションの取り方が、多職種連携の阻害要因にも阻害要因にもなりうるとう
ことを、今一度、認識すべきだろう。

※11　Molyneux, J. (2001). Interprofessional Teamworking：what makes team work well?, Journal of Interprofessional Care,15
（1）：29-35. 引用部分の邦訳は、前掲田村由美（2018）p.77に拠った。

② 多職種連携アイスバーグモデル

1　多職種連携や協働には階層性が存在する

　多職種連携システムは、あたかも氷山（iceberg）のようなものだ。多職種連携をソフトなシステムとしてみるとき、多職種連携や協働には階層性が存在する。図2-4の多職種連携アイスバーグモデル（Matsushita,2019）[12]を用いて、AITCS-Ⅱ-Jと阻害要因、促進要因の位置づけを明確にしてみよう。

　北極、南極に近い海に浮かぶ氷山は海面から上の部分だけが見えるが、海面下にはその何十倍もの体積の下部構造が隠れている。海面下に隠れている下部構造が隠然と潜在するために、海面上に氷山の一角が立ち現れるのである。これが氷山の構造だ。目に見えるものは目指しやすい。例えば、多職種連携や協働を実践している医療機関は、目に見える成果として、医療の質や安全レベルの継続的改善を目指すことが多いだろう。また、多職種連携や協働（医療チーム）を推奨している厚生労働省や学術団体等も、同様の主張をするこ

出典：保健医療福祉連携.13巻1号.　　筆者作成

図2-4　多職種連携アイスバーグモデル

※12　H. Matsushita（2019）．"International Empirical Study on Interprofessional Collaboration", Presentation material shared at the 4 th Health Forum, Bukyo Gakuin University, Tokyo.
http://hironobu-matsushita.com/wp/wp-content/uploads/f226ef89d8ed3196caf306d1baa3941c.pdf

とが一般的だ。

　もとより医療は、それぞれの地域や医療機関などの組織風土や地域や国の文化の影響や支えがあって成立するものである。ゆえに、個々にユニークな組織風土や文化的な制約条件の上部構造に成立する医療サービス、そしてその重要な１つのサブシステムである多職種連携システムにも、組織風土や文化の影響を想定することは合理的である。すると、多職種連携システムはそれぞれの医療文化、組織風土において個別特殊な存在として位置付けられることになり、それらの実態もまた、それぞれ特殊な存在であるということになる。実は、ここに、多職種連携の実態を計測するスケールの多様性が存在する理由があるのである。

2　自病院、日本の文化風土の特殊性を言い訳にしてはいけない

　このような状況にあって、前述したAITCS-Ⅱ-Jは、組織風土や文化の違いを超えた、もしくは、どのような組織風土や文化の影響下でも機能しなければならない機能要件（これを構造機能分析ではファンクショナル・リクイジット（functional requisite）という）を抽出したものである。

　例えば、自動車の根本的機能要件は、「走る、曲がる、止まる」の３項目である。これらの機能要件は、その自動車が、ドイツ、アメリカ、中国、そして日本の文化や風土の中で製造されても不変かつ普遍である。同様に、パートナーシップ、協力、調整という多職種連携の機能要件は、多職種連携アイスバーグモデルの表層に近接する部分に位置付けられるがゆえに、不変であり普遍である。

　この勘所がわかっていないと、次のような隘路にはまり込んでしまう。日本の文化や社会制度、そしてそれらの影響下にある医療制度、医療機関の運営、そして多職種連携の姿は他の国々とは異なる。だから、日本の状況にあわせた尺度が必要だ。そして、苦労して日本語の尺度を作り上げる。いくつかの病院で尺度を使ってデータをとる。そして日本語で論文を発表する。残念ながら、このような行き方は、日本語の世界の内側に閉じることになるのだ。そして、英語圏をはじめとする世界とのリンケージがなくなる。もっとも、このようにして日本語環境で棲息ニッチを作ることが、英語で研究成果を発表しない（できない）研究者の生存戦略であり続けてきたことも念のため付言しておこう。

　組織風土や文化については、日本は他の国々とは異なる。これは認めよう。しかし、多職種連携の、システムとしての機能要件に関しては、組織風土や文化とは、あえて切り分けて、そこに普遍的なシステム特性を見出すことが肝要だ。これによって諸外国との比較が可能となる。日本の文化風土の特殊性を言い訳にしてはいけない。

3　個人の感情と組織風土を結ぶチームのムード

　さて、個人が抱く感情には、大きく分けて2種類あるといわれる。分離感情と帰属感情だ。分離感情とは、喜び、怒り、悲哀、楽しみ、驚き、恐れ、といった感情のうち、外部からの刺激によって引き起こされるものだ。暗い夜道を1人で歩いいているとき、正体不明の大型動物に遭遇すれば、恐れの感情を抱くものだ。仲の良い友人の突然の訃報に接すれば、驚きとともに悲しみを感じるものだ。いずれも、外部からの刺激によって引き起こされる感情である。

　帰属感情とは、一人ひとりの人間が独自に持つ感情のことを指す。これは外部からの刺激で発生するというよりは、その人ならではの個性に近い感情だ。多少の困難でも、楽観的に取り組み、乗り越えてしまう人もいれば、あれこれと悲観的にものごとをとらえ心配性の人もいる。また、いつもほがらかな人もいれば、怒りっぽい人もいる。

　とはいえ、分離感情と帰属感情は明確な境界で二分されるものでもない。「幽霊の正体見たり枯れ尾花」という歌がある。恐怖心や疑いの気持ちがあると、とるにたらないものまで恐ろしいものに見えることのたとえとして読むと示唆的だ。帰属感情が分離感情を誘発することもあるし、その逆もある。

　分離感情や帰属感情は、個人に由来する感情だ。前に述べたように、組織は複数の人によって成り立つものであるから、個人を超えて、間主観的にシェアされる感情というものを想定することができる。ここでは、個人を超えて間主観的にチーム、集団によって共有される感情をムードと呼ぶことにする[13]。

　重篤なアクシデントが発生すれば、チームのムードは張り詰めたものになるし、職場の中で、なにか楽しいことが起これば、なんとなく明るいムードにもなるものだ。また、神経質で気難しいリーダーが率いるチームは、ピリピリもするし、鷹揚でオープンな性格の管理者がまとめ上げるチームは、開放的で楽観的にもなるだろう。このように、ムードは、組織的な感情であると同時に、個人の分離感情や帰属感情も反映し、それらに影響を与えることになるので、再帰的で複雑な性格を持つ。そして、個人を超えて間主観的にチーム、集団によって共有される感情をムードは組織風土の一部にもなる。

　前述した、共起ネットワーク分析でも、以下のようなコメントが寄せられた。

　「意見が今まで何度も無視されているのを見ると悲しくなる」
　「コミュニケーションと忖度なしの意見、他職種への思いやりがない」
　「指示通りに動けばいいと話すら聞いてくれない。頭に来る」
　「患者の意見が今まで何度も無視され、やるせない思いがする」

※13　ムード（mood）は、雰囲気、気分、情緒であると解されるが、すでに日本語としても一般的に使われているので「ムード」とした。

これらは、個人個人が抱いた主観的な感情の一端を示す言葉ではあるが、集合的に共有されると、強圧／情報の非活用、傾聴の不足といった、組織風土を形作る重要なエレメントになってくる。

　いずれにせよ、個人個人の感情と組織風土という2つのレイヤーの中間のチームには、ムードが横たわる。多職種連携や協働を進めるにあたり、チームのリーダーはポジティブなムードを醸し出すようなアプローチが必要となる。

4　ポジティブ感情とポジティブ・ムード

　ポジティブ・ムードを醸し出すようなリーダーには、どのような帰属感情があるのだろうか。フレデリクソンは、肯定感情の進化論的役割を説明する独自の「拡張―形成理論」を用いて肯定的感情の重要性を実証的に研究している。

　恐怖、逃避、怒り、不安、焦燥感、たいくつ感といったようなネガティブな感情は長い進化の結果、人が生存するために身に着けてきた反応的な感情だ。恐怖を感じるのは恐怖から素早く逃れ、身の安全を確保するための反応であり、不安を感じるのは危険からいち早く逃れ、自分自身や自分の家族、種族を守るための反応である。私たちの先祖が原野に住んでいた頃の闇夜、肉食獣の遠吠えを聞いて恐怖を感じ、不安を感じ、そのような状況から回避したいと願ったのは目的合理的な感情の反応だ。

　ポジティブな感情とは、後に詳しく述べるように、例えば、歓び、感謝、安らぎといった感情を指す。フレデリクソンは、ポジティブ感情とネガティブ感情の比が3：1を超えると、人は新たなフェーズに入りポジティビティの上昇が発生し、精神の働きを広げ、成長し、レジリエンス（立ち直る力、逆境から回復する力）が強化され、人生の展望が開け、幸福になっていく、と議論する[14]。

　原始人とは異なり現代人は人間を襲う肉食獣の脅威にはさらされない。しかし、不安、悩みといった進化の過程で体得してきたネガティブ感情（帰属感情）は、現代においては、もっと複雑な対象に向けて発露される。内閣府が公表している2018年度世論調査によると、日頃の生活の中で「悩みや不安を感じている」と答えた者の割合が63.0％にものぼる。悩みや不安の中身は、「老後の生活設計について」を挙げた者の割合が55.4％と最も高く、「自分の健康について」（54.5％）、「家族の健康について」（42.2％）、「今後の収入や資産の見通しについて」（40.4％）の順番となっている[15]。

　チームにおいて、強いネガティブな感情を持つ個人が多数を占めたり、ネガティブな感情が支配的なリーダーがいたりすると、そのようなチームには良いムードは広がらないだ

※14　Fredrickson, B. L. & Losada, M. F.（2005）. Positive affect and the complex dynamics of human flourishing. American Psychologist, 60, 678–686. 日本語では、一般向けの次の文献が参考になろう。B. フレデリクソン（2010）.「ポジティブな人だけがうまくいく3：1の法則」、日本実業出版社.
※15　平成30年度世論調査、内閣府大臣官房広報室 https://survey.gov-online.go.jp/h30/h30-life/2-1.html

ろう。そこでフレデリクソンは、次のようなポジティブな感情を持つ大切さを説いている。

①歓び　(Joy)「うれしい、やった！すごい」
②感謝(Gratitude)「ありがとう、感謝でいっぱい、お陰様で」
③安らぎ(Serenity)「静寂、落ち着いている、平安だ、安穏、一体感を感じる」
④興味(Interest)「知りたい、見たい、行ってみたい、勉強したい、ワクワクする」
⑤希望(Hope)「〜をやりたい、こうありたい」
⑥誇り(Pride)「誇りに思う、私にもできる」
⑦愉快(Amusement)「笑える、楽しい、ニヤッとする」
⑧鼓舞(Inspire)「ヤル気になる、ぐっとくる」
⑨畏敬(Awe)「感服する、神秘だ」
⑩愛情(Love)「好きだ、愛している、大切に思う、かけがえのない」

　本章では、多職種連携と組織風土について考えを深めてきた。組織風土を分析して、我々は、組織を構成するチームや集団のムードなるものを議論し、さらに、チームや集団を構成するメンバーやリーダーの感情的な側面にまで立ち入った。
　第3章では、多職種連携と個人のコンピテンシーの関係を考えてみよう。ポジティブな感情を誘発し、ポジティブなムードを醸成し、ひいては多職種連携や協働を前向きに推し進めるリーダーにはどのようなコンピテンシーが求められるのだろうか。もし、そういうコンピテンシーがあれば、それらはいったい何なのだろうか。感情だけにとらわれずに、しかし、感情という側面を重視しつつ、能力行動特性という切り口から多職種連携や協働に迫ってみよう。

確認問題

問題 多職種連携協働を促進する要因について、正しいものはどれか。

〔選択肢〕

①職種間の理解、トップダウンによる周知徹底、相互傾聴

②職種間の理解、相互傾聴、思いの共有

③相互傾聴、思いの共有、医療安全

④思いの共有、医療安全、質の向上運動

⑤医療安全、質の向上運動、思いの共有

解答　②

解説

本章で解説しているとおり、医療安全や質向上は多職種連携の目的系であり、多職種連携を促進する要因ではない。また、トップダウンによる周知徹底が過剰になると、自発的な多職種連携は生まれにくくなる。

第3章

多職種連携を推進するコンピテンシー

1 システム科学を用いて能力行動特性を深掘りする
2 2つのコンピテンシーの特定方法
3 関係性スキルと技術スキルとの関係

　　多職種連携は人材開発と表裏一体を成すテーマだ。本章では、人材開発の方法論として、多職種連携を推進するコンピテンシー(能力行動特性)について、学術歴系譜を押さえながら深く考えてみよう。空理空論ではなく、実際の公的医療機関の委託を受けて実施した実証研究を引きながら議論していきたい。20項目のコンピテンシーについて分析し、多職種連携には、コラボレーティブ・リーダーシップという新しいリーダーシップスタイルが要請されていることを読者と共有したい。

システム科学を用いて能力行動特性を深掘りする

① システム科学を用いて能力行動特性を深掘りする

　多職種連携を効果的に進めるためには、人はどのような能力を体得して、どのような行動をとるべきなのか。本章では、その答えを見つけるために、システム科学のレンズを用いて能力行動特性を深掘りしていこう。多職種連携先進国のカナダの事例やコンピテンシー理論の裏話も含める。コンピテンシー・モデルの可能性、限界を理解したうえで、具体的で詳細なコンピテンシーの中身にまで立ち入ってゆこう。さらに、キャリア開発を視野において、大変革の時代に、どのような力やスキルを培ってゆけばいいのか、その機微についても考えてみよう。本章でも、実際の病院で行った実証研究をベースにしてみたい。

1　コンピテンシー理論の系譜

　システムとしての多職種連携や協働を実現するためには、当事者である人間の側にも、新しい働き方、そして新しい能力や能力の発揮の仕方が求められる。そのために、多職種連携協働の先進国であるイギリスやカナダでは、多職種連携協働を推進するためのコンピテンシー・モデルづくりが盛んだ。ちなみに、日本でも近年同様の試みが盛んになってきている。

　冒頭で言及した能力行動特性についてレビューしてみよう。そもそも、コンピテンシー理論は、過去半世紀にもわたり、研究の対象となってきている。コンピテンシーに関する最初の研究は、ハーバード大学の心理学者White（1959）にまで遡る。今日、コンピテンシー（competency）という用語は広範に用いられるが、当初はコンピテンス（competence）という用語のほうがよく用いられてきたことには注意を要する。ホワイトはコンピテンスという用語を「環境と効果的に相互作用する有機体の能力」と定義した。その後、マクレランド（1973）は、コンピテンスについて、結果として現れた行動だけでなく、その行動を裏づける思考パターンにも焦点を当てて一般化できるコンピタンスの定義の必要性を主張した[1]。マクレランドの系譜に立つボヤティス（1982）は、実証的な研究を基盤にして、コンピテンシーを、ある職務において、効果的あるいは優れた業績という結果を生む人の根源的な特性と定義した[2]。その後、マクレランド、ボヤティスの系譜を継承したスペンサー

---

[1]　McClelland, D. C.,（1973）. Testing for Competence Rather Than for "Intelligence. American Psychologist, pp 1 -14.
[2]　Boyatzis, R. E.,（1982）. The Competent Manager, Willy.

| column ③ | コンピテンシー理論の混乱 |

近年は一般産業のみならず医療界でもコンピテンシー理論に関する注目度が高まっている。「多職種連携やチーム医療を推進するために必要なコンピテンシーとはいったいなんなのか」というような問いに対する答えが希求されているからだ。

ところが、コンピテンシー理論に関しては、残念ながら混乱や誤用が見受けられる。その一つの理由は、コンピテンシー理論が産業界から大いに注目されたため、商業的動機を持つ営利企業であるウィリアム・マーサー社、アーサーアンダーセン社等の外資系コンサルティング・ファーム、日本賃金センターを含む多数のコンサルティング会社や研究者、個人が、「コンピテンシー市場」にこぞって参入したことだ。

Hay-McBerでコンピテンシー理論に触れたコンサルタントが、ウィリアム・マーサー社、アーサーアンダーセン社等に転職した後、ビジネス的要請（つまり、顧客を獲得してコンサルティング業務により収益を上げること）により、ホワイト、マクレランド、ボヤティス、スペンサーと正当に継承され彫琢されてきた「コンピテンシー理論」をつまみ食いし、派生物やフェイクを作り上げ盛んに普及に努めたことも、混乱に拍車をかけた。

人的資源管理を専門するような研究者には、このような状況はたしかに見えづらいだろう。加藤（2010）は、これまでコンピテンシーの概念は、どの文献を読むかによってその解釈が全く異なるものとなってしまい、さらに多くの文献を読めば読むほど、混乱してしまうという状況である[4]と慨嘆している。学術としてコンピテンシー理論に触れる研究者は、文献によって学術的な系譜を探索するのだが、ことコンピテンシー理論に関する限り、アカデミアと市場の間に、コンサルティング会社が存在して理論、方法論を世に問うてきた。この機微をコンピテンシー理論のインサイダーの視点から見ないと、どうしても「混乱」と映ってしまう。

（1993）は、コンピテンシーとは、ある職務または状況に対し、基準に照らして効果的、あるいは卓越した業績を生む原因として関わっている個人の根源的特性である、と定義した[3]。前掲のスペンサーの書は2001年に、日本語に翻訳されて出版されたこともあり、日本語圏でも影響力を持っている。

ここで、筆者のコンピテンシー理論に関する立ち位置を明らかにしておきたい。マクレランドはマクレランド自身のコンピテンシー理論を梃子にしてマックバー（McBer）とい

[3] Spencer, L. M., and Spencer, S. M. (1993).Competence at Work, Willy.（梅津祐良・成田攻・横山哲夫訳『コンピテンシー・マネジメントの展開』、生産性出版、2001年。）
[4] 加藤恭子（2010）. 日米におけるコンピテンシー概念の生成と混乱（公開月例研究会講演記録〈第257回（2010.12.16）〉2008～2009年度産業経営プロジェクト一般研究成果報告 組織流動化時代の人的資源開発に関する研究─組織間協力と組織間人材移転を踏まえた人材開発・育成・活用の問題を中心として）

うコンサルティング・ファームを起業した。そこに前述したスペンサーらが加わり、米国をはじめ先進国でこの理論にもとづく人的資源管理に関するコンサルティングで幅広く応用したのである。その後、筆者が勤務していたHay Groupが1990年代初頭にMcBer社をＭ＆Ａで買収し、経営が統合された。このような経緯のなか、筆者は、親しくスペンサー博士からコンピテンシー理論とコンサルティング業務への応用方法を伝授された。筆者もこのような系譜に立つ当事者として、コンピテンシー理論とその人的資源管理への応用方法に関する書物を刊行してきている[※5]。これが筆者のコンピテンシー理論に関するポジションだが、その継承のしかたは後に述べるように批判的である。

2　コンピテンシー・モデルはなぜ作られるか

　一定規模以上の組織や、人材開発を計画的に行ってゆこうと本気で考える組織、そして職能団体や人材開発の必要性を認める学会等は、コンピテンシー・モデルを作ろうとする。なぜか。人材のありかたを一定の方向に向かわせたいからだ。人材のありかたを一定の方向に向けるためには、人材のあるべき姿が必要となる。その、あるべき姿を明確にする方策にはいろいろなものがあるが、そのなかでも注目されているものが、コンピテンシー・モデルである。

　図３‐１のように、あるべき人材像が一定でないと、採用、能力開発、評価、人材計画、そして、異動・配置・昇格・昇進などの基準がばらばらになってしまうからだ。たまたま採用した新人が、数か月して大きなトラブルを起こしてしまった。もっと面接のときに、しっかりと本人を評価すべきだったのではないか。うちの組織では、優秀な中堅が育っておらず、できる人、できない人の差が大きい。異動・配置・昇格・昇進の基準がはっきりせず、好き・嫌い、とか、馬が合う、合わない、といったような恣意的な基準で決められてしまう。

　おおむねこのような問題が大きくなると、採用、能力開発、評価、人材計画、そして、異動・配置・昇格・昇進などに対して基準になるような人材像としてコンピテンシー・モデルが策定されるようになる。

　ただし、能力行動特性というものは、成果をうみだすためのプロセス的な側面が強いので、賃金には直接的リンクさせないケースが多い。また、日本の組織は暗黙的に年功価値観に沿って賃金を決めるという年功賃金ないしは年功的賃金を運用しているケースが多いので、能力行動特性と賃金管理を切り離すことが多い。ただし、能力行動特性は、評価が異動・配置・昇格・昇進に反映され、それらが間接的に賃金に反映されるので、コンピテンシー・モデルは賃金管理に弱く、あるいは間接的に影響することになる。よって、図３

※5　たとえば、松下博宣（1994）．看護経営学：看護部門改造計画のすすめ．日本看護協会出版会．松下博宣（2004）．クリニカルラダー・人材開発システム導入成功の方策─看護部活性化・良質の看護サービスの決め手─．日総研出版．

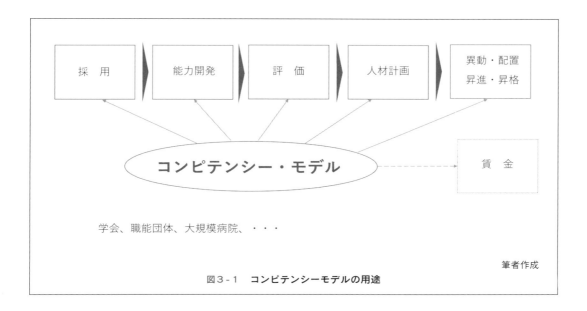

図3-1　コンピテンシーモデルの用途

筆者作成

-1ではコンピテンシー・モデルから賃金への矢印は点線で示してある。

　いずれにせよ、以上が人的資源論において通常、説明されるコンピテンシー・モデルの用途だ。ただし、このようなシステムをあまりにもマジメに作りすぎると、いろいろな問題が出てくる。そもそも、人は、「こうあるべきだ」といわれれば、そうしたくなくなるものだし、「そんなふうにやるな」といわれれば、そのようにしたがる、というような天邪鬼のような性格があるからだ。このような理由とは別に、コンピテンシー・モデルづくりに過度に執着してはいけない根源的な理由がある。これについて考えてみよう。

3　コンピテンシーの動的不均衡理論

　複雑でダイナミックな産業社会というシステムにおいて仕事をしている人間の力は絶えず変化する。進化もすれば退化もする。成長すれば衰退もする。フィットすることもあればミスフィットすることもある。ある方面に伸びることもあれば、別の方面では鈍化もする。要は、人のコンピテンシーは静かに安定しないのだ。産業社会のなかで重要な位置を占めるヘルスケア分野も、複雑でダイナミックな変化を遂げつつあり、この分野で活動する各種の専門職にとっても事態は同様である。

　Matsushita, et al.（2018）は、医療とは複雑対応系であり、健康医療システムのただ中で活躍する各種の専門職のコンピテンシーもまた複雑対応系であることを明らかにした[6]。

---

[6]　Matsushita, H., Lillrank, P., Ichikawa, K（2018）. Human Competency as a Catalyzer of Innovation Within Health and Nursing Care Through a Perspective of Complex Adaptive Systems, International Journal of Knowledge and Systems Sciences. 9（4）. pp 1 -15.

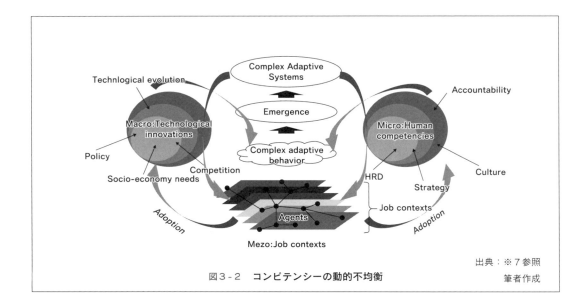

図3-2　コンピテンシーの動的不均衡

出典：※7参照
筆者作成

つまり、業務はイノベーションのため際限なく変化する。際限なく変化する業務に対応するためにヒトのコンピテンシーも際限なく変化し、コンピテンシーは絶えず動的不均衡状態に存在する[7]。

　多職種連携協働は人間活動システムとして成り立つべきだが、先に述べたように、病院や地域包括ケアシステムの中のシステム、つまりシステムのシステムという性格を持っている。この性格を表すと図3-2のようになる。実は、多職種連携や協働に必要なコンピテンシーとはいったいなにかについて考える際には、この、システムのシステム性なるものをよく考えてみることが大切だ。

　先に見たように、ヘルスケア分野では技術が主導するイノベーションの動きが激しい。政策としてもイノベーションを推進させたいし、競争も激しくなりつつある。臨床現場の個々の仕事、あるいは職種は、このイノベーションの影響を受ける。イノベーションに適応して、イノベーションの成果を取り込むために、専門職は常に適応行動をとらなければならないのだ。病院などの既存組織からみれば、人事システムや人材開発システムを通して、変化への対応をサポートもする。個人は、学会等に参加してイノベーションの予兆を知る。

　また、専門分野の研究会や研修会に参加することによっても、技術変化の最新動向に触れることができるだろう。そして、それらを自分の仕事に応用する。適応行動は多岐に及ぶ。このようなプロセスを経て、ベッドサイドの臨床は、38ページで見たようなトラン

※7　Matsushita, H., Lillrank, P., Ichikawa, K. (2018). Human Competency as a Catalyzer of Innovation Within Health and Nursing Care Through a Perspective of Complex Adaptive Systems, International Journal of Knowledge and Systems Sciences. 9 (4). pp 1-15.

スレーショナルな多職種連携協働を、研究（Bench）、患者（Patients）と連動しながら、臨床実践（Practice）を高度化させ、新たな治療方法、ケア方法をイノベートさせていくことになる。だから、ヘルスケア分野で仕事をする専門家のコンピテンシーは動的不均衡状態に置かれることになる。

　つまり、コンピテンシーの項目を、たとえば20項目抽出してモデルを作っても、あるいは、コンピテンシー・モデルを自由な文章作法によって作っても、コンピテンシー・モデルは完成した次の瞬間から、陳腐化の道を転げ落ちるという運命にある。以上が、コンピテンシーの動的不均衡理論であり、従来のコンピテンシー理論に対する批判である。

② 2つのコンピテンシーの特定方法

　これまでの議論の上に立って、コンピテンシーのモデル化には大きく分けて2種類あることを確認したい。

1 2種類のアプローチによるコンピテンシーのモデル化

（1）アプローチ1：自由記述法。
　利点……「〜を〜する」という文法を用いれば無限に表現できる。
　難点……理論がない場合、無規範に陥る。
　　　　　因子分析等で抽出する場合、バイアスがかかりやすい。
（2）アプローチ2：実証研究によって妥当性があるとされるコンピテンシー理論を活用
　　　して記述。
　利点……実証的な研究、調査に適している。
　難点……無限に変化する業務に対して特定のコンピテンシー理論ですべて説明できると
　　　　　は限らない。

　まず（1）の自由記述法アプローチについて見てみよう。前述したように、人間の力は進化するものだ。まして、ヘルスケア分野はさきにみたように様々なイノベーションのただなかにあり、やるべき業務はどんどん変化している。やるべき業務がたとえば、1、2、3、4、5……nあるとすれば、コンピテンシーを「1をおこなう能力」、「2をおこなう能力」、「3をおこなう能力」……「nをおこなう能力」というように羅列することとなる。このように、「〜を〜する」という文法を用いればほぼ無限にコンピテンシーを表現することができるだろう。ただし、あまりに安直にやりすぎると無規範に陥るので、多くの場合、しかるべき学識や実務経験を持つ識者が審議会やアドホックな会議を持ち、因子分析等によってターゲットにするコンピテンシーを抽出して、議論してコンピテンシー・モデルを作っていくという方法がとられる。
　たとえば、カナダでは、The Canadian Interprofessional Health Collaborative（CIHC, 2010）という会議体が、大学所属の教育研究者、医療機関所属の実務家、学生を横断的に組織化され、その中で、多職種連携に必要なコンピテンシー・フレームワーク（図3-3）

引用：The Canadian Interprofessional Health Collaborative 公開資料より　筆者作成
図3-3　National Interprofessional Competency Framework

を策定している[8]。CIHCによると、多職種連携の目的は、医療提供者のチームとクライアントのパートナーシップであり、健康と社会問題に関する意思決定を共有するための参加型、協調的、協調的アプローチである。この目的を達成するためのコンピテンシーが、質管理に貢献すること、複雑性に対応すること、臨床現場の文脈に適応すること、などがあげられている。また、課題としては、役割の明確化、チームとして機能すること、多職種間の葛藤に対処すること、協調型リーダーシップを体得することが掲げられている。このように、産学横断的に、また多様な参画者を得ることができれば、一定の了解性が得られ、ヘルスケア分野に一石を投じることとなり、影響力をもつことになろう。

2　多職種連携協働に必要なコンピテンシーは何か

　さて、これ以降の議論は、前ページの（２）実証研究によって妥当性があるとされるコンピテンシー理論を活用して記述する方法に沿いながら議論していこう。

　採用するコンピテンシー類型項目は、前掲のマクレランド、ボヤティス、スペンサー、松下の系譜に沿って図３-４を採用する。Ｓ＝（a、r）という考え方に照らしあわせば、人間つまり意思決定主体の行動能力特性として20項目ほどを想定するということになる。20項目のコンピテンシーの具体的な定義は以下の通りでる。ちなみに、88〜89ページに

※8　Orchard and Bainbridge（2010）. A National Interprofessional Competency Framework. Canadian Interprofessional Health Collaborative. 詳細は以下のサイト。
http://ipcontherun.ca/wp-content/uploads/2014/06/National-Framework.pdf#search='national+competency+framework+interprofessional+collaboration+canada'

```
  ‒チームマネジメント      ‒業務遂行          ‒対人関係
  ・リーダーシップ（ＴＬ）   ・イニシアチブ(INT)    ・対人影響力(IMP)
  ・強制力（ＤＩＲ）      ・柔軟性(FLX)       ・対人理解力(IU)
  ・育成力（ＤＥＶ）      ・徹底確認力(CO)     ・組織認識力(OA)
  ・チームワーク（ＴＷ）    ・誠実性(ING)       ・関係構築力(RB)
                   ・セルフコントロール(SCT)


  ‒行動エンジン         ‒思考・認識
  ・達成指向性（ＡＣＨ）    ・分析的思考力(AT)
  ・顧客志向性（ＣＳＯ）    ・概念的思考力(CT)
  ・組織指向性（ＯＣ）     ・情報指向性(INF)
  ・自律（ＳＣＦ）


      出典：松下博宣.看護経営学：看護部門改造計画のすすめ第4版. 日本看護協会出版会. 2005年
                                        筆者作成
                  図3-4　基本コンピテンシー
```

■で示されたものは、類似したコンピテンシーの集合であり、クラスターと呼ばれる。

■MGT：MANAGEMENT（マネジメント）

TL：リーダーシップ

組織全体の方針、戦略、ビジョンを示し、その方向に組織を動機づけ動かす能力。

DIR：指導力

危機的状況、環境変化の中で職位を背景に要求・指示によって状況を好転させる行動力。

DEV：育成力

育成場面、機会を積極的に設定してOJTを行い周囲の人々を開発する力。

TW：チームワーク

チームの一員として、目標達成に向けて協調的な行動をとる能力。

■A & A：ACHIEVEMENT & ACTION（達成とアクション）

AC：達成指向性

より高い成果を達成しようとする意欲や挑戦的な目標を達成しようとする傾向。

INT：イニシアティブ

将来起こりうる問題やチャンスを予測し行動を事前に起こす能力。

CO：徹底性

顧客ニーズを満たしたいという動機をもとに、顧客ニーズに応える事に努力を集中する力。

INF：情報志向性

情報を早く正確に、かつ幅広く収集する力。

■IMPACT & INFLUENCE（インパクトと影響力）

IMP：対人影響力

説得したり納得させたりして、自分や組織の目的達成に必要な関係者のサポートを得る能力。

RB：関係構築力

人々と友好的関係やネットワークを構築し、維持する姿勢。

OA：組織感覚力

公式、非公式の力関係、風土を見抜き、それらを効果的に活用する能力。

COG：COGNITIVE（認知コンピテンシー）

AT：分析的思考能力

より詳細に状況を比較・検討・分析し、効果的な対応や計画を立てる力。

CT：概念化

ものごとや出来事のつながり、隠れたパターンを認識して見抜き、状況を統合的に理解する力。

EXP：専門性

職務に関する専門的、技術的知識を高めそれらを活用する能力。

■HELPING & HUMAN SERVICE（支援と人的サービス）

IU：対人感受性

人の気持ち、感情を察知して的確に理解し配慮できる能力。

CSO：顧客志向性

顧客ニーズを満たしたいという動機をもとに、顧客ニーズに応える事に努力を集中する力。

■PERSONAL EFFECTIVENESS（個人の効果性）

SCF：自信

問題解決、課題達成を効果的に行い、成果を上げることができるという信念。

SCT：セルフ・コントロール

ストレス状況の中でも感情的にならず、ネガティブな反応を回避する能力。

FLX：柔軟性

さまざまな状況、人間、グループや組織に効果的に対応するための行動特性。

OC：自発的努力

組織が高い成果を実現することや、仕事の成果を高める行動を自発的にとる能力。

3　急性期病院の事例研究

　ある急性期病院は多職種連携や協働のあり方をさらに活性化させたいと考えていた。患者と常日頃最も頻繁に接し、また、医師、作業療法士、理学療法士、薬剤師、栄養士など多職種との連携や協働の機会が多い看護職が、多職種連携をさらに進めるためには、どのようなコンピテンシーを重視しているのかを明らかにしたいと考えた。そこで筆者を含める研究チームと、議論の機会が設けられ、前掲のコンピテンシーのリストを用いて、次のような質問を、雇用されているすべての看護職を対象にしてクラウド環境に掲載して、調査を実施した。有効回答数は230だった。

《質問》

Ｑ１：あなたは、「自分はどのようなコンピテンシー（行動能力特性）が強い」とお考えになりますか。20項目のリストよりお選びください。

Ｑ２：多職種連携協働をより一層進めるためにはどのようなコンピテンシー（行動能力特性）が必要となるとお考えになりますか。20項目のリストよりお選びください。

《計量方法》

　1番目……3点、2番目……2点、3番目……1点を割り振ってスコア化。

4　自分が強いと認識しているコンピテンシー

　自分が強いと認識しているコンピテンシーは図３-５のような結果を得た。チームの一員として、目標達成に向けて協調的な行動をとり（チームワーク）、周囲の他者の気持ち、感情を察知して配慮し（対人感受性）、さまざまな状況、人間、グループや組織に効果的に対応し（柔軟性）し、ストレス状況の中でも感情的にならず、ネガティブな反応を回避こと（セルフ・コントロール）が強い、というのである。その反面、強くはない（つまり弱い）と認識されていることは、問題解決、課題達成を効果的に行い、成果を上げることができるという信念（自信）、公式、非公式の力関係、風土を見抜き、それらを効果的に活用する能力（組織感覚力）、情報を早く正確に、かつ幅広く収集する力（情報志向性）、ものごとや出来事のつながり、隠れたパターンを認識して見抜き、状況を統合的に理解する力（概念化）などであった。

5　多職種連携に必要であると認識されるコンピテンシー

多職種連携に必要であると認識されるコンピテンシーはいったいなんなのか、について見

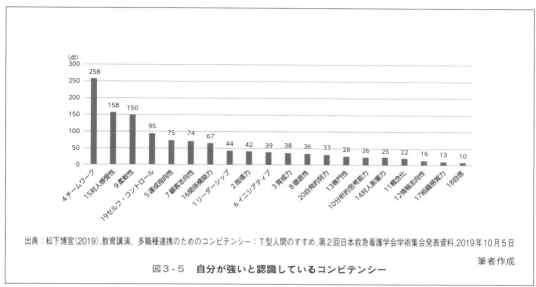

出典：松下博宣（2019）．教育講演、多職種連携のためのコンピテンシー：Ｔ型人間のすすめ．第２回日本救急看護学会学術集会発表資料．2019年10月5日

筆者作成

図３-５　自分が強いと認識しているコンピテンシー

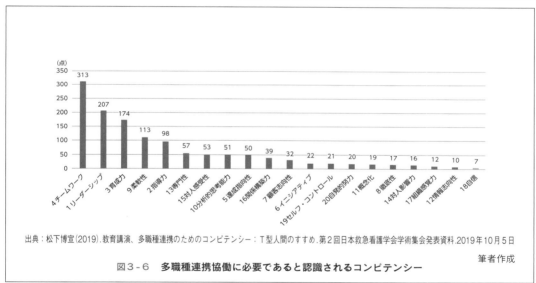

出典：松下博宣（2019）．教育講演、多職種連携のためのコンピテンシー：Ｔ型人間のすすめ．第２回日本救急看護学会学術集会発表資料．2019年10月5日

筆者作成

図３-６　多職種連携協働に必要であると認識されるコンピテンシー

てみよう（図３-６）。自分が強いと認識しているコンピテンシーと多職種連携に必要であると認識しているコンピテンシーが一致していれば、理想的だろう。ただし、そのようなことは仮定しにくく、なんからの差異やギャップがあるのではないか、というのが研究者を含む大方の関係者の仮説であった。２種類のコンピテンシーの認識に関する差異やギャップは、前述した概念を借りて言い換えれば、コンピテンシーの動的不均衡の一端を示唆するものだ。

　多職種連携について聞いた質問に、「チームワーク」とこたえるのは、ある意味、トートロジー（同語反復）的な回答である。これ以外には、リーダーシップ、育成力、柔軟性、指

導力などが上位にあがった。

6　自分の強みvs.多職種連携に必要なコンピテンシーのギャップは？

　図3‐7のレーダーチャートがこれらの認識の差異を表している。自分が強いと認識している。コンピテンシーと多職種連携に必要であると認識されているコンピテンシーとのギャップについて考えてみよう。

　先にみたように、変化の度合いが激しい職務環境にいるとき、人間のコンピテンシーは動的に不均衡な状態になる。そして、人は変化からもたらされる不均衡状態を脱して均衡状態を求めようとする。また、それらの職務を抱える組織も、従業員に対して、教育、研修、トレーニング、つまり人的資源開発の機会を与えようとする。

　そのような文脈で、自分の強みとして認識しているコンピテンシーと多職種連携に必要であると認識しているコンピテンシーのギャップを測定することが重要となってくる。ギャップが大きいコンピテンシー項目は、リーダーシップ、育成力、指導力である。いずれもマネジメントや人間関係にかかわるノンテクニカルなコンピテンシーである。つまり、多職種連携や協働を効果的に進めるためには、組織全体の方針、戦略、ビジョンを示し（リーダーシップ）、その方向に組織を動機づけ動かし、危機的状況や環境変化の中で職位を背景に要求・指示によって状況を好転させ（指導力）、育成場面、機会を積極的に設定してOJTを行い周囲の人々を開発する（育成力）、といった行動を裏付けるコンピテンシーが必要であるというのが、調査対象病院の看護職の集合的な認識であるといっていいだろう。

7　I型人材、－型人材、T型人材

　ノンテクニカルスキルが概念として把握され、その重要性が指摘されたのは、もう半世紀以上も前のことだ。ちなみに、良い理論ほど長期にわたる批判に耐えて、残るものなので、古い理論を古いとバカにしてはならない。逆に新しい理論ほど、注意深く扱うべきだ。

　さて、カッツ（1955）が「カッツの3つの基本的スキル」を提唱したが、ヒューマンスキル（人間関係力）とコンセプチュアルスキル（概念思考力）を合わせたものがノンテクニカルスキルに該当する[9]。現場スタッフ、役職者、経営者と組織レイヤーが上位に行けば行くほど、テクニカルスキル（専門技術）の重要性の比重が下がり、逆にヒューマンスキルや概念思考力の重要性の比重が上がるという見方である。この考え方は、日本でも広く紹介されていので、ここでは繰り返さない。カッツはコンピテンシーという用語と理論は使っていなかったが、含意されるものは類似している。

---

[9]　Katz, R. L.（1955）. Skills of an effective administrator. Harvard Business review, 33（1）, 33-42. ロバート・L・カッツ. スキル・アプローチによる優秀な管理者への道. ダイヤモンド・ハーバード・ビジネス

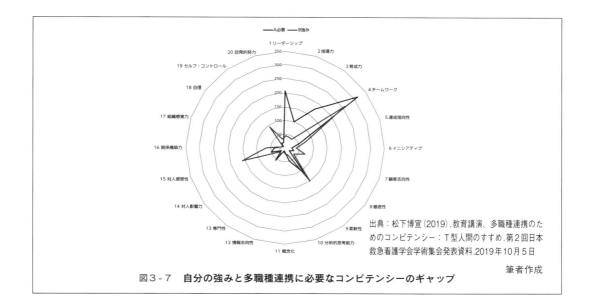

出典：松下博宣（2019）.教育講演、多職種連携のためのコンピテンシー：Ｔ型人間のすすめ.第2回日本救急看護学会学術集会発表資料.2019年10月5日
筆者作成

図3-7　自分の強みと多職種連携に必要なコンピテンシーのギャップ

　多職種連携や協働に必要なコンピテンシーは、専門性、つまり、職務に関する専門的、技術的知識を高めそれらを活用する能力もさることながら、マネジメントや人間関係にかかわるリーダーシップ、育成力、指導力である、という上に見た知見を踏み台にして、議論を進めてみよう。

　一般に、保健・医療・福祉の領域における専門教育は、専門職として要求されるテクニカルスキル（技術スキル）を伸長することに重点が置かれる。専門職としての技術スキルは、専門として絞り込まれた狭い領域で深く鍛えられる。言い換えると、狭い間口に対して深度が深い。このようなテクニカルスキル（技術スキル）を重視する専門職養成課程で育成される人間を、ここでは便宜的にＩ型人材と呼ぶことにしたい。ローマ字の「Ｉ」は間口が狭く、縦に長いということに留意されたい。

　さて、Ｉ型人材が保有するものはテクニカルスキル（技術スキル）だが、多職種連携や協働に求められると認識されるコンピテンシーは今まで議論してきたように、リーダーシップ、育成力、指導力を含むマネジメントや人間関係にかかわるノンテクニカルなコンピテンシーである。ここでは関係性コンピテンシーと呼ぼう。わかりやすくＩ型人材の「Ｉ」と対置するために「－」という文字を使って－型人材と呼ぼう。

　以上の議論を敷衍すると、多職種連携や協働を効果的に進めることができる人材は、「Ｉ」と「－」のコンピテンシーを両方とも保有するＴ型人材（Ｉと－が合成されて「Ｔ」となる）ということになる（図3-8）。多職種連携を効果的に進めるためには、テクニカルスキル（技術スキル）は必要条件だが、それはそのまま十分条件になるわけではない。十分条件の重要な要素が、マネジメントや人間関係にかかわるリーダーシップ、育成力、指導力を含む関係性コンピテンシーである。

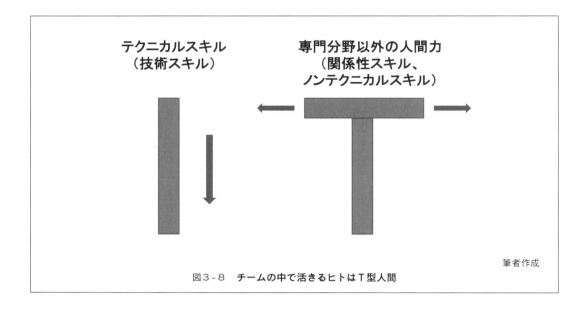

テクニカルスキル
（技術スキル）

専門分野以外の人間力
（関係性スキル、
ノンテクニカルスキル）

筆者作成

図3-8　チームの中で活きるヒトはT型人間

8　卓越した看護師と凡庸な看護師の違いは何か[10]

　卓越した看護師と凡庸な看護師とでは、何がどう違うのだろうか。ある大学病院の委託を受けて、卓越した看護師と凡庸な看護師のコンピテンシー（能力行動特性）を比較した。

　調査方法は、人事委員会が選定した10名の卓越した看護師（上位1.5％）と10名の凡庸な看護師に対して、Behavioral Event Interviewを実施して、インタビュー内容をテキスト化した。こうして得られたテキストに対してコーディングを行い、コンピテンシーを計量的に測定した。コンピテンシーの項目は、Spencer & Spencer(1993)[11]、松下(2005)[12]、Matsushita et al.(2018)[13]を参考に選定した。

　その結果、卓越した看護師は、凡庸な看護師に比べ、技術スキル、関係性スキルともに高いとうことが明らかになった（図3-9）。凡庸な看護師は技術スキルに依存して業務を遂行する傾向がある。ところが、卓越した看護師は技術スキルにおいて、凡庸な看護師よりも優れているが、関係性スキルにおいてさらに優れていた。卓越した看護師は、技術スキルもさることながら、対人感受性、人間関係構築力、パートナーシップ、協働型リーダーシップ、調整型チームワークを含める関係性スキルを駆使して仕事を遂行していることが

※10　この項目の内容は、松下博宣（2019）．多職種協働のためのコンピテンシー～T型人間のすすめ～．第21回日本救急看護学会学術集会教育講演抄録．2019年10月5日．に改変を加えた。

※11　Spencer and Spencer（1993）．Competence at Work: Models for Superior Performance. New York. Wiley. ライル・M. スペンサー，シグネ・M. スペンサー(2011)．コンピテンシー・マネジメントの展開．生産性出版

※12　松下博宣（2005）．看護経営学 看護部門改造計画のすすめ．第4版：179，日本看護協会出版会．

※13　Matsushita, H., Lillrank, P., Ichikawa, K（2018）．Human Competency as a Catalyzer of Innovation Within Health and Nursing Care Through a Perspective of Complex Adaptive Systems, International Journal of Knowledge and Systems Sciences. 9（4）．pp 1-15.

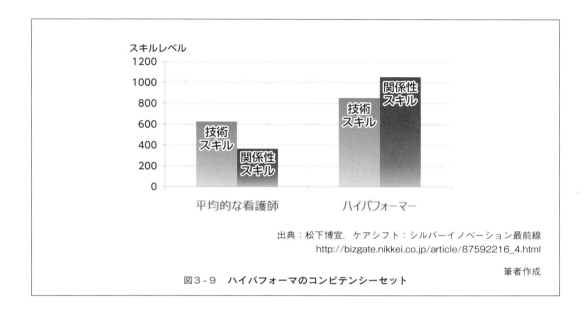

出典：松下博宣. ケアシフト：シルバーイノベーション最前線
http://bizgate.nikkei.co.jp/article/87592216_4.html

筆者作成

図3-9　ハイパフォーマのコンピテンシーセット

示唆された。

　ともすれば看護教育では「技術スキル」の習得が重視される傾向がないだろうか。また専門看護師、認定看護師等の動向は、専門的な技術や知識に対して付与される傾向があり、卒後、多くの上昇志向の強い看護師は「技術スキル」志向になっている。このようにして看護を取り巻く労働市場は、技術スキルに資格を付与し、技術スキルを中心とした選別が慣行として行われながらも、賃金は旧態依然とした年功賃金であり、技術スキルが公正妥当に賃金に反映されているとはいいがたい。

　その一方、臨床現場で卓越した力を発揮している看護師は、技術スキル（「I」の力）もさることながら、関係性スキル（「－」の力）に１つの卓越性の源泉がある。多職種連携や協働がますます看護にも求められている昨今、タテの力とヨコの力を併せ持つT型人間が求められるようになるだろう。

　一般的に、技術スキルは短期的なリターンは高いが、イノベーション等の影響を受けやすく陳腐化する速度が速い。それに対して関係性スキルは青年期を含め長期に渡って醸成され、成人期全般において長期的に発揮され、陳腐化することなく人的ネットワーク効果と相まって収穫逓増状態となる。技術スキル重視の世の中にあって、逆説的に、関係性スキルを育んでいくことには、実は大きな効果と意味がある。

9　関係性がケアする

　ダントツに仕事ができる看護職は、看護職としての専門的な技術スキルもさることながら、関係性スキルに秀でているというのはなかなか示唆に富む。関係性スキルというもの

は、汎用的なスキルであり、なにも医療専門職でなければ体得できないというものではないからだ。十全で瑞々しい関係を持つこと、お互いの気持ちの襞をそのまま受けとめ響かせること、そのような関係にお互いの身を置くということ、それ自体がケアである。人は関係性によって癒され、ケアされる不思議な生き物といえよう。

　余談になるが、実は、周囲との関係性や関係性スキルは健康にも強く影響を及ぼしていることが明らかにされている。米ブリガム・ヤング大学のランスタッド博士らによる実証研究によると、人々とのつながりが欠如した「社会的孤立」によって死亡リスクが29％高まる。さらに、「孤独感」が高まることでも26％、「一人暮らし」では32％、それぞれ死亡リスクが高まるという。

　ケアの核心が特殊な技術スキルにではなく、誰もが潜在的に持っている関係性スキルにあるというのは、ある意味、福音である。なにも看護師のような専門職ではなくとも、関係性スキルを伸ばすことによって、すべての人が癒す人、ケアする人、そして健康を増進したり維持したりする契機を得ることができるからだ。

③ 関係性スキルと技術スキルとの関係

1 技術スキルの発揮に必要な関係性スキル※14

　さて、関係性スキルと技術スキルはどのような関係にあるのだろうか。図３-10のように、技術スキルというのは労働市場の中では、個人と個人の差異として大変目立ちやすいものである。また個人を評価するときにも便利なものだ。だから個人は一生懸命に技術スキルを、たとえば資格取得などを通して自分自身を差異化するために習得しようとする。

　図３-10の上半分は、労働市場を上から見たときの個人のスキルを概念的に示したもので、丸く分断された個人に属する技術スキルを示している。図３-10の下半分は現場で発揮される個人／チームのスキルを示したものだ。技術スキルは、関係性スキルという基盤に拠って立っていることを意味している。

　技術スキルは、関係性スキルの安定した土台があってはじめて、チーム、組織、社会をつなぐものとして生きてくる。その意味で、関係性スキルとは本来のコモンセンス（日本語でいうところの常識ではなく、世間一般がもつ関係性の共通感覚）だ。技術スキルは特

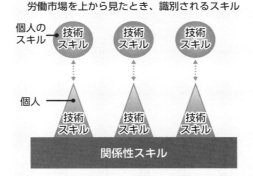

出典：松下博宣. ケアシフト：シルバーイノベーション最前線
http://bizgate.nikkei.co.jp/article/87592216_4.html
筆者作成

図３-10　労働市場における技術スキルと関係性スキルの見え方

※14　この項目は、松下博宣（2015）. サービスの「卓越」と「凡庸」を分かつもの. 日経BizGate ケアシフト：シルバーイノベーション最前線. に拠り改変を加えた。

殊で専門的なスキル、そして関係性スキルは当たり前で汎用的なスキルと言い換えてもよいだろう。

　特殊化、専門化をともなう技術スキル志向が度を過ぎるようになると、人や職種は分断されやすくなる。注意すべきは、すぐに使える実用的な技術スキルは、陳腐化しやすいということだ。

　一方、関係性スキルは技術スキルに比べ、体得するには自分1人ではなく周囲との関係構築・維持が必要なので長い時間がかかるが、その代わり耐用年数は長い。さらに、ソーシャルな関係スキルは自分の技術スキルを活かす機会を拡げ、技術スキルをみがくことにもつながってくる。

　瑞々しい関係性スキルが発揮されてはじめて、十全な人間関係が育まれ、その中で人はそれぞれの特技を存分に発揮できるものだ。技術スキルをより効果的に社会の中で活用するためには、関係性スキルの開発にいそしむべきなのである。

2　弱いつながりの強さが専門性を引き立てる

　親友や家族に比べて、ちょっとした知り合いは、たしかに繋がりの程度という意味では弱いものだろう。通念では、親友や家族のほうが、ちょっとした知り合いよりも会う頻度も高く一緒にいる時間も長く心理的に近いので、つながりが強いと見なされる。だから、ちょっとした知り合いよりも、家族や親友のほうを大切にすべきだ、と解されることもあろう。この通念に従えば、10年以上同じ職場で苦楽をともにしてきている同僚のほうが、年に数回、異業種交流会で会ってたまに酒を一緒に飲む程度の、ちょっとした知人よりも強い関係にある、ということになる。

　このような通念に対して、半世紀も前に、疑義が出され反証されている。グラノヴェッター（1973）[15]は、弱いつながりの強さを主題とする論文で、通念とは逆に、一見弱いように見える関係性のほうが、強い関係性よりも重要な情報や知識が「伝搬」して、ビジネスパートナーの紹介、縁故採用というような局面では、親友や家族よりも、ちょっとした知り合いのほうが重要な役割を演じることが多いということを実証した。

　ソーシャルネットワークの中で情報、知識、アイディアが伝搬するルートは一様ではなく、強いつながりよりも、弱いつながりを経由したほうが、よく伝わるというのだ。2つの点をつなぐ唯一のルートをブリッジという。弱いつながりの人脈を豊かに持っている人は、このブリッジを通して、遠くにある幅広い情報やアイディアを効率的に手にいれることができるのだ。逆に、強いつながりのみを持つ人は、ネットワークの範囲が狭く、遠くにある幅広い情報はなかなか伝わってこない。グラノヴェッターは、先の論文で、ボストン地域で職探しを済ませたばかりの若者54人を対象にして調査を行ったところ、就職の

※15　Granovetter, M. S. (1973). "The Strength of Weak Ties" The American Journal of Sociology. 78（6）：1360–1380.

column ④ 転職、縁故と斡旋会社経由の比較

　図3-10からは、見方を変えると別の示唆を得ることもできる。166ページのコラボレーティブ・リーダーシップでも述べるように、慣行としての終身雇用や年功序列システムが崩壊しつつあり、また労働の流動性も上がりつつある今日、転職することは、もはやヘルスケア、ビジネスを問わず一般的なことになっている。

　縁故転職と転職斡旋会社を経由した転職との違いを考えてみよう。注意すべきは、転職斡旋会社を介する転職活動は、図3-10の上のハコの中で行われるということだ。つまり、市場の中の取り引きとして、個人が持つ技術スキルを中心にして、その人の経歴、学齢、前職の給与などが記号に変換されて、潜在的な新しい雇用主、つまり転職先の会社とマッチングされていく。

　ひるがえって、縁故転職の場合は、長年培った関係性スキルの上で市場メカニズムを介さずに行われる。コネクションの仲介役になる人は、過去の経歴、学歴、前職での給与などの要素のほかに、その人の人柄、仕事ぶり、ものの考えかたや感じ方など、記号ではない物語的な情報を総合的に判断して、仲介することになる。

　若年の場合、技術スキルを保証する資格や、まだ経年劣化していない学歴、経歴といった記号が、競争的な市場で訴求するだけのものを持っていれば、転職斡旋会社経由の転職も成功する可能性は高い。しかし、中高年の場合、ダントツの専門性や経歴の裏づけのある能力行動特性を持たないかぎり、転職斡旋会社経由の、つまり、競争的な市場での記号競争を有利に乗り切り、成功する転職を勝ち取る確率は低くなる。とくに会社の名刺で仕事や表面的な人付き合いをしている中高年層は、今いる会社の「看板」を外したら市場価値はまずダウンし、半減することも珍しくはない。

　年功賃金は、20〜30代に貢献度より低い賃金で働き、40〜50代に貢献度より高い賃金を受け取る、という後払い賃金である。この予定調和の年功賃金システムは、若年層が多く、中高年層が少ない社員構成でないと維持できない。今日の企業では、バブル期に大量採用した50代前半が多数を占めることが多い。だから、貢献度より高い賃金を中高年に払うことができなくなっている。

　そもそも、中高年には長年培ってきた関係性スキルを基盤にした人的ネットワークが十全に開発されていなければならないだろう。別名、人脈とも称される人的ネットワークは、苛烈な労働市場競争に身を晒すリスクヘッジにもなる。

　決め手になった情報の83パーセントは、「たまにしか合わない、ほとんど会わない人」つまり、弱いつながりの人から得ていて、「頻繁に会う人」からは17パーセントしか得ていないということを報告している。

　その後、多様なネットワークを対象とする実証研究が彼の発見を支持している。コンピ

テンシー理論の立場からも、グラノヴェッターの研究成果を補完してみたい。つまり、弱いつながりは強さに転化するが、弱いつながりという関係性を通して、専門性が活きているのである。そのひとつの典型が、縁故転職^{リファラル}である。

　以上は、多職種連携という観点からも示唆があるのではないか。つまり、がっぷり四つの強いつながりを求めるのではなく、隣接する、あるいは遠い関係の職種にある遠い職種の人と、幅広く弱くつながることを目指すのも、弱いつながりの強さという点では、貴重な人脈づくりには有効だろう[16]。

3　人の成長とコンピテンシーの多様化

　S＝(a，r)の式を当てはめれば、関係性コンピテンシーは、多様で良質な関係性(r)を取り結び、さらに深めていくコンピテンシーである。それによって、意思決定主体である人間(a)に蓄積されている、たとえば専門性が活きてくる。いくら個人として傑出した専門性をもっていても、良好な人間関係をとりむすぶことができないと、組織や多職種連携協働ではなかなかいい仕事ができないものだ。

　また、個人として、ある特定の専門性やノーハウ(know how)が十分ない場合でも、その専門性を持つ知人、友人、同僚などを持つ人に、それらの人々に依頼したり、巻き込んだりすることによって、よい仕事をするものだ。これをノーフー(know who)と呼ぶ。その結果、その人のまわりには、良いヒューマン・ネットワーク・システムが出来上がるのである。この良いシステムのことを職場の人間関係といってもいいし、職場に限定せずに外部に広がる人脈といってもよいだろう。

　閑話休題。ところでコンピテンシー研究には、前述したように、ハイパフォーマ分析というジャンルがある。ハイパフォーマとは、ダントツに仕事ができる人のことを指す。どの分野にもダントツに仕事ができる人がいるものだ。おそらくは読者のまわりを見渡せば、何人かはいることだろう。コンピテンシーを人材評価に結びつける際には、このハイパフォーマ分析を頻繁に行う。傑出したハイパフォーマと、普通の人、できない人を比較して、実際のところ、どのようなコンピテンシー、コンピテンシーの組み合わせが必要なのか、がわかれば、人材評価の一助にもなるし、どのようなトレーニングや人材開発を行えばよいのか有益なヒントが得られるからだ。

　ここでは深くは立ち入らないが、ハイパフォーマは1日にしてハイパフォーマになるわけではない。数年から十年以上もの長い年月を経て、ダントツに仕事ができる人になるのである。

　図3-11は、ハイパフォーマが長い期間をかけてコンピテンシーを涵養し発達させる、

---

[16]　ちなみに、そう思えば、過度に肩に力を入れて多職種連携や協働に取り組む必要はなくなり、かえって効果が大きくなるのかもしれない。むしろ、多職種連携には「遊び」の要素があってよい。

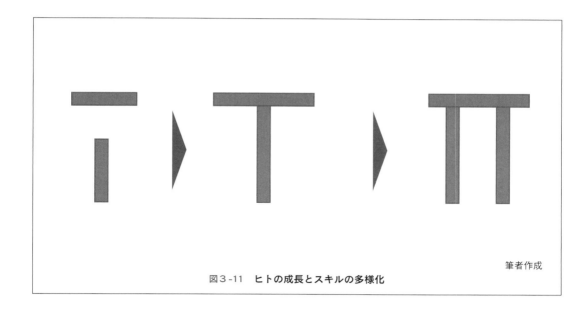

図3-11　ヒトの成長とスキルの多様化

筆者作成

　１つの流れを示したものだ。キャリアの初期段階では、やはり、「Ｉ」つまり専門性や技術スキルの研鑽から入るケースが多い。ただし、ハイパフォーマは「－」の関係性コンピテンシーの機微をつかんでいることが多い。そして、両者を結びつけて、Ｔ型人材になる。「－」の関係性コンピテンシーをどのような機会に伸ばすのかは人により異なる。学校時代の部活動やチームスポーツの経験の中で揉み、揉まれて関係性コンピテンシーの芽を伸ばす人もいれば、仕事をやりながら、多様な人間関係の中で伸ばす人もいる。

　人の成長とコンピテンシーの多様化という点では、ハイパフォーマには面白い共通点がある。それは図3-11で示すように、Ｔ型にとどまらす、π型人材にまで進化するケースがままあることだ。π型とは、Ｔ型に加え、もう１本以上の専門性や技術スキルの脚をもつ人を指す。２本以上の専門性や技術スキルを持つことによって、仕事の幅がひろがるし、２本以上の脚で歩いて世の中を渡っていけるようになるのである[17]。

　ただし、２本以上の専門性ないしは技術スキルはまったく別のものということは少ないようだ。よほどの天才的なプロフェッショナルでない限り、隣接する分野で相乗効果があるスキル群に、文字どおり脚を伸ばすことが多いと思われる。

---

[17]　もちろんπ型は1つの類推を含意した表現なので、たとえば「Ｈ型」などという表現もありうるだろう。

問題 スペンサーのコンピテンシーの定義について、正しいものはどれか。

〔選択肢〕

①ある職務または状況に対し、基準に照らして効果的、あるいは卓越した業績を生む原因として関わっている個人の根源的特性である。

②卓越した業績を生む原因として関わっている個人の根源的特性である。

③その人が達成しなければならない職責のことである。

④ある職務または状況に対し、個人が身につけなければならないスキルの総称である。

⑤ある職務または状況に対し、組織が定義する能力項目の一覧表である。

解答　　①

解説

スペンサー（1993）は、コンピテンシーとは、ある職務または状況に対し、基準に照らして効果的、あるいは卓越した業績を生む原因として関わっている個人の根源的特性である、と定義した。

第4章

多職種連携(チーム医療)によるイノベーション

1 日本史始まって以来の大変化〜大量死時代の到来

2 慢性疾患の増加

3 キュアからケアへのシフト〜大量死時代の看取り場所

4 医療サービスの変化トレンド〜キュア・ケアの場の大変化

5 多職種連携の動向

6 チームとは何か〜多職種連携(チーム医療)の定義

7 多職種連携の今後〜内に対する凝縮性と外に対する拡張・拡大性

8 専門職によるチーム組成〜日本的チームの特性

9 インフォームド・コンセント

10 多職種連携のマネジメント手法

　　元来医療サービスはチームによって提供されてきたにも関わらず、昨今なぜ多職種連携の重要性が叫ばれているのだろうか。また多職種連携とは、たんに診療報酬制度で加算されるようになったから注目が集まっているのだろうか。そもそもチーム医療とは特定の医療組織の中にだけ組成させればよいのだろうか。多職種連携を実際に推進するときのコツは何なのだろうか。そして多職種連携を基軸にしてイノベーションを創発させることはできるのだろうか。もしできるとすればポイントは何なのだろうか。多職種連携をめぐる疑問は尽きない。このような疑問に答えながら本章では、チーム医療によるイノベーションをさまざまな角度から見ていこう。

日本史始まって以来の大変化〜大量死時代の到来

1 日本歴史始まって以来の大変化

　多職種連携のあり方を考察するにあたって、まずは多職種連携が組成される医療組織全般の変化の方向を概観しておこう。医療サービスそして医療組織は今後、どのように変化してゆくのだろうか。そのような変化の中で、多職種連携のあるべき姿が浮き彫りになってくるだろう。この疑問について考えるにあたって、まず日本の人口がどのように推移するのかを見てみよう。

　図4-1は、2105年までの約1世紀におよぶ今後の日本の人口を推計したものである。よく言われる少子高齢化現象のインパクトを説明するデータだが、その意味するところは弥生時代以降の超長期的な日本の人口の変化を振り返って初めてわかるものである。図4-2に示されているように、関ヶ原の合戦（1600〈慶長5〉年）までは日本の人口の増加は緩慢なものであったが、江戸時代の前半に急増し、それ以降、鎖国期間を通して明治維新までは約3,000万人で停滞している。ところが明治維新後から2006（平成18）年の1億2,779万人のピークを迎えるまでは短期間に激増している。その間は、日清戦争、日露戦争、第

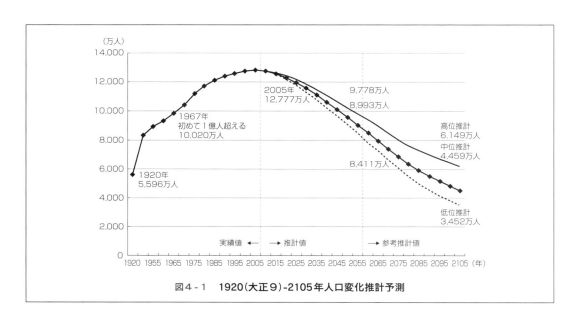

図4-1　1920（大正9）-2105年人口変化推計予測

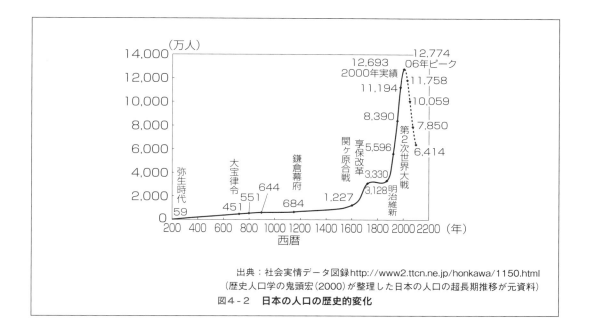

出典：社会実情データ図録http://www2.ttcn.ne.jp/honkawa/1150.html
（歴史人口学の鬼頭宏（2000）が整理した日本の人口の超長期推移が元資料）

図4-2　日本の人口の歴史的変化

１次世界大戦、大東亜戦争への参戦、そしてその敗北、戦後の復興、高度経済成長、石油ショック、バブル崩壊、IT革命など激動の歴史であった。そして今後100年をかけて、日本の人口は現在の趨勢に変わりなければ4,500万人前後までつるべ落としのように激減すると予測されている。このような短期間で人口が激増し、そして激減してゆく時代は、日本の歴史始まって以来のものであり、世界的に見ても類例がない。

　日本の過去100年と今後100年の200年間は人類史的に見ても未曾有の人口激増、激減の時代だ。この激烈な人口の増減が、社会にさまざまな問題をもたらすことになる。今後の100年は人口が激減する時代であり、少子高齢化というよりは少生多死、大量死の時代といったほうがふさわしい。新しく生まれる赤ん坊よりも、死に逝く人々のほうが圧倒的に多くなる時代を迎えつつあるのだ。

2　大量死社会の到来

　図4-3に示されているように、人口のピークを迎えた2006（平成18）年を境にして出生数よりも死亡数が増えてゆくと予測されている。第１次ベビーブーム、第２次ベビーブームの鋭く尖った人口上の山は、その約80〜90年後にはゆるい死亡者数の２つの山を形成し、それ以降死亡者数も減ってゆく。2006年以前は多生少死、2005年以降はその逆の少生多死、大量死の時代である。2060年くらいになると、年間の死亡数は出生数の３倍程度になると予測されている。

　このような超長期的な人口の変化を受け、高齢者人口構造は**図4-4**に示されているよ

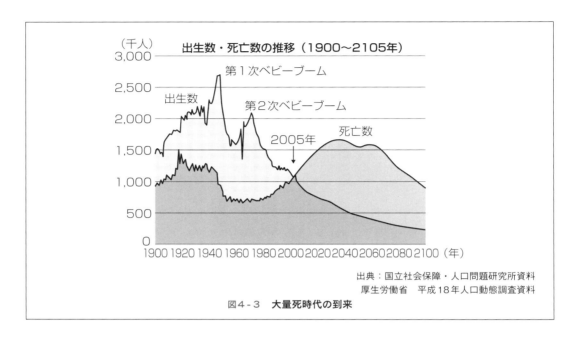

図4-3　大量死時代の到来

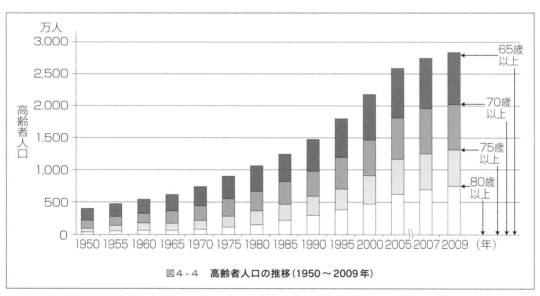

図4-4　高齢者人口の推移（1950～2009年）

うに、65歳以上人口の中でも80歳以上、75歳以上80歳未満、70歳以上75歳未満といっ
た年齢層が増大傾向にある。一般に加齢現象は、死を迎える可能性を増加させるので、少
子高齢化現象は大量死時代の到来の伏線のようなものである。出生数が短期的に急増する
人口激増の過程で5パーセントを切っていたこともある65歳以上人口比率（高齢化率）は、
2006（平成18）年に19.5パーセントとなり、将来、2075年頃には42パーセントとなると
推計されている。10人に4人が65歳以上ということになる。

② 慢性疾患の増加

　さて、世界的な趨勢として、循環器疾患、がん、慢性呼吸器疾患、糖尿病、HIV/AIDSなどの慢性疾患は死亡原因の上位を占めている。日本においても、がん、心臓疾患、慢性呼吸器疾患などの慢性疾患が原因となる死亡は、全死亡数の約80パーセントを占めるようになっている。慢性疾患とは、発症から回復まで長期の時間がかかり、長期の治療を行うとしても完治する確率が低い疾患の総称である。慢性疾患は、年齢グループで見ると、比較的中高年齢層が発症することが多く、生活習慣が原因となることが多い。一般に、初期段階では顕著な自覚症状がほとんどないために、予防や治療が遅れてしまい、さらに大きな疾患を合併症として併発させることが多い。

1　医療資源配分のムリ、ムダ、ムラ

　日本は、医療政策の一環として医療資源を供給するために戦後は病床数を増やしてきたが、過去30年間は減少傾向にある。頻繁に言及される**表4-1**に示されるように、病床100床当たりの医師・看護師数はドイツ、フランス、イギリス、アメリカと比べて少ない配置となっている。社会的入院の発生プロセスを調査研究した印南は、社会的入院と低密度医療が廃用症候群を通して高齢者の寝たきりや認知症を生み出す原因となり、医療と介護の需要そのものを誘発するという悪循環が存在している[1]と指摘している。つまり、印南によれば、「マンパワー不足→平均在院日数の高止まり→病院収入の確保→低ケア密度医療→長期臥床、廃用症候群、褥瘡患者の増加」というサイクルが、低密度医療の体制の中に存在しているとし、病床が過剰であることは、マンパワーが分散し、病床当たりの医師・看護職員などが極端に少なくなる原因だとしている。

　急性期医療を提供する一般病床で社会的入院が多いのはなぜなのだろうか。急性期医療の方向ではなく長期療養的な医療やケアミックスを一般病床で行っているものが「一般病床」としてカウントされているからである。

　ここでは、褥瘡の発症に注目してみる。近年の褥瘡の発症に関する大規模調査では、上記の「マンパワー不足→平均在院日数の高止まり→病院収入の確保→低ケア密度医療→長

※1　印南一路. 社会的入院の研究〜高齢者医療最大の病理にいかに対処すべきか〜. 東洋経済新報社. 2009年

表4-1　医療供給体制の国際比較

	人口 1,000 人当たり 病床数（床）	人口 1,000 人当たり 医師数（人）	病床 100 床当たり 医師数（人）	平均在院日数 （日）
日　本	13.1	2.4	18.5	28.2
米　国	2.8	2.6	93.5	6.1
英　国	2.5	2.8	110.8	6.9
ドイツ	8.0	4.3	53.1	8.9
フランス	6.0	3.2	52.8	9.9

出典：OECD Health Statistics 2019

○　2018年度の病床機能報告では、病院の病床数ベースで、高度急性期、急性期、回復期、慢性期の割合は、14%、45%、14%、28%であった。

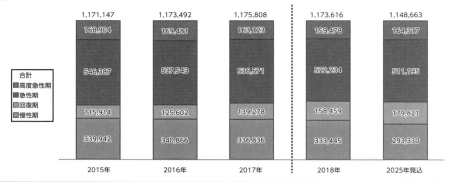

（病院）	（参考）2015 年 （※確定値）		（参考）2016 年 （※確定値）		（参考）2017 年 （※確定値）		2018 年 （※速報値）		2025 年見込み （※ 2018 年度 報告速報値）	
高度急性期	168,904	14.4%	169,481	14.4%	163,123	13.9%	159,478	13.6%	164,317	14.3%
急性期	546,387	46.7%	537,543	45.8%	536,571	45.6%	522,234	44.5%	511,195	44.5%
回復期	115,914	9.9%	125,602	10.7%	139,278	11.8%	158,459	13.5%	179,821	15.7%
慢性期	339,942	29.0%	340,866	29.0%	336,836	28.6%	333,445	28.4%	293,330	25.5%
合計	1,171,147		1,173,492		1,175,808		1,173,616		1,148,663	

※2025 年見込みに関しては2018年データ。報告医療機関は毎年異なっており、2015年から2017年について単純に比較はできないため参考としている。

2018 年度病床機能報告
医政局地域医療計画課調べ
（2019 年 5 月時点・精査中）

出典：https://gemmed.ghc-i.com/?p=26413

図4-5　病床数の推移

期臥床、廃用症候群、褥瘡患者の増加」というサイクルが、ケアミックス病院や療養病床病院で顕在化する傾向を示唆する結果が報告されている[※2]。表4－1は代表的な各国の人口1,000人当たりの病床数、100病床当たりの医師数、平均在院日数等を比較したものである。日本の人口1,000人当たり病床数は13.1床。米国2.8床、英国2.5床、ドイツ8.0床、フランス6.0床などと比べて突出して多い。かたや、病床当たりの医師数は少ない。単純に言えば、日本の医療の特徴は、多い病床（つまり多い患者）を相対的に少ない医師で診療体制を構築しているということである。医師の「働き方改革」が叫ばれてはいるものの、根深い構造そのものが、医師の過重労働を常態化させ、低密度医療を形づくる要因となっている。

　図4－5は、2018年の時点で各医療機関が「自院の各病棟の機能」をどのように位置づけているのかをまとめたものだ。このデータによると、急性期と報告する病院・病棟が減少している。その反面、回復期と報告する病院・病棟が増加している傾向がある。とくに2017年度から2018年度にかけて、この傾向が強くなっている。日本の人口1,000人当たり病床数が多いのは、病床と病院の機能分化が曖昧だったからという根強い批判がある。それを受けて、病床の機能に沿う形で、医療機関の機能を、高度急性期、急性期、回復期、慢性期といった性格を持つように政策誘導がなされている。医療機関の機能は政策担当者が期待するほど、明瞭には機能分化はできないものの、今後は、より一層、医療機関同士の連携が必要にならざるを得ない。医療機関同士の連携を担保するのは、現場の多職種連携である。ますます多職種連携の重要性が上がらざるを得ないという状況である。

※2　宮地良樹．真田弘美．大浦武彦．褥瘡対策未実施減算導入後の褥瘡有病医率とその実態についてのアンケート調査報告．日本褥瘡学会誌．8(1):92-99．2006年

3 キュアからケアへのシフト ～大量死時代の看取り場所

1 キュアからケアへのシフト

　前節までで述べてきた人口構造の変化、そしてその激変する人口構造の大変化に対して、日本の医療・保健・福祉に関わる資源は現在、直面し、近未来にはますます膨張する問題を解決するために目的合理的に組織化されているわけではない。ここでは、キュア（Cure）とケア（Care）という切り口からこれらの問題を考えてみよう（表4-2）。もっとも、キュアとケアは2項対立的な概念ではなく、相互補完、相互依存的な概念である。

　キュアは、疾病を中心としてたとえば臓器や疾患という部分を対象として介入する傾向が強く、対部分対応的な治療に重点を置く。急性期疾患に罹患する若年層を対象とすることがどちらかといえば多い。死に対する基本的な態度は、拒否である。これらの医療サービスは資源の集中を求めるので、必然的に諸資源を集中化させた病院という医療組織で提供されることになる。

　一方、ケアは、患者本人の生活史、心身の状態、ニーズを含め、全体的なアプローチが要請される。キュアが急性期の若年層を中心とした介入であるのに対して、ケアはどちらかというと、慢性疾患を罹患した高齢者を対象とすることが多い。もちろん、この点に対しては若年であっても慢性疾患を罹患することもあるし、高齢者でも急性期疾患を罹患することもあるので、前に述べたように素朴な区分けはできない。そして、ケアの死に対す

表4-2　キュアとケアの連続線

	Cure		Care
対象人（People）	若年（Young）	⟨······⟩	老人（Old）
疾患（Disease）	急性期（Acute）	⟨······⟩	慢性期（Chronic）
死との関わり（Coping with death）	拒否（Rejection）	⟨······⟩	受容（Acceptance）
接近（Approach）	対部分反応的（Reductive）	⟨······⟩	全体的（Holistic）
場（Place）	病院中心（Centralized Hospital-based）	⟨······⟩	非中心・地域在宅（Decentralized Community & home based）

筆者作成

る基本的な態度は、拒否ではなく受容だ。

　さて、問題はケアを提供する場である。先に述べたように、厚生労働省は、日本全体の病床配置と人的資源のアンバランスを正すための政策を繰り出してきてはいる。しかしながら、死に臨みゆく人口を看取る場が全体的に不足しているのである。

2　大量死時代の看取り場所が不足

　仏教の教えによれば、「生・老・病・死」の4種類の「苦」の連続が人生である。これらは人間である以上、逃れることが不可能な「苦」である。少子高齢化現象によって、この連続線の人生の中で、「老」と「病」の期間が長期化する。現代とは、「老」と「病」の期間が長期化し、老いによってもたらされる「老苦」と病によってもたらされる「病苦」が増大する時代なのである。そして、その先にある「死」によってもたらされる「死苦」に現代の様相が凝縮されることになる。

　文化人類学者の上田紀行によれば、日本社会一般には「世間」という「他者の目」に過剰に同期させることをよしとする同調圧力が作用し、「他人の目」が自我の中に内面化される傾向が顕著である[3]。これに「多様な意味」の解消の上に成り立っているグローバリズムが作用すると、事態はより厄介なものになる。すなわち、多様な価値観の大本となる意味そのものが脱個人化し薄弱なものに堕してしまう。このように希釈化しながらも「生きる意味」は「老苦」、「病苦」、「死苦」という肥大化する「苦」をも引き受けなければならないのだ。誰もが逃げられない「老苦」、「病苦」、「死苦」の「苦」の重みを引き受けるに足る「生きる意味」の再検討、再構築が求められているのである。これができない時、「生苦」はより苛烈なものにならざるをえないからだ。

（1）今後の看取り場所の傾向

　図4-6は、看取り場所別の死亡数の推計である。一般病床は急性期志向を強めるため、急性期の疾患、傷病による死を除けば、慢性期を経てそこで看取られる人々の人数は抑制され、2030年の時点では89万人が医療機関で看取られることになる。そして2,020万人が自宅で看取られると推計されている。同様に介護施設では9万人という数値が推計されている。この推計を解釈する際に注意が必要な点は、「その他」が2030年の時点で47万人を数え、かつ今後、他の場所を圧倒して激増するということだ。「その他」には有料老人ホーム、ケアハウス、高齢者専用賃貸住宅などが含まれる。

　しかし現状ではそれらの施設は少ない状態にとどまっている。今後はこれらの代替的な施設を急速に増やさないと看取る場所が急速に不足するだろう。看取られる場所がないと

※3　上田紀行. 生きる意味. 岩波新書. 2005. とはいえ、周囲と同じように考え行動することを強いる同調圧力は2020年のCOVID-19感染症対策等では強みに転じることもある。

いうことは、死に逝く場所の周りに看取る人々がいないことを意味するので、ことは深刻である。

■（2）今後必要とされる医療のあり方

　前述の推計を担当した厚労省老健局は、「現在の高齢者の死亡場所は、自宅が1割程度に対し、病院や診療所が8割強となっているが、2030年時点で医療機関は病床数の増加なし、介護施設は現在の2倍を整備、自宅での死亡を1.5倍と設定すると、約165万人の死亡者のうち医療機関での死亡は約89万人、自宅約20万人、介護施設約9万人、その他約47万人となる」という見解を表明している[4]。「死に場所がない人は47万人いる。実際には老老世帯や高齢者単独世帯が増えると自宅での死亡が難しいため、恐らくこれ以上になるだろう」と介護難民や医療難民が増加することが予測されている。

　医療型療養病床や回復期リハビリテーション病床は医療の範疇に入る。しかし、もはや病院という区分はなされない有料老人ホーム、サービス付高齢者向け住宅、高齢者用のシェアハウスなどの代替的な施設は、制度区分上は医療に関わる施設ではない。ここで注意すべきは、確実にこれらに入居する人々にも医療のニーズは発生するということだ。「看取られる場所」がない人々は必然的に低密度医療に晒される、あるいはそれ以上の無医療に陥る危険性が高い。それに対処するには、医療組織のあり方を抜本的に変更しなければならないだろう。ケアの重点化が要請される今後は、医療組織の在宅化対応、高齢者が居住するコミュニティー等への浸透が問われることになる。地域コミュニティーの細部へ浸透していくためには、医療組織のイノベーションが要請される。これについては後に詳述したい。

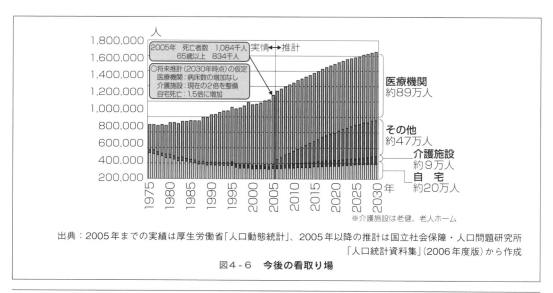

図4-6　今後の看取り場

※4　医療介護難民は11万人～療養病床削減問題～. CBニュース. 2008年5月15日https://www.cabrain.net/news/article.do?newsld=16053

4 医療サービスの変化トレンド ～キュア・ケアの場の大変化

1　医療サービスの変化トレンド

■（1）キュア施設系を起点とする医療組織イノベーションの3つのベクトル

　今後、医療サービスが提供される場はどのように変化してゆくのだろうか。将来の医療サービスの場を予測するうえで、キュアとケアを横軸に、施設志向（医療資源が集中される）と在宅志向（医療資源が分散される）を縦軸に配置してみる（図4-7）。

　人口ピラミッドの比較的下部の若い年代層に人口が集中して、急性期疾患に対応することが中心だった時代と高度経済成長時代はほぼ重なっていた。キュアするための医療資源は集中化するメリットが大きいので、多くの人口を抱える大量消費地帯（都市型就労地帯）を中心として、主として急性期疾患を治療する病院が多数建築されキュアを提供するようになった。しかし、先に見たような人口構造の劇的な変化をとげつつある現在そして近未来は、①キュアサービスに重点を置く施設系を起点として、キュアからケアへ、そして施設志向から在宅志向へと、②ケアサービスに重点を置く施設系、③ケアサービスに重点を

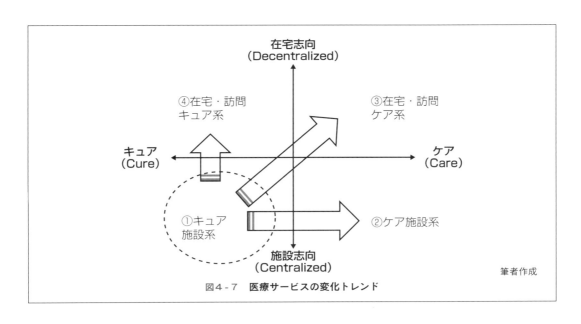

図4-7　**医療サービスの変化トレンド**

筆者作成

置く在宅・訪問ケア系、④キュアサービスに重点を置く在宅・訪問キュア系、それぞれに向けた医療組織イノベーションの３つのベクトルが働くようになる。

■（2）キュア施設における役割分担とケア・サービスの進化

　もちろん、急性疾患は消滅することは当面の間ないので、従来主流を占めてきたキュア施設としての医療機関は先に見たようなイノベーションを繰り返し、1次医療、2次医療、3次医療という段階ごとに役割分担が生じることになる（図4‐8）。

　再三断るが、キュアとケアは入れ子構造になっているので、キュアにケアが入り込み、ケアにキュアが入り込むという現象は将来とも続くので、安直なキュア→ケアという図式は成り立たない。1次医療、2次医療、3次医療サービスのキュア志向の医療サービスの場にも、それぞれの特徴を反映させた看護を中心としたケア・サービスは進化してゆくことになる。

　ケアに比べてキュアは医療資源の集中化を要請する傾向が強く、④キュアサービスに重点を置く在宅・訪問キュア系は、当面のところ限定的なものになるだろう。ただし、ニーズはあるものの供給サイドの事情で限定的なものになるので、この象限にはイノベーションの萌芽、契機が眠っていると見立ててよいだろう。

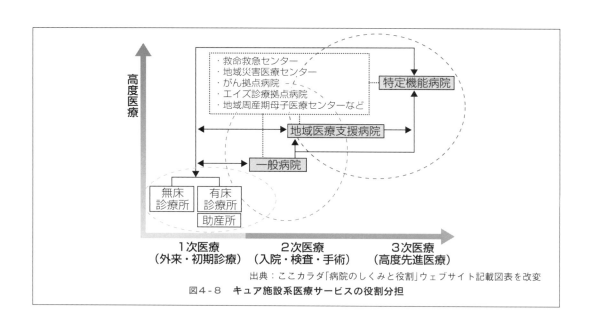

出典：ここカラダ「病院のしくみと役割」ウェブサイト記載図表を改変

図4‐8　キュア施設系医療サービスの役割分担

2 キュア・ケアの場の大変化

　さて前述したマトリックスに、現時点の制度で認められた医療・保健・看護・看護関連の組織をプロットしてみたのが図4-9である。個々の医療組織の経営主体によってポジショニングの差異があるものの、現行制度の狙いに準拠してプロットしてみると、おおむね、医療組織イノベーションは、②ケアサービスに重点を置く施設系と、③ケアサービスに重点を置く在宅・訪問ケア系の方向性で発生していると見立てることができるだろう。

　全てではないが、療養病床病院やケアミックス病院などに見られる「低密度医療」サービスの問題は、その根本には医療制度設計の問題がある。制度に乗った形で経営をしている経営者の立場から見れば、政策誘導による病床転換や業態変換には辟易としていることだろう。しかし、医療経営には政策的な規制、誘導の枠内での戦略的発想が問われるのもまた事実。今後とも医療政策、そして政策的な誘導の方向を見極めて、医療経営の方向性を決定してゆく政策分析的な力量が問われることとなるだろう。

　②ケアサービスに重点を置く施設系と、③ケアサービスに重点を置く在宅・訪問ケア系への組織イノベーションは、個別医療サービスであるインタラクション層の中身やプラットフォーム層にも甚大な影響を与える。医療機器、薬剤を中心とする加工物系のイノベーションも創発してくることが予見される。インタラクション層、プラットフォーム層の詳細については、213ページの「医療サービスのイノベーション創発場」を参照されたい。

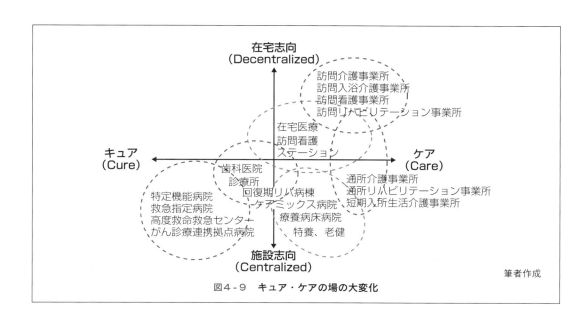

図4-9　キュア・ケアの場の大変化

多職種連携の動向

1　少人数医療の限界とチーム医療化の動向

　109ページで検討したように、そもそも日本の医療供給体制は他の先進諸国と比べて少ない人数の医師、看護師などによって運営されてきたが、医療機関の機能の未分化と過剰な病床数のため、医療に関わる人的資源には過剰な労働負荷を、患者には低密度医療を提供することになった側面がある。少ない人的資源で増大し複雑化する業務を負担すれば、一人ひとりに加わる負荷が増加する。日本の近代医療は古い時代のドイツの医療供給体制に範をとり、またキュア志向が中心だった臨床場面で、日本特有の医師パターナリズム[※5]の影響下で、従来の医療チームは医師を頂点にした縦割りチームが中心だった。

　しかしながら、少子高齢化と大量死の時代を迎え、ケア・ニーズや看取りニーズがさらに増大してくると、従来の医療提供体制を支えてきたキュア中心主義のみで対応することには大きな限界が生じる。人口構造の中心が若年から高齢者へ。疾患の中心が急性疾患から慢性疾患へ。疾患中心の部分的対応から全体的対応へ。死に対する拒否的な態度から受容的な態度へ。これらの変化が複合して帰結する1つの有効な対応方法が、地域や家庭に密着した在宅・訪問医療サービスである。そして、地域や家庭に密着した在宅・訪問医療サービスを展開するためには、多職種連携への要請は高まってくるだろう。

2　診療報酬改定とチーム医療

　さて、日本におけるチーム医療や多職種連携の動向を分析するにあたって、押さえておくべきポイントがある。それは、診療報酬制度におけるチーム医療と多職種連携の位置づけである。医療経済・経営の方向を直接的に左右する診療報酬制度の中で、チーム医療がインセンティブ、すなわち加算の対象として積極的に応用されていることである（松下、2018）。2002年の「褥瘡対策未実施減算」新設による多職種連携による褥瘡対策チームを普及させたい厚生労働省は、多職種連携によるチームを医療機関の中に組成させ所定のフォーマットで業務を遂行しない場合、褥瘡対策が未実施と見なし診療報酬を減算とした。

※5　パターナリズム（paternalism）優位な立場にある者が、劣位の立場にある者の利益になることを企図して本人の意思に関わりなく行動に介入・干渉すること。父権主義、温情主義。

それ以降、2018年度の診療報酬改定に至るまで、医科歯科連携、特定集中治療室での早期離床・リハビリテーション、医師事務補助作業体制、看護職員と看護補助者間との業務分担・協働の推進、ケア、感染防止対策、呼吸ケア、介護支援連携、栄養サポート、リハビリテーション総合計画評価、糖尿病透析予防指導、精神科リエゾン、移植後患者指導管理、外来化学療法、在宅患者訪問褥瘡管理指導、認知症ケア、外来緩和ケア、入退院支援など多様な診療報酬項目で、多職種連携によるチーム組成が加算の対象となっている。今後ますますチーム医療に関する加算の対象は拡がってくるだろう。

3　チーム医療化を加速するトレンド変化

　多職種連携という概念は、その「チーム」が小組織をイメージさせやすいことが影響してか、特定の医療組織内におけるチーム化のような文脈で捉えられる傾向がある。しかし、ことはそのように限定的な文脈のみならず、①キュアからケアへの接近方法の変化、②キュアとケアの場の変化、③医療スタッフ間関係の変化、④医療間関係の変化、という4つの構造的なトレンドの変化が多職種連携に影響していると見るべきだ。

　まずは図4-10に示したように、今後の医療サービスのマクロ的方向性として、部分反応的なキュアから全体的なケアへという変化は、全体性の担保という要請を生む。そして、病院中心のキュアから在宅・訪問ベースのケアという大きな流れの変化は、分散化する医療諸資源を協調的に統合してゆく必要性を惹起する。以前は主としてキュアの場を中心に独立・分担的であった医療スタッフ間関係は連携・補完化志向を高める。そして連絡・連携にとどまっていた医療組織間関係は、連合・統合化へと変化してゆく。キュア・ケアの

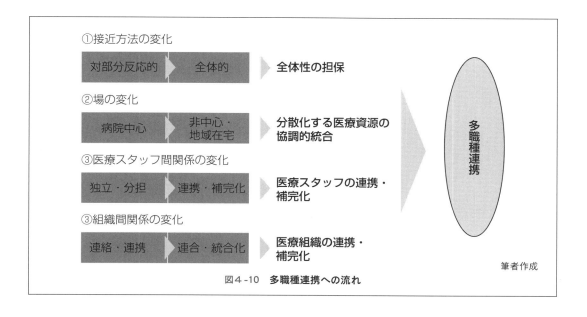

図4-10　多職種連携への流れ

場の大変化の図（117ページ図4‐9）でも示したように、組織間関係は複雑にオーバーラップしつつあり、この冗長性の程度は緊密な組織間コミュニケーションのもと、連合・統合化のニーズを顕在化させる。これら4つの大きな流れがチーム医療化へ繋がってゆくことになる。

　キュア＝診療・治療行為の主体者である医師を中心にして、医療サービスを提供するために医療資源を集中化してきた既存の急性期医療には、旧弊に裏づけられた縦割り型のチーム医療が歴然と存在している。もちろん、このような①キュアサービスに重点を置く施設でも組織イノベーションは日進月歩であり、新しい形の多職種連携が登場するニーズは大きい。

　全体性の担保、分散化する医療資源の協調的統合、医療スタッフの連携・補完、医療組織の連携・補完が、多職種連携にさまざまな影響を及ぼすことになる。

6 チームとは何か ～多職種連携（チーム医療）の定義

1 チームとは何か

　チームの役割や機能については、組織論の領域で知見が蓄えられてきた。バーナードは、意識的に統括された２人あるいはそれ以上の個人の諸活動ないし諸力のシステムが組織である[6]と見なしている。多数の個人的な行為がコミュニケーションを介して相互に有意味に結ばれ、それらの関係性がそれに属さないその他から区別されるとき、そこに社会システム、ひいては組織が形成される。畢竟、社会システムは行為とコミュニケーションのシステムであるとすれば、人間とは、意味によって複雑性と自己言及を処理しているシステムであり、社会システムは行為のシステムであると同時に意味システムでもある。

　日常用語としてのチームという言葉を聞くと、私たちはスポーツ・チームや緊密なコミュニケーションを行う小さな組織のことを思い浮かべることが多いのではないだろうか。この文脈から眺めれば、チームとは「共通の目的、達成目標、アプローチに合意しその達成を誓い、互いに責任を分担する補完的な技術を持つ少人数の人たちである」というJ.R.カッツェンバックの定義は言い得て妙だろう。しかしながら「責任」のあり方にはことさらに注意を払う必要がある。

　近年日本でも、アカウンタビリティ（Accountability）という用語が頻繁に使われるようになってきた。通常は説明責任という訳語が使われている。しかしながら、この用法は正確なものではない。アカウンタビリティとは、「明確な役割分担の中で、他者に説明できる成果を生み出してゆくための責任」であり、「説明責任」の他にも「役割責任」、「成果責任」という概念を含意している[7]。すなわち、チームとは、明確な役割分担の中で、他者に説明できる成果を生み出してゆくための責任が共有されている状態を指す。

※6　バーナード. 経営者の役割. 1938年
※7　松下博宣. 続・看護経営学. 日本看護協会出版会. 2004年

2　チーム医療とは

■（1）チーム医療の定義①

　本書では、多職種連携という用語を用いている。しかし、第1章で指摘したように、日本では「チーム医療」という用語が厚生労働省によって喧伝されたこともあり、多用されてきた。本節では、そのような「チーム医療」をめぐる議論を振り返ってみよう。

　近年、チーム医療のあり方が注目されるにつけ、チーム医療に関する定義づけの試みが多様な立場からなされる。チーム医療とは、「医師、薬剤師、看護師等の各医療職が専門性を最大限に発揮し、かつ、連携・協働して提供する医療」[8]とする見方がある。厚生労働省の「チーム医療の推進に関する基本的な考え方について」のワーキンググループではチーム医療とは、「医療に従事する多種多様なスタッフが、各々の高い専門性を前提に、目的と情報を共有し、業務を分担しつつも互いに連携・補完し合い、患者の状況に的確に対応した医療を提供すること」としており、以下の方向性を示している[9]。

・患者を中心としたより質の高い医療を実現するためには、一人ひとりの医療スタッフの専門性を高め、その専門性に委ねつつも、これを、チーム医療を通して再統合していく、といった発想の転換が必要である。
・チーム医療がもたらす具体的な効果としては、①疾病の早期発見・回復促進・重症化予防など医療・生活の質の向上、②医療の効率性の向上による医療従事者の負担の軽減、③医療の標準化・組織化を通じた医療安全の向上、等が期待される。
・今後、チーム医療を推進するためには、①各医療スタッフの専門性の向上、②各医療スタッフの役割の拡大、③医療スタッフ間の連携・補完の推進、といった方向を基本として、関係者がそれぞれの立場でさまざまな取り組みを進めていく必要がある。
・なお、チーム医療を進めた結果、一部の医療スタッフに負担が集中したり、安全性が損なわれたりすることのないよう注意が必要である。また、我が国の医療のあり方を変えていくためには、医療現場におけるチーム医療の推進の他、医療機関間の役割分担・連携の推進、必要な医療スタッフの確保、総合医を含む専門医制度の確立、さらには医療と介護の連携等といった方向での努力をあわせて重ねていくことが不可欠である。
（下線は筆者）

※8　飯田修平．飯塚悦功．棟近雅彦監修．医療の質用語事典．日本企画協会．2005年
※9　厚生労働省．チーム医療の推進に関する検討会資料「チーム医療の推進に関する基本的な考え方について」http://www.mhlw.go.jp/shingi/2010/02/dl/s0218-9b.pdf

■（2）チーム医療の定義②

　医療社会学の知見をもとに、チーム医療とは、「たんに専門の異なる複数の職種の者が1人の患者に対して仕事をすることだけでなく、専門的な知識や技術を有する複数の医療者同士が対等な立場にあるという認識を持ったうえで実践される協働的な行為[10]」という定義もある。このようにチーム医療を定義する細田によると、チーム医療には、①専門性志向、②患者志向、③職種構成志向、④協働志向の4つの志向性ないしは要素があるとされる。「専門性志向」とは、医療や看護を含める専門職の業務領域が高度化、細分化される中で、それぞれの専門職種の「専門性」がチーム医療にとって重要なリソースになることを示している。

　「患者志向」とは、医師や疾患が中心を占める価値観から患者・問題中心への価値観へと転換するということである。たとえば、「DOS（医師志向型システム）からPOS（患者志向型システム・問題志向型システム）」へ変遷してきている。「職種構成志向」とは、チーム医療を構成する単位は、職種である。医師、看護師、臨床検査技師・放射線技師・栄養士・理学療法士・作業療法士・臨床心理士などさまざまな職種の最適組み合わせによってチーム医療が構成されることである。そして「協働志向」とは、上述したような複数の職種を代表するチームメンバーが対等な立場で協働して成果を生み出すことを示している。

　現代の医療サービスは、患者に対してシステムを通してやり取りされ共創、共進されて提供されているが、その過程では医療サービスを提供する側の内部でも専門職的なサービスが授受されて、共創、共進されている。医療サービスが医療チームを介して提供される場合、関係性の中には協働の関係以外にも葛藤の関係や緊張の関係が生じる。たとえば、「専門性志向」と「患者（家族）志向」、「職種構成志向」と「協働志向」はそれぞれ緊張関係にあり[11]、互いの関係性が阻害されることがある。

　以上を敷衍（ふえん）して、多職種連携（チーム医療）とは、職種による専門性を持つ各自がコミュニケーションを介して目的を共有し、明確な役割分担の中で、他者に説明できる成果を生み出す責任を持つ協働・関係性のシステムによって実現される組織的な行為であると言えるだろう。とはいえ、いくら精緻な定義を多職種連携やチーム医療について試みたところで、現場のそれらの機能が向上することには直結しない。41ページで詳述したようなAITCS-Ⅱ-Jスケール等を用いて、多職種連携（チーム医療）の機能をつぶさに評価してみることのほうがリアルな実務にとっては重要だろう。

※10　細田満和子．「チーム医療」の理念と現実─看護に生かす医療社会学からのアプローチ─．日本看護協会出版会．2003年
※11　蒲生智哉．「医療の質」と「チーム医療」の関係性の一考察─クリニカルパス活用による一貫性のある医療の実現─．立命館経営学 第47巻第1号．2008年

多職種連携の今後～内に対する凝縮性と外に対する拡張・拡大性

1　集団凝集性・外部拡張性とその関係

　関係性が稠密になるほど、多職種連携にはおのずとコミュニティーの性格が生じる。ここで注意しなければいけないのは、共同体としてのコミュニティーと機能体としてのコミュニティーの差異だ。共同体的コミュニティーは居心地の良さを担保する贈与、互恵関係を下地に持つが、機能体的コミュニティーは成果志向的である。

　集団凝集性とは、一般に、特定の集団がメンバーを吸引し、その集団の一員であり続けるようにはたらきかける程度のことである。集団の凝集性の高さは、各構成員の魅力や構成員間の相互作用、コミュニケーション、集団の目的、目標、ミッション、メンバーで居続けることによって生じる利益などの要素によって決まる。グループやチームの集団凝集性が高いほど、その集団が持つ規範の拘束力は強化されることとなる。図4-11で示すように、機能的コミュニティーの内部に対する集団凝集性は、以上に加え、成果責任、役割責任、説明責任の明示と共有、そしてそれらに依拠したコミュニケーションによってもたらされる。

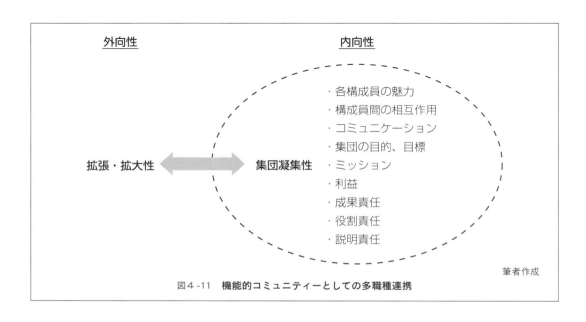

図4-11　機能的コミュニティーとしての多職種連携

　一方で、外部に対する外向性として機能的コミュニティーは自分たちのコミュニティー（ここでは医療チーム）の役割、ミッション、成果などを外部に向かって表出し、表現し、誇示し、顕示し、承認させるという意味での拡張性や拡大性を持つものである。外部に対する拡張・拡大性が、内部に対する集団凝集性を担保するという面があり、その意味で、性格を異にする外向性と内向性は実は表裏一体と形容できるくらいに繋がっている。医療チームを機能的コミュニティーと見立てると、医療チームを長続きさせるポイントは、外向性＝拡張・拡大性と内向性＝集団凝集性の演出にある。

2　機能的コミュニティーとしての医療チームの今後

　今後の大きなトレンド変化の中では、在宅や個別の地域の場がケア（ときとしてキュア）の場となってくる。地域・家庭という共同体コミュニティーの中へ個々の医療・看護・福祉・介護スタッフが、在宅医療チームという機能的コミュニティーが入っていく。これは、従来のキュア中心の医療組織（典型的には病院）では、患者は共同体コミュニティーから一時的に分離されて伝統的医療組織という機能的コミュニティーに参入してくるという状況とは対照的だ。機能的コミュニティーと共同体的コミュニティーとが相互作用を及ぼすようになるだろう。贈与、互恵関係に基調を置く家庭という共同体に機能的なコミュニティーである多職種連携が浸透してくるとき、そこには従来の医療組織では見られなかった現象が立ち現れてくるだろう。

8 専門職によるチーム組成 〜日本的チームの特性

1 専門職によるチーム組成

第6節で、「専門性を持つ各自」と述べたが、専門職には一定の特徴があり、この専門職としての特徴がチーム医療にも影響を与えることとなる。

専門職が社会に対応し、浸透し始めた1970年代には、Ritzerらは、専門職（professionals）に特徴的なこととして図4 -12のような要件を同定している。Arnoldによれば、専門職を専門職の要件は図4 -13のようになる。

2 日本的チームの特性

筆者は人的資源マネジメント、組織行動マネジメントの専門コンサルティング・ファームにて数多くの海外企業、日本企業、そして海外の一流医療機関、日本国内の医療機関に対してコンサルティング・サービスを提供した経験を持っている。

そうした経験の中で、同じチームという言葉を使っていても、日本人が組成して運用するチームと欧米人（もちろん欧と米との間には相違点があるが、ここではその違いよりも共通点に注目するので、あえて「欧米」という）のチームとの間には大きな違いがあると見立てている。

・長い教育期間で培われる体系的知識・スキル。

・利用者に対する権威を維持するために自ら行う質と成果の判定。

・自己利益よりも社会便益を優先させる倫理的期待。

・外的統制よりも自己統制を優先させる内部研修制度。

・社会と法律による認知。

・独自の下位文化を持った集団への同一化傾向。

出典：Ritzer G: Man and his work: Conflict and change. Meredith Corporation. 1972

図4 -12　専門職性

---

①利他主義
②責任
③優秀さ
④義務と権利
⑤奉仕
⑥信用
⑦誠実さ
⑧他者への配慮
⑨倫理的道徳的規範

出典：Arnold L: Assessing professional behavior: Yesterday, today and tomorrow. Academic Medicine. 2002

図4-13　専門職を規定する要素

　一般にビジネス経験が豊富で教養もある欧米人が組成するチームの場合、はじめに役割ありきで、その役割にフィットする人材を当てはめて、チームを組成する。チーム全体として果たすべき機能を明確にして、その機能を実現するために個々のロールを決め、そのロールに見合った人材をロールに当てはめてチームを組成するという手法を取る。日本では、機能よりもむしろ、「皆が集まっていっしょにコトに当たる」という情緒的な凝集性が重視される。そこでは「はじめにロールありき」ではなく、個人が凝集する場としてのチームを志向する。欧米型チームは、個の確立によってチームを創り上げるが、日本型チームの場合は、ロールを明示的に介在させることに積極的ではなく、むしろ、個を際立たせないことによってチームを創り上げる傾向が強い（図4-14）。

　チームを組み立てる時、あるべき機能に拠って個々のロールを明示的に定義する、しないに関するチームの相違点は、チームのみに見られる傾向ではない。一般的な組織においても、日本の組織は個々の職務の定義を、言語を介在させて明示的に定義する傾向は弱く、反面、欧米の組織では、個々の職務の役割責任、成果責任、説明責任を職務記述書（Job Description）で明示的に表現し、共有していこうとする傾向が強い。畢竟、日本人が組成する組織は皆で仲良くという共同体的な傾向を帯び、欧米人が組成する組織は成果の実現を目指す機能体を志向する。

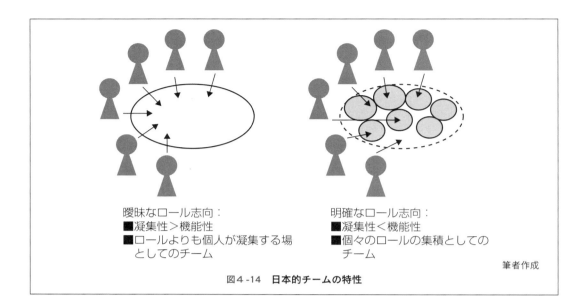

曖昧なロール志向：
■凝集性＞機能性
■ロールよりも個人が凝集する場
　としてのチーム

明確なロール志向：
■凝集性＜機能性
■個々のロールの集積としての
　チーム

筆者作成

図4-14　日本的チームの特性

⑨ インフォームド・コンセント

1 裁量的インフォームド・コンセントと共創的インフォームド・コンセント

　多職種連携はインフォームド・コンセントのあり方にも影響を及ぼす。一般に、インフォームド・コンセントとは、医師が説明する診断内容、治療介入、治療方法等について患者が同意するというように捉えられている。医師と患者との間には情報の非対称性が存在していて、その非対称な知識・情報の隔たりを少なくしたうえで、合意形成を図るというスタイルである。しかしながら、ケアが前面に出てくるようになると、患者はたんに同意する立場にとどまらずに、自ら医師に対して生活の問題、心身の問題、人生の物語、個人的なニーズなどを説明しなければならなくなる。むしろこのような状況は、医師が患者の全体像を把握するためには必然である。医師と患者はお互いに説明を共有したうえで、同意に至る。前者を裁量的インフォームド・コンセントといい、後者を共創的インフォームド・コンセントという（図4 -15）。

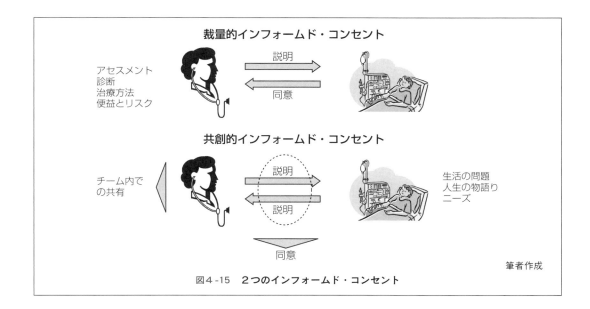

図4 -15　２つのインフォームド・コンセント

2 医療チーム間の情報共有

　共創的インフォームド・コンセントで医師と患者（もしくは家族をも含む）との間で同意された内容は、多職種連携の間で共有されなければならない。特に在宅医療・訪問医療の場面では多職種連携の間で共有されなければならいものは、インフォームド・コンセントの内容のみならず、治療経過、生活ログ、カルテの記載内容を、適切なアクセス権限設定のもとで、患者⇔医療チーム（歯科医師、医師、薬剤師、歯科衛生士、歯科技工士、看護師、保健師、管理栄養士、言語聴覚士、理学療法士、作業療法士、ケアマネージャーなど）で共有するICT（Information and Communication Technology）系インフラが必要となってくる。

　近年は、チーム医療を組成するメンバーと患者が、責任、プロセス、成果を共にシェア（共有）して、治療方針や治療方法を決定していこう、ということが重視されつつある。これをシェアード・リーダーシップ（Shared Leadership）ともいうが、共創的インフォームド・コンセントが一般化するにつれて、166ページに詳しく見るコラボレーティブ・リーダーシップが重要になりつつある。

10 多職種連携のマネジメント手法

1 成果責任のマネジメントの必要性

現在、多職種連携に関するマネジメント手法において、すっぽり抜け落ちている領域を指摘したい。それは成果責任のマネジメントである。先に、多職種連携とは成果責任、つまり、明確な役割分担のもとで他者に説明できる成果を生み出すことを目的とするメンバーの組織化であるということを指摘した。ならば、慣れ合いや流行に便乗した形でのチーム医療ではなく、本来のチーム医療には、成果責任に立脚した目標マネジメントが必要なのである。

先に指摘したように、日本では「皆が集まっていっしょにコトに当たる」という共同体的な集団への凝集性が重視される。そこでは「はじめにロールありき」ではなく、個人が凝集する場としてのチームを志向する。したがって、医療チームのリーダーが自覚していないと、曖昧模糊とした役割分担や成果に対する責任を問わない共同体的体質の医療チームになってしまう。

2 マネジメントの2つの段階

多職種連携のマネジメント方法はおおまかに言うと2つのフェーズからなる。1つめは成果責任の明確化、2つめは目標管理である。これら2フェーズを図示すると図1-18のようになる。

まず、医療チームのミッションを策定する。医療チームのミッションとは、医療チームが存在することの意義、中長期的な存在理由、なぜ、その医療チームがなくてはならないのかという使命を端的に言い表すものである。「医療チームのミッション・ステートメント」である。成果責任マネジメント体系では、成果責任を「〜を〜する」という単純明快な言語表現を使って「見える化」する。

次に、医療チームを構成するメンバーは、医療チームのミッションとそれぞれの成果責任に基づき、目標を設定してゆく。目標は「誰が(責任の所在)、何を(指標)、どのくらい(水準)、どのようにして(手段・方法)、いつまでに(期日)、"〜する"という動詞(具体的な成果行動)」[12]という簡単な文法を用いて言語表現＝「見える化」していく。目標設定を起点

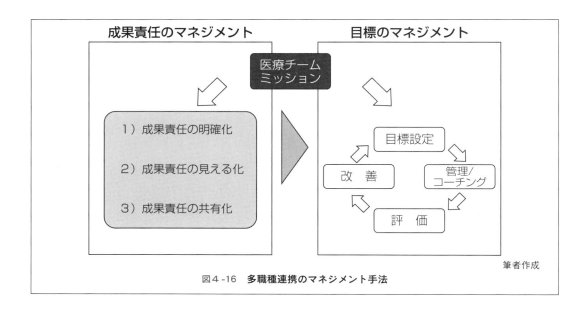

図4-16　多職種連携のマネジメント手法

にして**図4-16**のように、管理/コーチング→評価→改善、そして次のサイクルの目標設定に活用していく。

　筆者が個別に指導している医療機関の医療チームでは、成果責任、目標ともに、サーバ環境やクラウド環境に置いて、適切なアクセス権限設定のもとで、いつでも、どこからでもアクセスできるようにしている。これによって、医療チーム・ミッションの共有化、成果責任と目標を共有化することによるチームワーク（連絡、連携、連合、統合、相互牽制を含むコミュニケーション）を一定レベルに保つことが格段に進歩する。

※12　松下博宣．続・看護経営学〜超実践編〜．日本看護協会出版会．1997年
　　成果責任マネジメント、目標マネジメントの全体体系と詳細手法は同著に詳述してあるので参照のこと。

問題 アカウンタビリティの説明として正しものはどれ
か。次の選択肢から1つ選べ。

〔選択肢〕

①他者に説明できる成果を生み出していくための責任

②明確な役割分担の中で、他者に説明できる成果を生み出していくための責任

③成果を説明する責任

④曖昧な役割分担の中で、他者に説明できない成果を生み出していくための責
任

⑤計算可能な責任

解答　②

解説

121ページで解説している通り、アカウンタビリティとは、「明確な役割分担の中で、他者に説明できる成果を生み出していくための責任」である。説明責任のほかにも、役割責任、成果責任という概念も含意している。

第5章

未来を創造する力＝リーダーシップ

1 実践力とは何か

2 リーダーシップとは

3 リーダーシップとコミュニケーション

4 リーダーシップ研究の百家争鳴

5 リーダーシップ発揮の手法〜コーチング、内発的動機づけ、
　　エンパワーメント

6 マネジメントとリーダーシップ

7 情動的知性と社会的知性

8 フロー体験のマネジメント

9 シンクロニシティ創発のリーダーシップ

10 多職種連携を促進するコラボレーティブ・リーダーシップ

11 コラボレーティブ・リーダーシップとは何か

　多職種連携協働を組成し、何らかのイノベーションを起こそうとする人が凡庸でなく卓越したリーダーとなるためにはどのようなことが条件になるのだろうか。ありきたりに言えば、多少なりともリーダーの経験がある人が考えれば、リーダーの条件として以下の３つくらいは思いつくはずだ。

　①組織内外の人々に「あの人のために力を尽くしたい。あの人に協力したい」と自然に思わせる人でなければリーダーにはなれない。

　②リーダーは、組織内外の人々を動かして、（１）働いて成果を生み出し、（２）稼いで、（３）学んで、（４）考えてもらい、顧客と世の中のためになることを進んでやってもらう。

　③そして組織体として必要なモノ、カネ、情報、知識、コミュニケーションなどのバランスをとって仕組みをつくり、臨機応変に対応できるようにしておく。

　この章では、リーダーシップの何たるかをさまざまな角度から検討してみよう。

実践力とは何か

1　専門知と実践力を媒介する「対象に棲み込む力」

　ビジネスのリテラシーといえば、戦略、マーケティング、財務会計、人事管理、物流管理、統計の活用、オペレーションといったようなビジネス・スクールのコア・カリキュラムのようなものを思い浮かべる方が多いだろう。こうした汎用的で一般的なナレッジに、会社や医療機関独自の文脈が加わって、その人なりのビジネスのリテラシーが形成される、と説明されたりする。しかし、同じようなカリキュラムで学び同じようなビジネスの文脈に身を置いても、中長期的には仕事の出来、不出来に雲泥の差が生じるのは、何か他の決定的に重要な要素があるからである。その１つが「対象に棲み込む力」である。この対象に当事者として棲み込むように一体化してことを成し遂げる力が実践力である。

　この力を図示すると図5-1のようになる。つまり、いくらカリキュラムによって定義されるような専門的知識を頭に詰め込んでも、それらの知識を実際の行動をとおして問題解決のために活用して、成果を生み出さなければ、Y軸の実践力は高まってこない。知識と実践力を媒介するのものが、対象に棲み込む力である。a を「棲み込み係数」と呼ぶが、

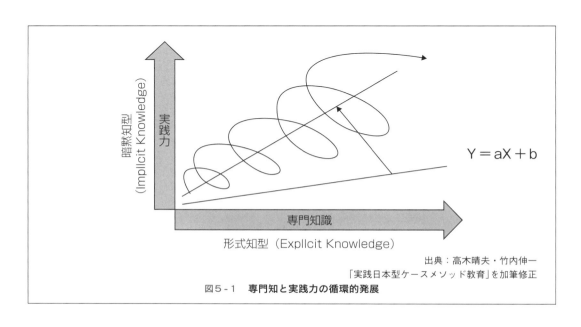

出典：高木晴夫・竹内伸一
「実践日本型ケースメソッド教育」を加筆修正

図5-1　専門知と実践力の循環的発展

この棲み込み係数が高ければ高いほど、Y=aX+bの直線の周辺に沿うように、スパイラル状に実践力は高まっていく。

2　専門知と実践の循環的発展

　この実践力という特殊な力は、新規の医療チームの設立、新規プロジェクト立ち上げ、新規事業立ち上げ、起業、イノベーション創発のような特別の機会に力を発揮する。しかし、この特殊能力は言葉でスンナリと説明できるような代物ではない。とても暗黙的なのだ。

　マイケル・ポランニーは、ゲシュタルト(形態形成の場)は認識を求めるときに能動的に経験を編集するプロセスで形づくられ、その形成と統合こそが「暗黙の力」で、その暗黙の力が進化の動因でさえあると意味深なことを言った[1]。

　石井淳蔵は、ポランニーの暗黙知を下敷きにして、すぐれた経営者やマネジャーが新しいビジネスモデルや新規事業を生み出すメカニズムに迫っている。その際のキーワードが「対象に棲み込む力」である。石井によれば、扱っている製品、サービス、顧客、市場データなどが「近位項」に相当する。そして、棲み込んだ結果、そこに生まれる関係性、画期的発明、新規ビジネスモデルなどが「遠位項」となる。近位項と遠位項の間を行ったり来たり、循環することで学習は進んでいく[2]。このように専門知と実践は行ったり来たりを繰り返して循環しながら進化していくのだ。

　中原・金井は、社会人の学習プロセスをアクション(行為)の後のリフレクション(内省)、ダイアローグ(対話)を踏まえて次のアクションを決定するというサイクルと捉えている[3]。専門知と実践力との相互循環的な動きを学習プロセスと見立てれば、専門知と実践力は、弛まぬアクション(行為)、リフレクション(内省)、ダイアローグ(対話)の循環でもある。

3　近年の学習方法の傾向

　さて、高等教育には一般に2つの系統がある。1つめは、専門的知識を体系的に、系統的に伝授、あるいは学習し、もっぱら実践力は学習者の側に任せるという行き方である。2つめは、専門的知識の学習にとどまらずに、専門的知識を実際の問題解決に応用して成果を生み出すまでのプロセス全体を学習の範囲とする行き方である。

　後者は、問題を解決すること、行動することが重視されるので、アクション・ラーニン

※1　松下博宣．経営に活かすインテリジェンス．日経BP社 http://itpro.nikkeibp.co.jp/article/COLUMN/20091005/338410/?ST=management&P= 1
※2　石井 淳蔵．ビジネス・インサイト―創造の知とは何か―．岩波書店．2009年
※3　中原 淳．金井 壽宏．リフレクティブ・マネジャー 一流はつねに内省する．光文社新書．2009年

グとも呼ばれる。実際に行動することで、知識と実践の間を間断なく往復する。たとえば、問題解決するに当たって立てた仮説を実際の行動で検証してみる。その結果を用いてさらに仮説に修正を加え、さらに行動してみる。このような知識と行動の間の限りないスパイラル状の運動が学習である。近年ではビジネス・スクールや専門職大学院で重視されている方向である。

② リーダーシップとは

1　リーダーシップの重要性

　人間は社会的動物である。人類の歴史をひもとけば、人々が古今東西さまざまな組織を創ってきたことがわかる。人類の歴史は組織の歴史でもある。それらの組織をつくり上げ、運営し、戦略を与えて起動させる当事者がリーダーである。したがって、リーダーのあり方は、リーダーをいただく企業、政府、公共団体、NPO、NGO、医療機関を問わず命運を決するほどの重要さを帯びることになる。

　さて、経営学の教科書に書かれている知識を100パーセント暗記して、記憶に定着化させることに成功してもビジネスで成功することは限らない。前述したように、どのようなビジネスであれ、対象に棲み込む力、実践力が問われるからだ。特に、大きな仕事ほど、単独ではできず、他人をうまく使うことが問われる。他者との関わりの中で行動し、他者を動かして成果を生み出させる特殊な行動が求められる。この特殊な行動を、とりあえず、ここではリーダーシップと呼んでおこう。これから議論が進めながら、適宜、リーダーシップの定義や解釈を必要に応じて拡張してゆきたい。

　さて、社会が複雑になればなるほど、組織のあり方も多様になり複雑になる。人と組織を動かす力がリーダーシップである。したがって、意図的にリーダーシップを涵養し、教育し、トレーニングしなければならないという必要性が生じる。現在、世界中の高等教育機関、ビジネス・スクールなどでは、このリーダーシップを発揮できる人材の育成が最も重要なテーマとして脚光を浴びているゆえんである。このような観点では本章では、まずリーダーシップの基本を整理してみよう。

2　東洋の古典に見るリーダーシップ

■（1）『十八史略』に見るリーダーの資質

　周知のとおり、歴史と歴史に登場する賢人、偉人を尊重する中国には、一国の長たるリーダーの資質、見識、知恵、運命について語るリーダーシップ論について膨大な蓄積がある。ここではその一部をひもといてみよう。

『十八史略』をひもとけば、劉邦と項羽を勝者と敗者に見立て、2人の武将のリーダーシップの比較は日本でも大変人気がある。項羽は、何を行うにも、自信に満ち溢れ、部下の進言や忠告は意に介さず、自らの考えで事に当たるを良しとした。戦に勝利しても、ほとんどの戦利品は全て独り占めする有様。その結果、有能な部下は次々に項羽のもとを逃げるように離れ、結局、孤軍奮闘となり30歳の若さで討ち死にし、戦場の露と消えていった。翻って、劉邦は、部下の戦況判断や進言をよく受け入れ、周囲の意見を求めたうえで、重要な意思決定や決断を行った。また戦利品を自分のみが分捕るようなことをせず、戦功を立てた部下に戦功の程度に従って分け与えた。その結果、張良・蕭何・韓信らの有能な部下が劉邦のもとに集まり、またそれらの優秀な部下が存分に活躍したのである。このような項羽と劉邦のリーダーとしての性格・資質の2項対立はわかりやすく、項羽と劉邦の物語の人気の源には、このわかりやすさがある。

■（2）『孫子』によるリーダーの資質

『孫子』によれば、リーダーの資質として、智・勇・信・厳・仁の5条件が必要とされる。つまり、

「智」……正しい知識を活用した分析力と判断力。
「勇」……機会をとらえ果敢に行動する積極性、決断力。
「信」……信用、信頼、嘘をつかないこと。
「厳」……目的を達成するための厳しい態度。
「仁」……思いやり、誠心誠意の姿勢。

である。

■（3）『老子』によるリーダーの資質

『老子』はリーダーや指導者の資質を区分している。つまり、「太上は下これあるを知る。その次は親しみてこれを誉む。その次はこれを畏る。その下はこれを侮る。」つまり、指導者たる者の最高のあるべき姿は、部下から見てその人がそこに座っていることは承知しているが、格別偉いと感じたり、親しみを持つこともなく、畏れたり、軽蔑することもなく、リーダーの存在がことさら意識されないようなリーダーが最高のリーダーであるという。

『韓非子』は君主の資質を上、中、下の3段階に分けて、「下君は己の能を尽くし、中君は人の力を尽くし、上君は人の能を尽くす。」と書いている。『三国史』に登場する呉の孫権は、部下や目下の人に接する時の要諦を「その長ずる所を貴び、その短なる所を忘る」と書いている。『老子』には、「人を知る者は智なり。自ら知る者は明なり」とある。『論語』には「利を見ては義を思う」とあり、『韓詩外伝』には「三利あれば、必ず三患あり」となる。中国に古来から伝わる書籍をリーダーシップというテーマでひもとけば、それこそ、無数にリー

ダーシップの要諦を説く逸話、教訓、寓話には枚挙にいとまがないだろう。

中国のみならず古今東西の古典にはリーダーシップを涵養するうえで本質的に重要となる記述が多い。本書のようなテキストブックのみならず、このような古典に触れることも肝要である。

3　現代西洋のリーダーシップの考究

東洋のリーダーシップ論は、リーダーの資質、見識、知恵、運命を幅広く論じる傾向があるが、現代の欧米のリーダーシップ論は、能力と行動に分析的にアプローチすることが主流をなしてきている。いわゆる人的資源管理、行動科学、認知心理学など経営学に近接する分野において、企業経営者や管理者を分析の対象にしている。

ハーバード大学のR・ベールズは、見知らぬ人からなる集団に、最初から誰がリーダーだとは決めずに自由気ままなディスカッションをしてもらうという実験を行った。繰り返し観察した結果わかったのは、議論の進行や結論の導出に貢献する「課題（タスク）リーダー」と、場を居心地よくする「社会情緒面のリーダー」が、それぞれ一人ずつ集団の中から自然と姿を表すということだった。オハイオ州立大学の行動科学の研究チームは、農機具メーカーの第一線で活躍する監督者をつぶさに観察することによって、リーダー行動を記述する質問票を作成した。そこから導出されたものは、「構造づくり」と「配慮」という2つの軸であった。構造づくりは、部下が仕事をする枠組み、手順をつくり出す行動である。配慮は、まるごとの人間として部下に気を配る行動だ。すぐれたリーダーは、これら2つの軸に対応してすぐれた行動をとることができる、と結論づけられた。

4　三隅二不二によるPM理論

我が国では三隅二不二大阪大学名誉教授によるPM理論がよく知られている。課題達成集団が存立するには、2つの機能が必要とされる。三隅によると、リーダーシップを単純化して、「P機能（Performance function:目標達成機能）」と「M機能（Maintenance function:集団維持機能）」の2つの能力要素で構成されている[4]。

PM理論によれば、目標設定や計画立案、メンバーへの指示などにより目標を達成する能力（P）と、メンバー間の人間関係を良好に保ち、集団のまとまりを維持する能力（M）の2つの能力の大小によって、4つのリーダーシップタイプ（PM型、Pm型、pM型、pm型）を提示し、PとMが共に高い状態（PM型）のリーダーシップが望ましい、とされる。

4つのリーダーシップタイプの特徴はそれぞれ次のようになる。

※4　三隅二不二. リーダーシップ行動の科学. 有斐閣. 1984年

・PM型(P・M共に大きい)

目標を明確に示し、成果を上げられると共に集団をまとめる力もある理想型

・Pm型(Pが大きく、Mが小さい)

目標を明確に示し、成果をあげるが、集団をまとめる力が弱い。

・pM型(Pが小さく、Mが大きい)

集団をまとめる力はあるが、成果をあげる力が弱い。

・pm型(Pが小さく、Mも小さい)

成果をあげる力も、集団をまとめる力も弱い。リーダー失格タイプ。

③ リーダーシップとコミュニケーション

1 情動、共感、文脈

　コミュニケーションが十全に成り立つためには、適切な情報の発信行動が取られるということだけが重要というわけではない。情報の受け手が、発信者が意図したシグナル・媒体に注意を向けて情報を受け取り、さらに的確に理解、解釈をしているかどうか、という点にもかかっている。情報を解釈する際には、言語のみではなく、非言語的要素やコンテクスト(場に埋め込まれた文脈)が頻繁に参照される。しばしば効果的なコミュニケーションを保つためには、場を共有することの重要性が説かれるのはこのためである(図5 - 2)。

　現代は随所で変革が求められている。特に既存の諸制度が疲労を起こし、新しいシステムの出現が待たれる医療分野では、新しいシステムを果敢にデザインし、世の中に訴え、普及・伝搬させるような変革志向の起業家型のリーダーが求められる。変革を導くリーダー

◇非言語的コミュニケーションの重要性
　・「二者間の対話では、言葉によって伝えられるメッセージは、全体の35%に過ぎず、残りの65%は、話しぶり、動作、ジェスチャー、相手との間の取り方など言葉以外の手段によって伝えられる」(レイ・L・バードウィステル)
　・「人間の態度や性向を推定する場合(第一印象)、その人間の言葉の内容によって判断されるのはわずか7%であり、38%は声、55%は表情によるものだ」(アルバート・メイラビアン)

◇非言語の種類

人体―人の見た目、外見	身体接触―握手、抱擁、なでる
動作―姿勢、ジェスチャー	対人空間―相手との距離、対峙する方向、目線の高さ
目―目つき、視線、アイコンタクト	
声―大きさ、高さ、息づかい、口癖	時間―社会習慣上の時間観念
沈黙―話の間、無言	色彩―服装の色合い

筆者作成

図5 - 2　**非言語的コミュニケーション**

には、課題関連の軸では、いったい我々をどこに連れて行くのか、大きな絵を描くことが重要だ。他方で、人間関係の軸では、大勢の人たちを巻き込まなければならない。ビジョンとネットワークづくりが、共に強調されるようになってきている。

2　コミュニケーションの基本(図5-3)

■(1)コミュニケーションの定義

　リーダーシップの基本はコミュニケーションである。どのようなリーダーも、コミュニケーションをとおして組織を動かし、成果を生み出してゆく。コミュニケーションとは、意思、感情、情報などを「共有する」という意味であり、"相互交流"を通じて「人々が互いに影響し合う過程」をいう。注意すべきは、たんなる伝達ではなく、相手の理解や納得を得て行動をとらせ、所期の成果を実現するということを企図したうえでの意思疎通ということである。

　一般的なメタファを用いて言えば、組織におけるコミュニケーションは、人体の血液の流れのようなものだ。血液は、一刻も止まることなく体の隅々に酸素と栄養分を補給し、二酸化炭素や老廃物を運び出す。これが健康な体を維持している。組織のコミュニケーションも、組織の部分と全体が円滑に機能するように、血液の働きをしている。

■(2)コミュニケーションはツーウェイ

　コミュニケーションとは、意思、感情、情報などを「共有する」という意味であり、"相互交流"を通じて「人々が互いに影響し合う過程」を言う。たんなる伝達ではなく、相手の

◇コミュニケーションはツーウェイ

　ワンウェイ（一方向）では、発信のみで受信状況が不明、ツーウェイ（双方向）
　コミュニケーションで、理解、納得、行動につながる

◇コミュニケーションの基本

　・語源は「他人と何かを分かち合うこと」、相互の信頼関係がベース
　・相手の立場の理解、共感的理解の態度をとる
　・「伝わらない」のは自分が悪いと考え、方法や努力に着目する
　・ねらい・目的・相手への期待・要望は明確に、表情・道具も活用する
　・内容は論理的で首尾一貫していて納得しやすくする
　・絶対に避けたい独断・偏見・先入観

筆者作成

図5-3　コミュニケーションの基本

理解納得を得て、場合によっては行動してもらうまでのプロセスである。ワンウェイ（一方向）では、発信のみで受信状況が不明、ツーウェイ（双方向）コミュニケーションで、理解、納得、行動につながるワンウェイ（一方向）では、発信のみで受信状況が不明、ツーウェイ（双方向）コミュニケーションで、理解、納得、行動につながる。

（3）コミュニケーションを進めるには

コミュニケーションをうまく進めてお互いの意思疎通を促進するために、以下の基本的なレッスンを得ることができるだろう。

- 語源は「他人と何かを分かち合うこと」、相互の信頼関係がベース
- 相手の立場の理解、共感的理解の態度をとる
- 「伝わらない」のは自分が悪いと考え、方法や努力に着目する
- ねらい・目的・相手への期待・要望は明確に、表情・道具も活用する
- 内容は論理的で首尾一貫していて納得しやすくする
- 避けたい独断・偏見・先入観

（4）コミュニケーションの組織化

人は1人では大きな仕事ができないので、共通の目的・目標を共有して組織を創り上げる。そして、この共通の目的や目標を達成するために、全ての組織構成メンバーの行為は収斂されてくる。それぞれの行為にはコミュニケーションが伴う。すなわち組織というものは、コミュニケーションを独自の目的と手段に沿って「組織化」するものである。ここにおいてリーダーの役割とは、コミュニケーションに一定の方向と勢いを与える演出家の様相を帯びる。

4 リーダーシップ研究の百家争鳴

1 リーダーシップの定義の代表例

　リーダーシップのあり方、定義については百家争鳴の状況で、研究者の数ほど、リーダーシップの描写スタイルやあるべき姿は異なる。その中でも代表的なものをあげると、「リーダーシップとは、集団の目標に進んで努力するよう、人々の活動（行動）に影響を及ぼすこと。」（ジョージ・R．テリー）、「状況の中で、特定の目的、ないし目標の達成のために、コミュニケーション・プロセスを通して揮われた影響力である。」（ロバート・タンネンバム、アービン・R．ウエシュラー、フレッドマサリック）、「リーダーシップは、共通の目的の達成のため、従う人たちに影響を及ぼすことである。」（ハロルド・クーンツ、シリル・オドンネル）などがある（図5-4）。

　共通するのは、リーダーシップは、目標の達成のための機能であり、仕事のプロセスで影響力を行使するという局面で発揮されるものであるという点だ。

・ジョージ・R. テリー
　―「リーダーシップとは、集団の目標に進んで努力するよう、人々の活動（行動）に影響を及ぼすこと」

・ロバート・タンネンバム、アービン・R. ウエシュラー、フレッドマサリック
　―「状況の中で、特定の目的、ないし目標の達成のために、コミュニケーション・プロセスを通して揮われた影響力である」

・ハロルド・クーンツ、シリル・オドンネル
　―「リーダーシップは、共通の目的の達成のため、従う人たちに影響を及ぼすことである」

・その他の著作者
　―「リーダーシップは、与えられた状況で、目的達成のため、個人、ないし集団に影響を及ぼすプロセスである」

図5-4　リーダーシップの定義

2　K・ブランチャードの理論

　筆者の大学院時代の恩師でもあるK・ブランチャードによれば、組織を発展、成長させる要因は、共通の目的、貢献意欲、そしてコミュニケーションである。彼は、リーダーシップとは「ある状況のもとで、目標達成に向けコミュニケーション過程を通じて発揮される対人影響力である」としている[5]（図5-5）。ちなみに、ここで「ある状況」と但し書きをしているのは、全ての状況に有効なリーダーシップはあり得ないということだ。特定の状況において限定的に発揮されるのがリーダーシップである、というブランチャードの指摘は正鵠を射ている。ブランチャードが唱えるリーダーシップ論は、リーダーシップの状況適応理論と呼ばれる。

　よく知られたリーダーシップの状況適用理論は、図5-6のように、適切なリーダーのスタイルは、部下の職務習熟度（マチュリティ）や準備状況（レディネス）に合わせた形で、指示的行動と協働的行動がバランスよくミックスされていなければならないと説く。これらの部下の抱える状況によって接し方が異なることが必要だというのである。指導→コーチング→カウンセリング→権限移譲というように、部下の状況によって、リーダーと部下の関係性は異なってくる。

　さて図5-7にまとめたように、リーダーシップの基本的な能力に着目してみると、診断、適応、意思疎通という3項目の側面があることがわかる。

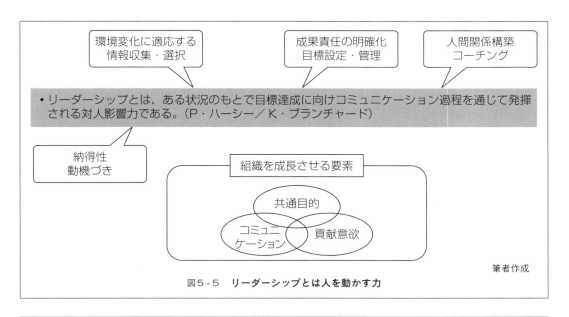

図5-5　リーダーシップとは人を動かす力

筆者作成

※5　ポール・ハーシィ, デューイ・E.ジョンソン, ケネス・H.ブランチャード. 入門から応用へ 行動科学の展開─人的資源の活用. 生産性出版. 2000年

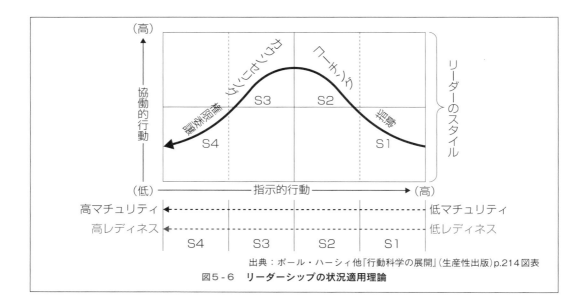

出典：ポール・ハーシィ他『行動科学の展開』（生産性出版）p.214図表

図5-6　リーダーシップの状況適用理論

1．診断
　―知的な―頭脳的な―能力である。現状を把握し、その現状がどう変えられるかを見通すことである。「現在と将来」との差が「解決されるべき問題」である。この差の解決に、他の2つの能力が関わってくる。

2．適応
　―行動上の能力である。この能力は、現状と達成を目指す状況との間の差を縮めるべく、自分の行動や関連リソースを状況に適合させることに関わるものである。

3．意思疎通（コミュニケーション）
　―「処理（プロセス）」能力である。たとえ状況が理解でき、また、たとえ状況に応じて自分自身と所要リソースを適用させることができたにしても、意思を伝える必要が残っている。相手が理解でき受け入れられるよう伝達できなければ、意図した目的を達することはできない。

筆者作成

図5-7　リーダーシップの3つの能力

❺ リーダーシップ発揮の手法～コーチング、内発的動機づけ、エンパワーメント

1 コーチング

（1）コーチングとは

　さて、リーダーシップを1対1の対人関係の中で意識して発揮するための手法として近年注目を集めているのがコーチングである。コーチングはリーダーシップを発揮するときに有効な手法である。ただし、図5-8に示されているように、ティーチング（教える）、アドバイス（助言する）、カウンセリング（相談に乗る）とコーチングは性格が異なる。相手が持っている相手自身のエネルギーを高め、さまざまな事柄を当事者として自分のこととして受け入れ、自己決定を経て、問題解決のための行動を起こさせる技術がコーチングである。

（2）コーチングの進め方

　図5-9は一般的なコーチングの進め方をシステムとしてまとめたものである。クローズド・クエスチョンとは、「○か×か」、「はいか、いいえ」のような回答が限定された閉じ

コーチングとは相手が本来持っている本人自身のエネルギーを高め、さまざまな事柄を自分自身のことと捉え、自分自身の意志で進むべき方向を決めて、行動を起こさせる技術。

コーチング ⟷ ティーチング
コーチング ⟷ アドバイス
コーチング ⟷ カウンセリング

指示
（事実の）連絡
（事実の）報告
確認

筆者作成

図5-8　コーチング

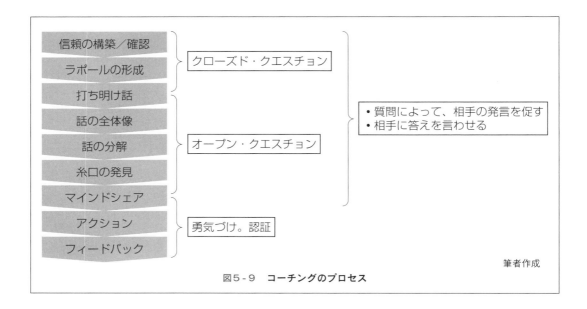

図5-9　コーチングのプロセス

た質問である。話の入り口、ラポールを確認するときなど、簡単なクローズド・クエスチョンが有効だろう。オープン・クエスチョンとは、だれが(who)、なぜ(why)、いつ(when)、どこで(where)、なにを(what)、どのように(how)、いくらで(how much)といったように、答えは相手の立場、に対して開かれている質問である。当然、これらのクローズド・クエスチョンに対して、相手は答えを考え、自らの考えを構造化することになる。いかに、自らの考えを当事者として構造化させて、次のアクションに結びつかせるのかが、コーチングの要諦となる。

2　内発的動機づけ（図5-10）

　外発的動機づけとは、指示や命令などの外的要因によって動機づけられるもので、引き起こされる行動は目標に到達するための手段という側面が強くなる。その一方、内発的動機づけは、引き起こされる活動それ自体が目標となる側面が強くなり、何かのためにするのではなく、「やりたいからする」という側面が中心となる。

　成長感、使命感、仕事の意義、達成感などを感じるためには、内発的動機づけのほうが持続性、効果が高く、能力開発には適している。

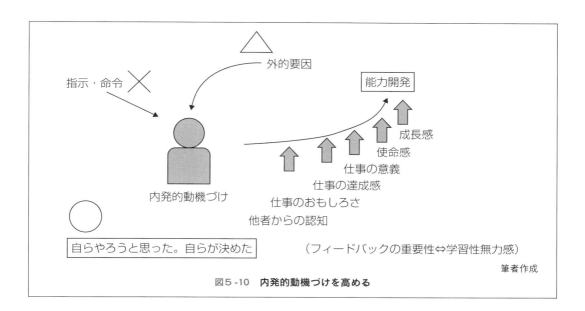

図5-10　内発的動機づけを高める

3　エンパワーメント（図5-11）

（1）エンパワーメントとは

　近年、エンパワーメントということがリーダーシップやコミュニケーションをめぐる領域で議論されるようになってきている。エンパワーメントとは、簡単に言えば、力を与えて活性化させること、つまり、人が持つ本来持つパワーを引き出すことである。「幸福とは、①人に愛されること、②人にほめられること、③人の役に立つこと、④人に必要とされることであり、②、③、④は働くことを通じて実現できる幸せである」[6]とすれば、リーダーは部下の②、③、④を支援する立場にいることとなる。本来、幸せになるためのパワーを一人ひとりが持っているとするならば、その引き出し方は、強制や直接的な操作によるものではなく、あくまでフォロワーが自律的に自分でパワーを引き出せる状況を創出することを援助することにある。その意味で前述したコーチングのプロセスでもエンパワーメントは有効だ。

（2）エンパワーメントの進め方

　フォロワーのエンパワーメントには3つのステップを繰り返す。

①仕事に必要な情報を提供し、責任を持って働く気持ちにする。

※6　坂本光司. 日本でいちばん大切にしたい会社. あさ出版. 2008年

- エンパワーメント（力をつける）とは、人が本来持つパワーを引き出すこと。
- リーダーシップの1つの鍵は、他者が自分でパワーを引き出せるように手助けすること。
- 他者のパワーを引き出して、一人ひとりのモチベーションを高める。

エンパワーメントの成功の条件

• 経営理念やビジョンを他者と共有化する	• 他者の行動に対する評価を適正に行う
• 他者の能力を見極め、適切な目標を設定する	• 他者が自律的に動くために必要資源を提供する

筆者作成

図5-11　エンパワーメント

②仕事の目的、目標などを明確にし、自分で管理する領域をつくる。

③階層化した組織をやめ、自分たちで統率するチームに変える。

　もちろんエンパワーメントの実現は全ての状況で可能なわけではないが、苦境や障害などのリスク要因を織り込んでおくと良いだろう。

　——苦境や障害を乗り越えるためには、覚悟を固めておく。

　——ある程度の障害を想定したストーリーやシナリオを描いておくことで、逆境でも勇気を持って打ち勝つことができる。

　——挫折した後の1次展開、2次展開のストーリーを想定しておく。

6 マネジメントと リーダーシップ

　マネジメントとリーダーシップとはどのように異なるのであろうか。マネジメントとは、個人、集団、およびその他のリソースを通して、またはこれらリソースと共に、組織目標達成を目指して成果を生み出す過程である。リーダーシップとは、理由の如何に関わりなく、他人や集団の行動に影響を与える試みそのもののことである[7]。簡単に言えば、リーダーシップとは人を特定の目標に向かって動かすこと、マネジメントとは、計画された成果を生み出すことである。「リーダーシップ×マネジメント×専門知」という３つの要素の積が実践力となる（図５-12）。

　つまり、個人であれ組織であれ、実践力とは３つの要素の積である。人々を特定の目標に向かって動かすリーダーシップ、計画された成果を生み出すためのマネジメント、そして専組織の問題解決に活用する専門知である。多職種連携においても、チームを効果的・効率的に運用するためには、これら３つが必要である。

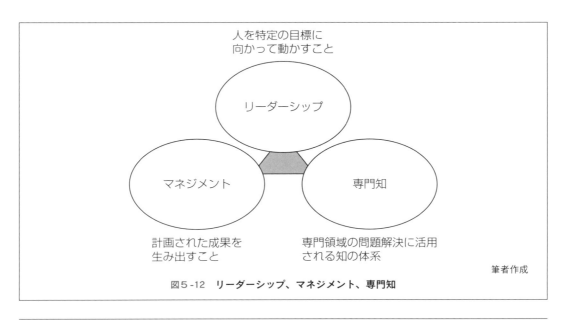

図５-12　リーダーシップ、マネジメント、専門知

※7　ポール・ハーシィ，デューイ・E.ジョンソン，ケネス・H.ブランチャード. 入門から応用へ 行動科学の展開―人的資源の活用. 生産性出版. 2000年

7 情動的知性と社会的知性

　リーダーに求められる知性としては、情動的知性と社会的知性を比較することによって有用な知見が得られるだろう（表5-1）。ダニエル・ゴールマンは、目標達成における自分の感情状態の理解やコントロールおよび対人関係能力に着目して従来からあったいわゆる知能指数と対比することによって、心の知能指数（Emotional Intelligence Quotient）と呼んでいる[8]。さらには、このコンセプトを延長、拡大させて、リーダーは、社会的知性（Social Intelligence Quotient）として、社会的意識や社会的才覚を持つべきであると議論している。

　「医療は医学の社会的応用である」、といういささか古い言説を引くまでもなく、ヘルスケア（医療・保健・介護・福祉）領域の仕事には高い社会性が求められる。図5-13のように、人材育成、思いやり、共感力、チームワーク、組織理解力、影響力、啓発などが、社会性の高い医療組織を創造、牽引するリーダーには求められるとの、言説には一定の説得力がある。

表5-1　情動的知性と社会的知性

理論	EQ：情動的知性 Emotional Intelligence Quotient	SQ：社会的知性 Social Intelligence Quotient
経緯	1990年、エール大学学長、ピーター・サロベイ博士とニューハンプシャー大学教授のジョン・メイヤー博士によって提唱 1998年にダニエル・ゴールマンが『EQ こころの知能指数』を出版	2005年、ゴールマンが最新の脳科学の知見を取り入れEQを広げた概念を発表
特徴	自己認識 対人関係能力	社会的意識 社会的才覚
着目点	目標達成における自分の感情状態の理解、コントロールおよび対人関係能力に着目	最新の脳科学に着目（対人関係におけるミラーニューロン、紡錘細胞、オシレーターとの関連性）。リーダーの行動がフォロアーに影響することに着目

出典：ダニエル・ゴールマン『EQ こころの気能指数』（講談社）をもとに筆者作成

---

[8]　ダニエル・ゴールマン．EQ こころの知能指数．講談社．1998年

社会的知性（Social Intelligence Quotient）を構成する要素
　職場の意欲や他社の能力を引き出すスキル。
　対他者から組織、社会に対する意識の高さが重要な要素になっている。
　具体的には：

　－人材育成（Developing Others）
　－思いやり（Compassion）
　－共感力（Empathy）
　－チームワーク（Team Work）
　－組織理解力（Organizational Awareness）
　－影響力（Influence）
　－啓発（Inspiration）

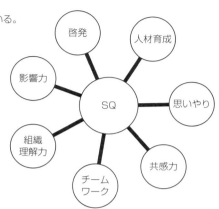

出典：Harvard Business Review 2009年2月号

図 5 -13　社会的知性

8 フロー体験のマネジメント

1 フロー体験とリーダーシップの関係

チクセント・ミハイはフローという概念を提唱している。フロー(Flow)体験とは、人間がそのときしていることに、完全に浸り、精力的に集中している感覚に特徴づけられる。フロー体験は、ゾーン(Zone)、ピークエクスペリエンス(Peak experience)とも呼ばれる。卓越したリーダーは、楽しみながら没頭し、かつ継続的に集中している状況を絶えず創り出していて、成功状態を体現している。すなわち、リーダーシップのあり方とフロー体験との間には何らかの関係があると見立てることができるだろう。

つまり、卓越したリーダーは、1つの活動(行為・行動)に没頭して、他の何事も見えない・問題にならない状態に頻繁に入ることができ、かつ、その活動(行為・行動)が純粋に楽しいから時間・労力を惜しまない傾向がある。とすると、優秀なリーダーほど、豊かなフロー体験を意図的に創り出し、コントロールしていることになる。

2 フロー体験をもたらす内発的動機

さて、フロー体験とは、前述したように極度にハマッテイル体験、没入している体験のことだ。外部から何の報酬を得なくても、まったく気にならない。やっていることそのものが報酬なので、内発的に動機づけられている状態でもある。さてチクセント・ミハイによると、フロー経験とは、自己が行為の場を高い集中力をもって統制し、効果的に環境に働きかけているときに感じる「自己効力感をともなう楽しい経験」のこと。そしてフロー体験とは、外発的な利益とはまったく無縁の、それをすること自体が報酬となる自己目的的(autotelic)な活動である[※9]。

この自己目的的活動により積極的にいそしみ、内発的な動機を豊かに持っている人にはいくつかの特徴があるとされる。

・自己目的的パーソナリティとは、結果として生じる外発的な目標に達するより、むし

※9　M・チクセントミハイ. フロー体験 喜びの現象学. 世界思想社. 1996年

ろその活動プロセスを楽しむ、人生を楽しむ傾向がある。
- 自己目的的パーソナリティを持つ人は、新しい挑戦をこよなく愛し、自分の能力をフル活用することに楽しみを感じる。
- 自己目的的パーソナリティを持つ人は、明確な将来目標を持ち、他者から評価を受け、また深い情緒的体験を有する。また、幸福感が強い。

3 仕事の中でフロー体験を得る

　起業や事業化などのプロセスは、状況のアップダウンはありながらもフロー体験をもたらす。プログラミングの最中にフローを体感する人もいれば、流れるような経理処理業務の最中にフローを感得する人もいるだろう。いずれにせよ、結果のみを追求するスタイルではフロー体験は疎外されてしまう。近年の成果主義人事の行きづまりは、フロー体験を仕事から疎外する方向に誘導してきたことに一因がある。

　ともあれ、人生の時間の3分の1以上を占める仕事の中で、より多くのフロー体験を得るためには工夫や仕掛けが必要となる。フロー体験の強弱は、仕事のオモシロさを大きく左右するし、生産性にも影響を与えることとなる。多様なビジネスパーソン、研究者、プロフェッショナルに接していてわかることは、仕事ができる人の中には、仕事の中にフロー体験をつくり上げている人が圧倒的に多いということ。プライベート（私秘的）な時間においてもフロー体験を確保しておくと、社会的文脈の中の仕事でのフロー経験に接続されることが多い。ただし、「個人的」な時間はたくさんあっても、その時間が豊穣な「私秘的」な時間になっていないと、真のプライベートな時間にはならない。結局何も生み出さない空虚な時間になってしまう。

4 フロー体験と自己コントロール

　図5-14では、横軸に要求される問題解決能力の程度（スキル・レベル）、縦軸に問題解決の困難度（チャレンジ・レベル）をとる。高いスキルで、困難な課題にチャレンジしているときに、フロー体験が出現しやすい。しかしながら、低いスキルで困難な問題に直面した時には人は容易に不安感を感じ、また、ある程度、問題解決能力がありながらも、とりたてて容易な課題ばかりに取り組んでいると、人は退屈さを感じる。同様に、心配、無気力、覚醒、制御、緩和のポジショニングは示唆的である。

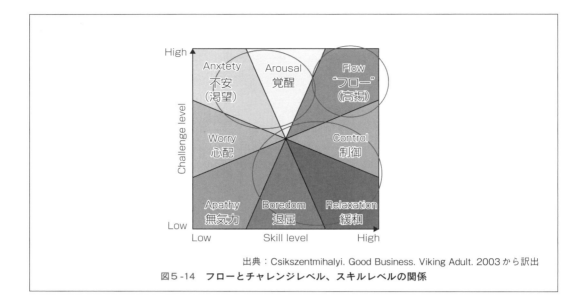

出典：Csikszentmihalyi. Good Business. Viking Adult. 2003 から訳出

図5 -14　フローとチャレンジレベル、スキルレベルの関係

9 シンクロニシティ創発の リーダーシップ

1 シンクロニシティとは

■ **（1）シンクロニシティの性質**

　能力開発プログラムで提供されるような旧来的な「リーダーシップ・トレーニング」なる もので真のリーダーシップは開発することができるのだろうか。この問いかけに対して、 いささか懐疑的なスタンスをとる専門家は多い。その一例としてリーダーシップは、集合 的、操作的なトレーニングではなく、もっと個に立脚した自発的なシンクロニシティ（共 時性、共起性）の創発によって自律的に、かつ本質的に体得されうるというリーダーシッ プ論が存在する[10]。

　ユングによれば、シンクロニシティとは、「ある一定の心の状態がそのときの主体の状 態に意味深く対応するように見える１つあるいはそれ以上の外的事象と同時的に生起する こと」[11]である。シンクロニシティとは、複数の出来事が原因→結果というようなシーケ ンシャルな因果関係を飛び越えて、意味的関連を惹起して同時に起きることである。しか し、シンクロニシティを実証的に説明することは容易ではない。なぜなら、当事者（図５ -15の人Ｃ）は、共起する２つの現象に参与して初めてシンクロニシティの意味を感受、 感得できるものであり、共起する２つの現象に対して純然たる観察者の立場では、シンク ロニシティを記述することができないからだ。したがってシンクロニシティは、実証主義 的なアプローチをもって科学的とする立場からは、容易に首肯しがたい概念である。実証 主義的な行き方を超克しないとシンクロニシティを記述することはできない。そしてシン クロニシティを記述するということは、当事者として参与することであり、その参与を記 述するということは客観性の担保を逸脱することである。筆者はこれをシンクロニシティ のジレンマと呼んでいる（図５-15）。

※10　Joseph Jaworski. シンクロニシティ〜未来をつくるリーダーシップ〜. 英治出版. 2007年
※11　Jung, Carl. G.: Synchronizität als ein Prinzip akausaler Zusammenhänge. Gesammelte Werke: Bd. 8. Olten: Walter Verlag. 1971（河合隼雄訳. 共時性―非因果的連関の原理. ユング. パウリ共著『自然現象と心の構造』所収. 海鳴社. 1976年）

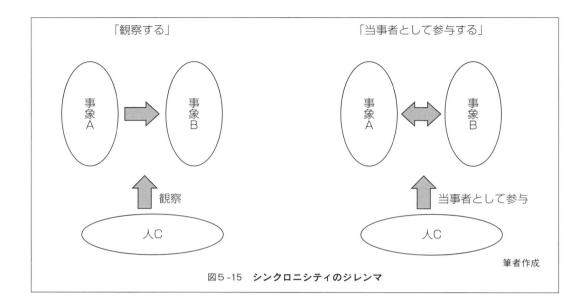

「観察する」　　　　　　　　　　「当事者として参与する」

観察　　　　　　　　　　当事者として参与

筆者作成

図5-15　シンクロニシティのジレンマ

■（2）経営学とシンクロニシティ

　しかしながら経営学者の金井壽宏はシンクロニシティを重視し、「シンクロニシティ：未来をつくるリーダーシップ」という書を監訳したことを鑑みるに、社会科学の一角をなす経営学でシンクロニシティを扱うことのタブーは除かれつつあるようだ[※12]。

　シンクロニシティとは、A→B（AはBに時間的に先立つ。AがなければBは起こらない。Bが起きるためにはA以外の因子は不要）というような因果律[※13]ではなく、A⇔Bという相依相（Interdependent emergence）の関係を見る人が、観察者ではなく、当事者として参与するときに理解される現象だ。通常、実証主義を旨とする「科学的」立場は、図5-15の左側の図のように観察者の立場を堅持することが前提だ。しかし、右側の図のように現象に対して当事者として参与してしまえば、実証主義の前提たる客観性は失われることになる。興味深いことに、野中郁次郎はシンクロニシティに価値を置く代替的なリーダーシップ論について、「科学的方法論を信奉する実証主義派が跋扈するアメリカ経営学会では反主流派である」と言いながらも、「物事を深く考えるという点で新しい流れをつくり出すであろう」[※14]と肯定的なコメントをしている。

　経営という現象を自分とは切り離された現象として記述しようとする経営学と、経営と言う現象を自ら創り出してゆく実務家の違いは、図5-15の「観察する」という立場と「当事者として参与する」立場の違いでもある。同様に、リーダーシップという現象を観察し

※12　ジョセフ・ジャウォースキー．シンクロニシティ 未来をつくるリーダーシップ．英治出版．2007年
※13　根来龍之．社会科学の方法論 共通する因果関係の抽出．2008年
※14　P.センゲ，O.シャーマー，J.ジャウォースキー．野中 郁次郎．高遠 裕子．出現する未来．講談社．2006年

て記述することと、リーダーシップを自ら発揮してコトを成し遂げてゆこうとすることの違いは観察者と実践者との違いでもある。そして、次章で議論するイノベーションを観察する立場とイノベーションを起こしていく立場の違いも、同型の問題である。しかしながら、医療に関連する現場で活躍する多くの読者は、イノベーションという現象を終始観察することにとどめるよりも、イノベーションを実際に創発させることのほうを重視するだろう。

（3）シンクロニシティの出現

さて、シンクロニシティについて思弁的に議論するF・D.ピートによれば、シンクロニシティは、偶然と機会の一般的背景から偶然に出現し、それを経験する人にとって深い意味を持つようなパターン、という形をとる。こうした偶然の出来事は、しばしば、その人の人生の危機的＝臨界的な時点で起こり、未来の成長への種子を含むものだ[15]。彼によれば、シンクロニシティというある種の意味の放流は、物質と精神という区別を超越した、深い位相に横たわる秩序の顕現である。ある人の生涯、関係、歴史的瞬間の、内部に秘匿・内蔵されている意味の跳躍がシンクロニシティによってもたらされる。だとすれば、偉大なリーダーが、しばしばその生涯において、特定の意味に覚醒する瞬間は、シンクロニシティの発動として見立てることができる。

（4）医療サービスの本質を形づくる要素としてのシンクロニシティ

また後ほど検討を加えるように、医療サービスの「サービス」という性質には、共創性、共進性、共鳴性とともに、シンクロニシティ（共時性、共起性）も含まれる。すなわち、医療サービスの創出や提供においてリーダーシップを発揮するためには、医療サービスの「サービス」としての本質の1つを形づくるシンクロニシティに対して深い理解と体感が要請されると言えるだろう。

2 シンクロニシティとリーダーシップ

シンクロニシティ創発によってリーダーシップを発揮するためには、図5-16に示すような伏流的な機序を自覚することが求められる。サーバント型リーダーシップ、学習する組織、5つの能力、全体性と内蔵秩序に焦点を当てて整理してみよう。

※15　F.D.ピート：シンクロニシティ. 朝日出版社. 1989年

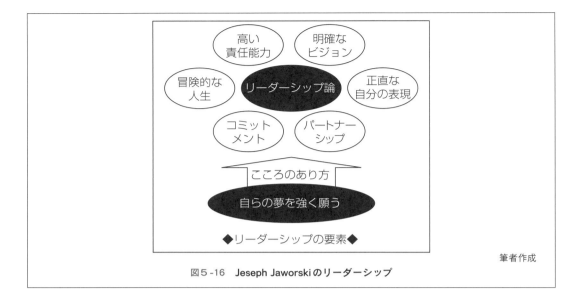

図5-16　**Jeseph Jaworskiのリーダーシップ**

筆者作成

3　サーバント型リーダーシップ

　グリーンリーフが説くサーバント型リーダーシップによれば、リーダーのあり方はメンバーに奉仕することで、夢を未来に起こる事実として創り出すことができる。従来のリーダーシップ論とは逆で、メンバーに奉仕することこそが成果を高め、目標の達成に近づくことになる[16]。

4　学習する組織をリードする

　センゲによれば、組織には多様な機能があるが、特に学習する性質に力点を置けば、学習する組織というモデリングが可能となる。そしてメンバーの自主的な学習を促進し、その相互作用を通じて持続的な変化を行う組織的能力を身につけることができる。そこでは、自己実現、チーム学習、メンタルモデル、共有ビジョン、システム思考といった5つの要素が重要であるとされる[17]。5つの要素は以下のようなものである。

■（1）システム思考

　自分がシステム全体に影響を与える個人であることを自覚することが必要だ。そのうえで、システム全体を見据えて自分の行動をプロアクティブに考える「システム思考」「行動の構造的原因を見出す力」が求められる。実際に、身の回りで起きている事柄に対して、

※16　ロバート・K.グリーンリーフ.　サーバントリーダーシップ.　英治出版.　2008年
※17　ピーター・M.センゲ：最強組織の法則─新時代のチームワークとは何か.　徳間書店.　1995年

その一部を見るのでなく、自分も含めて、全ての事柄(現象)は相互に密接に「関係」しているということを深く思慮して、本当の要因を探る。

▎(2)自己マスタリー

強い目的意識がなく、内なる呼び声を持たないビジョンは、ただのグッド・アイディアにすぎない。自分をさらに開かれた未来へと展開してくれるものが目的意識だ。目的意識は、その人に新たなビジョンを創るように促してくれる。

▎(3)メンタル・モデルの克服

根本的な問題は定義しようと努めても容易には正確に定義することができない。また、その問題解決にあたってはコストがかかりすぎることが多い。そこで人は問題を、一見、前向き、簡単、かつ効率的に見える別の解決方法に「すり替え」てしまう。しかし残念ながら安易な「解決方法」によって改善されるのは表面的な症状だけだ。そして、その根底にある真の問題は未解決のままだ。だから、根本的な問題を解決してゆくためには、ビジネスに対して個人や企業が持っているメンタル・モデル＝我々の心の中に固定化されたイメージや概念、を理解し、それを適切に変えていくことが必要だ。

▎(4)共有ビジョンの構築

共有ビジョンを築くことに力を注ぐ組織は、個人のビジョンをつくり出すようにメンバーを絶えず鼓舞するものだ。もし自分自身のビジョンを持っていなければ、他の誰かのビジョンに「加入する」しかないからだ。残念ながら、その結果もたらされるものは、たんなる服従である。コミットメントではない。

▎(5)チーム学習

チーム学習とは、チームのメンバーが本当に望んでいる成果を生み出すために、一致協力してチームの能力を伸ばしていく過程である。個人の学習は、あるレベルでは、組織の学習と関連がない。個人はいつも学習するが、組織そのものは学習しないからである。チーム学習のディシプリンでは、意見交換とディスカッションという2つの異なる対話方法をマスターする必要がある。

5 内蔵秩序と全体性の機微

▎(1)全体性と内蔵秩序の循環運動としてのリーダーシップ

ジャオスキーは、「現在世界中に激増・蔓延している諸悪は、人が事象を断片化して考

えることが根源となっている。全体性に拠る思考を行うなら、事象の秩序は乱れないのである」※18と説く物理学者のデビッド・ボームとの対話を通じて、全体性と部分に埋め込まれた秩序の関係性についての洞察を深めている。すなわち、内蔵秩序（たとえば個人）は全体性（たとえば、宇宙、自然界、社会など）の影響を深く受ける。また、再帰的に、個々の個的な要素が全体的な内蔵秩序にも影響を与える。個には全体の性質が内蔵秩序として顕現しており、同時に、個の性質は、全体の内蔵秩序を形成する契機をも孕んでいる。リーダーシップとは、その内蔵秩序と全体性の再帰的な循環運動なのである。

■（2）物語るということ

　物語の中にこそ、意味がある。リーダーは、自らの体験をもとに自分自身の言葉で語ることによって、共感と共鳴を広めることができる。それにより、リーダーという個に埋め込まれた（内蔵された）パターンを任意の全体性の中に投影することができる。共感と共鳴を増幅させることができれば、それは共感と共鳴の範囲において社会的な運動になってゆく。

＊　　　＊　　　＊

　以上のシンクロニシティ創発型のリーダーシップは、論理実証的に検証されているわけではない。むしろ、論理実証的な思考のくびき、拘束が存在することが、この種のリーダーシップが発動するための阻害となることが多いとされる。逆の側面から言えば、論理実証的な思考の枠組みを敢えて採用しないことは「科学的」ではないとの価値判断が、シンクロニシティ創発型のリーダーシップをめぐる議論を複雑なものにもしている。

　シンクロニシティ創発型のリーダーシップについては、特に深遠な方法論的な体系があるわけでもなく、その本質は「自らの夢を強く願う」ことと世界に対してオープンになることに尽きる。その自らの夢を強く願うという心のあり方が根幹となり、正直に自分を表現すること、明確なビジョンを持つこと、結果に責任を持つこと、冒険的な人生、コミットメント、パートナーシップが重視されるのだ。これらの自覚的な心象ないしは習慣がシンクロニシティを発動させることになるという。さらに、シンクロニシティの機微に自覚的になり、敏感になることで、人との出会いや人的ネットワークが構築され、そのネットワークから新たな出会いが立ち現れ、相互的、インタラクティブな関係により、学習、成長、未来を切り開く機会が生じることになる。シンクロニシティに自覚的になることにより必然的に必要な人との出会いが準備され、人的ネットワークが拡がっていく。前述したブランチャードのリーダーシップの状況適用理論は、上司・部下という主として上下関係の人

※18　デヴィッド ボーム．全体性と内蔵秩序．青土社．2005年

間関係で発動されるリーダーシップではあるが、シンクロニシティ創発型のリーダーシップは、上下関係ではなく、フラットで開放的な関係性を前提にしている。

　人と組織の行動に関するリーダーシップ論の世界を眺めていると、潮流は精神の世界へ向かっているようだ。そこでは、客観的、実証的であることを是とした従来の経営学では、ほとんど語られてこなかった、精神、意味、物語り、特殊性、共時性、情念というものが織り成す世界が重要になっている。いろいろな分野のリーダーは、それぞれ個別の意味世界に生きているのだから。

　さて、シンクロニシティは、意味のある偶然といってもいいだろう。通常の因果律では、因果関係が見い出せない現象における関係性を説明する考え方なので、シンクロニシティは「共時性」とユング研究者によって訳される。

　果たして「運」は能力なのか、能力が及ぶ範囲の外にあるものなのか。筆者は、「運」もまた能力の一部であるというように考える。ここにおいて、セレンディピティとは、「偶然に幸運に出会う能力」を意味する。

　偶然に幸運に出会う力は、能動的に環境に働きかける操作的なものではなく、環境から自分への働きかけ、メッセージ、予兆、予感を感じる受動的な力だ。そのような意味において、混乱と混迷の現代に生きるわれわれ一人ひとりにとって、シンクロニシティを自分の方へ手繰り寄せる感受性としてのセレンディピティ、つまり「運」ほど重要な能力はない。

10 多職種連携を促進するコラボレーティブ・リーダーシップ

　第3章では、多職種連携には、専門性、技術スキル、テクニカルスキルに加えて、というよりはむしろ、それらを超えて、関係性コンピテンシーが重要になってくるということを実証的な研究結果を引きながら考えてみた。ここでは、近年注目されているコラボレーティブ・リーダーシップについて考えてみよう。これまで述べてきたように、リーダーシップ論はとかく規範的な議論(つまり、かくあるべし的な主張)になりがちで、実証研究を通したリーダーシップ論は少なかった。ここではヘルスケア分野で、特に近年、世界的に関心が集まっているコラボレーティブ・リーダーシップについて洞察を深めていこう。

1 ┃ コラボレーティブ・リーダーシップとは

　今注目されているリーダーシップスタイルが、連携協働的(コラボレーティブ)リーダーシップだ。特にヘルスケア分野で注目されている背景にあるには、多職種連携協働をリードするリーダーを開発したり教育したりするうえで、必要になってきたからだ。

　近年のリーダーシップ研究は、関係性や連携協働のありかたに注目が集まっている。また、リーダーとフォロワーを固定的に捉えるのではなく、チームでの役割や状況に応じて、誰もがリーダーになりうるし、フォロアーにもなりえるということが重視されるようになってきている。つまりリーダーシップというはたらきは、チームや組織のなかで共有する、共創するものだ、という意味でシェアード・リーダーシップ(Shared Leadership)とも呼ばれる。

　Rubin(2009)は、コラボレーションとは、すべての関係者が共通の成果を達成するために戦略的に協力するための目的探索的な関係である[19]と説く。Lovegrove ＆ Thomas(2013)によると、コラボレーティブ・リーダーシップを発揮できるか否かで、そのリーダーがビジネス、政府、社会に関与し成功できるか否かが決定される[20]という。

　第1章で述べたシステム科学の基本、$S=(a, r)$という考え方に沿えば、新しいリーダーは、自分が所属する機関を超えて多様な機関と積極的に連なり、携わることが求められる。

※19　Rubin, Hank (2009). *Collaborative Leadership: Developing Effective Partnerships for Communities and Schools*. Corwin Press. ISBN 978-1-4129-6544-6.
※20　Nick Lovegrove; Matthew Thomas (February 13, 2013). "Why the World Needs Tri-Sector Leaders". *Harvard Business Review*.

また自分以外の他者という意思決定主体と共に汗をかきながら働くことが求められる。前者を連携といい、後者を協働という。他の機関と連携するときには、個人的な協働から始まるのが世の常だ。だから、組織間的な連携と個人間的な協働は切りはなすことはできないので、連携協働というように連携と協働という2つの言葉を繋げて用いたい。

コラボレーティブ・リーダーシップは、高度にネットワーク化されつつあるパートナーシップ指向のビジネス環境において、競争優位の源泉になる。工業時代そして、その影響がまだ続いている情報時代の現代でもリーダーが活躍する組織には工業時代の組織パターンが色濃く残っている。これはサービスに分類されるヘルスケア分野とて同様だ。だからリーダーも必然的にそのような時代の影響を受けざるをいない。リーダーシップに影響を暗黙的に与え続けてきた、工業時代に産業社会に浸透してきた階層組織の特徴をいくつか挙げてみよう。

2 工業時代の遺物が残っている組織

（1）階層組織の上下関係

組織は、多くの人、もの、金などの経営資源を「組織」するとき階層を作り上げてきた。企業ならば、一般社員、係長、課長、部長、本部長、執行役員、役員、取締役、社長というように。病院でもスタッフ、主任、看護師長、科長、科長、部長、副院長、病院長というように。工業時代には、分業による協業が効果を上げたので、分業を促進し、適正な管理単位に分けて、それらを管理する中間管理職を大量に作ってきたのだ。

階層組織では上下関係が重視される。「上下」をわかりやすく共有する方法は、上に権限を与えて、下にはそれを付与しない、という行き方だ。逆転したのでは階層組織の秩序が崩壊してしまうからだ。

（2）資源へのアクセス制限

権限とはなにか。その有力な源泉の1つが、資源へアクセスする権利である。権限を有する上位者は、金を支出する決済権限を持つ。権限を有する役職者には、モノを優先的に購入する権限が与えられる。このような権限は、通常、階層組織の上位に上がるほど、多様で強力なものが与えられることになる。

（3）指示命令

よって、階層組織においては、より多くの権限を保有し、権限をもつ上司が部下に対して指示と命令を出す立場となる。上司や部下といった言葉に違和感のない人は、このような階層組織の常識に慣れきっている人だろう。上司というのは、「上に司える」と書き、部

下とは、組織の一部として「上司の下にいる人」という階層組織に埋め込まれた価値観を象徴的にさし示す用語である。だからこの価値観に乗って、上司は部下に対して指示を出し、命令を下すということになる。逆はありえない。また、階層組織においては、上司が発する指示命令を部下が無視することはタブーとされる。

■（4）強圧的な目標管理

　階層組織が目標を展開するときには、目標もまた上から下に展開される。上は下よりも権限と指示命令を発する権利をもっているから、下位の仕事になればなるほど、細かな目標になってくる。また、業績に関しては、対前年度や対計画（予算）比、という比較が常になされることになる。上位組織と下位組織の中間にいる中間管理職は、階層組織において疲弊しやすくなる。強圧的な目標管理は組織を疲弊させるのである。

　以上が、工業時代を通して発達して、産業社会に浸透してきた階層組織の特徴だ。特に日本では、階層組織に特別の思いこみと執着がある。それは工業時代を通して運用されてきた年功序列と終身雇用というシステムに遠因がある。

　慣行としての年功序列と終身雇用はすでに崩壊したという通説があるが、50歳以上の人間、特に大企業に根をおろして働いてきた男性の心象には根深く残存しているので、制度としての影響力は無視できるものではない。また、年功序列と終身雇用のパッケージを得ることができる会社員の数は減っていて、その代わり、契約社員、派遣社員を含む非正規雇用者が増えている。

　よって、年功序列と終身雇用の制度パッケージは、今や過ぎ去ろうとしている時代の遺物であると同時に、歪んだ郷愁の対象でもあるから、複雑な立ち位置にいる。非正規労働者、社員という階層や格差も歴然と存在する。高度経済成長が終焉し、すべての年長者に役職の椅子を配分できないと悟った階層組織は、こともあろうに、職能資格制度とよばれる制度を精緻化して、役職（ポスト）ではない、職務遂行能力（これを略して職能という）ごとのフィクシャスな階層構造をつくり、それを付与することにより、たとえば高齢になってもポストがない社員を処遇しようとしたのだ。

　ただし、これらの現象の根底には、狩猟時代、農業時代を通底して連綿と日本社会に埋め込まれてきた共同体（ゲマインシャフト）の崩壊現象が関連している。村落や家庭といった基本的な共同体が都市化、工業化、核家族化の過程で衰弱してきており、代理的に企業が共同体として振舞ってきたにも関わらず、企業組織は、新自由主義や成果主義の号令のもと、機能体（ゲゼルシャフト）としての性格を強めている。これらの特徴が、情報時代を通して破壊されているし、第1章で見たSociety5.0など来るべき時代にはますます崩壊せざるを得ない。その崩壊現象を見てみよう。

解答　⑤

解説

K・ブランチャードのリーダーシップの状況適応理論は、「ある特定の状況のもとで目標達成に向け、コミュニケーション過程を通じて発揮される対人影響力」と定義されている。

第6章
イノベーションとリーダーシップ

1 イノベーションとは
2 イノベーションのさまざまな理論・モデル
3 社会イノベーションとは何か
4 社会イノベーションの普及とスケールアウト
5 社会事業のモデル
6 サービスの特性
7 社会イノベーションとサービス共創性
8 医療サービスのイノベーション創発場
9 イノベーション・パイプライン

　イノベーションとは社会にとってポジティブなインパクトを与え、変化・変革をもたらすことである。イノベーションを巻き起こすリーダーの出現・活躍が待たれる時代で、今ほど切迫した時代はない。現在、「医療崩壊」、「制度疲労」が叫ばれる日本の医療には、イノベーションを創発するリーダーシップが待たれている。

　イノベーションをもたらす人材は変化・改革という現象をリードする。そして、イノベーションが社会に対して何がしかインパクトのあるものになるためには、リーダーは進化して起業家（アントレプレナー）となっていく。アントレプレナーとはリーダーの1つの姿なのである。それにしたがい、医療・保健・福祉といったきわめて社会性が強いヘルスケア分野で活躍するアントレプレナーは医療社会起業家ともいうべきカテゴリーを形づくることとなる。

　リーダーの発展形のアントレプレナー、そして、医療社会起業家について議論する前に、イノベーションについて考えてみよう。イノベーションに関する実践や理論蓄積は、ビジネスセクターにおいて顕著である。そこで本章では、まず主としてビジネスセクターのイノベーションについて整理することにより、医療サービスのイノベーションにとって示唆を得ることにしよう。

1 イノベーションとは

　経済の発展や社会の進化の原動力としてイノベーションが近年注目されている。ともすれば、イノベーションを狭隘に捉えて、研究開発、製品化、技術移転のような事柄のみにイノベーションを限定する向きもあるが、それは近視眼的な見方だろう（図6 - 1）。

　イノベーションとは広く捉えれば、人類が古来行ってきた営みであり、同じ行動を平板に繰り返す退屈や不安を解消し、生産性の減退を防ぐといったはたらきがある。第2章で取り上げたフロー体験が、退屈や不安とは対極のものであることからして、フロー体験はインベンションやイノベーションの母胎と捉えることもできるだろう。

　創意工夫や新しいことに取り組む、旧来的なやり方を変えるという方向は、斬新なアイディアから生まれる。つまりイノベーションはありとあらゆる多様なアイディアから生まれるという性質を持つ。イノベーションとしばしば混同されがちな考え方として発明（invention）がある。両者の違いをまとめたものが表6 - 1である。

　発明は個人の力量が起点になることが多く、瞬時に生まれることもある。想定外や予想外の発見も数知れず、運やセレンディピティが介在する余地も多い。しかしながら、イノベーションは、通常は複数の人々による長時間に渡るコラボレーションを要し、世の中に

```
┌─────────────────────────────────────────────────┐
│  人間の普遍的な性質の1つ                              │
│    ―イノベーションによって人類は進化してきた              │
│    ―同じ行動の反復による退屈や生産性の衰退を防ぐ          │
└─────────────────────────────────────────────────┘

┌─────────────────────────────────────────────────┐
│  組織は生き物のようにイノベーションによって進化していか     │
│  ないと衰退する                                      │
└─────────────────────────────────────────────────┘

┌─────────────────────────────────────────────────┐
│  イノベーションは多様なアイディアのあらゆる部分で起こる     │
└─────────────────────────────────────────────────┘
```

筆者作成

図6 - 1　イノベーションの本質

表6-1　インベンションとイノベーション

発明 (invention)	イノベーション (Innovation)
個人が中心になることが多い	複数の人々によるコラボレーション
瞬時に発生することあり	多大な時間を要する
想定外、予定外の創発あり	管理されたプロセスによって創発
必ずしも普及するとは限らない	普及してイノベーションと認知される

出典：Richard B. Dasher 資料を参照して筆者作成

普及・伝搬してイノベーションとして認知されるまでには多大な時間とプロセスが介在する。

　これは、発明が個人が中心になることが多く、瞬時に発生するインスピレーションによることと対比的である。また発明は、イノベーションと異なり、想定外、予定外の創発もある。そして、発明された新規性の強いソリューションは、必ずしも普及するとは限らない点もイノベーションとは異なる。

　このようにイノベーションはインベンションよりも、マネジメントの対象となりうる性質を持っている。そして、イノベーションを駆動するリーダーの存在が必要となってくる。よってここに、イノベーションとリーダーシップという本章のテーマが浮上する。

② イノベーションの さまざまな理論・モデル

1　チェーン・リンクト・モデルによるイノベーション

　新製品、新サービス、新規事業創出、新市場の開拓に関わる戦略は産業界で強く求められており、この文脈でイノベーションのあり方が考究されてきている。研究開発機能はビジネスセクターの企業内部では閉鎖的かつ、研究→開発→製造→販売というように直線的な業務分担で組織化される傾向を観察したクライン（1990）はこのような従来方式の研究開発のあり方を「リニア・モデル」と見立てている。そして、今後のあるべき方向性を「チェーン・リンクト・モデル」としている[※1]。チェーン・リンクト・モデルとは図6-2のように、それぞれの部門が横との連携を密にして、業務を遂行することである。第4章で概観したチーム医療にも通じる方法論である。

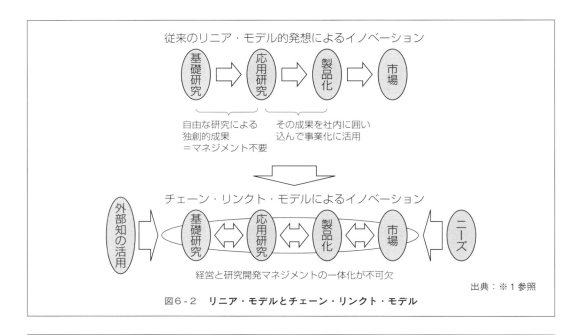

図6-2　リニア・モデルとチェーン・リンクト・モデル

※1　Kline, Stephen Jay［1990］Innovation Styles: in Japan and the United States, Stanford University（Thermoscience Division, Department of Mechanical Engineering）（鴫原文七訳『イノベーション・スタイル』アグネ承風社．1992年）

2　創造的破壊によるイノベーション

　クリステンセン（1997）は大企業とスタートアップス（新興ベンチャー企業）を比較し、優良企業には持続的成長を目指す経営に拘泥する傾向があり、別の市場・事業体から登場する破壊的技術を持つ新興ベンチャー企業によって市場を追われることになるということをパソコン、ディスク、半導体などの業界を事例にあげ議論した[※2]。なぜすぐれた技術と経営力を持つ大企業が市場競争で敗北するのか。決して経営者の怠慢や技術の後退が理由ではない。むしろ、すぐれた経営と高い技術を保持する企業ほど、こうした落とし穴に落ちやすいというのだ。

　その原因は、新たに登場する「破壊的技術」の単価が安く、技術的にも劣ったものだからである。たとえば、5インチのハードディスクとパソコンが登場したとき、それは8インチのディスクを使うミニコンとは性能面で比較にならない「おもちゃ」のような代物だった。したがってそんな不確実な技術を採用することなく、既存の「持続的技術」の付加価値をさらに継続的に高めるという経営判断は、それなりに正しかったのである。かつての日本製品は巨大化した米国企業を圧倒する破壊的技術を市場に提供する役割を果たした。しかし今では倒される側に回ってしまった。既存の大企業が自己改革によって危機を乗り越えた例はきわめて稀だ。クリステンセンは、日本経済が復活する道は、新しい世代の新興企業による「創造的破壊」（シュンペーター）しかないだろう、と論じている。

　私見によると、アメリカやイスラエルなどのベンチャー企業は、プロジェクト単位で、医療機関と連携し、医療機関のメンバーと医療チームを組成して極めて新規性の強い画期的な医療機器の開発にあたる場合が多い。創造的破壊の場を医療機関が提供しているのである。

3　ドミナント・デザインの出現によるイノベーションの方向性の転換

　アッターバック（1998）はドミナント・デザインという商品のライフサイクルを考える上でキーとなる概念を基礎にして産業の進化プロセスを説明している[※3]。彼によると、イノベーション・ダイナミクス・モデルとは、産業の発展過程を「流動期」「移行期」「固定期」に分け、それぞれの段階でのイノベーションの発生率を示したものである（図6‐3）。「製品イノベーション」と「工程イノベーション」の2パターンのイノベーションが発生するという。一般に、産業の流動期では製品イノベーションの発生率が高く、移行期以降はプロセス（たとえば工程）イノベーションの発生率が高くなる。

※2　Clayton M. Christensen:"The Innovator's Dilemma: The Revolutionary Book that Will Change the Way You Do Business", Harvard Business Press, 1997 伊豆原 弓．玉田 俊平太訳『イノベーションのジレンマ：技術革新が巨大企業を滅ぼすとき』翔泳社. 2001年
※3　James M. Utterback:イノベーション・ダイナミクス―事例から学ぶ技術戦略．有斐閣．1998年

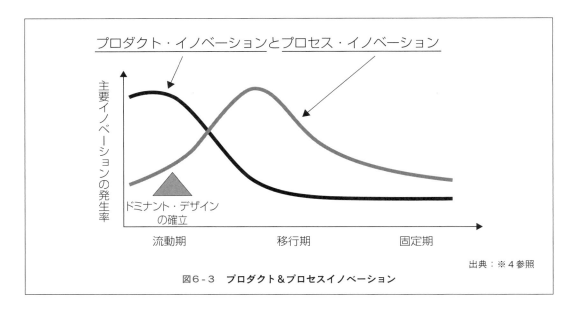

図6-3　プロダクト&プロセスイノベーション

「ドミナント・デザイン」の出現は、製品イノベーションから工程イノベーションへ重点が移行する契機をもたらす。ドミナント・デザインとは、市場の支配を勝ち取ったデザインということで、たとえばキーボードのQWERTY式や、ビデオテープレコーダのVHSシステムなどが該当するという。その後アッターバック（2008）は、十分な機能、一貫した品質、低コストを超えた差別的要素が実現されて初めて製品は市場に受け入れられる、と議論した。鍵はデザインである。メーカーとユーザーを結ぶ"デザイン"主導のイノベーションを目指すべであるという。彼は、このようなデザイン・インスパイアード・プロダクトによって、長期にわたる劇的な成功がもたらされると主張する[4]。さしずめ心臓カテーテル、内視鏡などの主流的なデザインの登場などは、アッターバックの議論は当てはまるだろう。

4　**オープン・イノベーション**

（1）クローズド・イノベーションとオープン・インベンション

クローズド・イノベーションとは、1つの企業内部において新しいアイディアから基礎研究を経て新技術を発見し、新製品開発へとつなげ、市場で販売することによって利益を獲得し、さらに次の研究開発投資へとつなげるというサイクルを描くモデルである。これに対してチェスブロウ（2004）は、過去提出されたイノベーション理論手法の限界を整理

※4　ジェイムス・M.アッターバックほか．デザイン・インスパイアード・プロダクト．ファーストプレス．2008年

したうえで、知識のやり取りに注目して「オープン・イノベーション」というスタイルを提唱している[5]（図6-4）。オープン・イノベーションを促進する要因、疎外する要因は一様ではなく、したがってオープン・イノベーション展開の具体論に欠けるのはいたしかたない。むしろオープン・イノベーション展開が進まない日本の産業界にとって問題提起となっている。

■（2）イノベーションの民主化

ヒッペル（2005）によると現代では「イノベーションの民主化」という現象が進行中である。ヒッペルは、製品やサービスのつくり手ではなく、受け手であるユーザー自身のイノベーションを起こす能力と環境が向上しつつあると見立てている[6]。従来のイノベーション・モデルは、メーカー主導による閉じたモデル、つまり自らの投資への「ただ乗り」を防ごうとする特許や知的財産権などを駆使して開発されるプロセスに立脚する。旧来的な見方によれば、ユーザーならではの価値は「ニーズを持っている」ということである。そのニーズをメーカーが探し出して特定し、新製品を開発、製造して満たすというものである。しかし、売れ筋商品を子細に分析したヒッペルは、その開発に最初に着手したのはユーザーであるという事例が多くなっていることに気づいた。そしてヒッペルは、この「リード・ユーザー」が革新的なユーザーであると見立て、イノベーションの契機を提供する重要な存在であるとする。そのうえで、リード・ユーザーとは、①重要な市場動向に関して大多数の

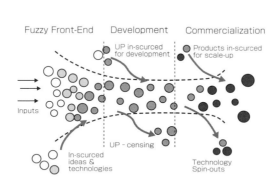

出典：M. Docherty. Venture2 Inc.（with concepts adapted from the book by Henry Chesborough. Open Innovation: The New Imperative for Creating and Profiting from Technology. Harvard Business School Press, 2003）

図6-4　オープン・イノベーション

※5　Henry W. Chesbrough. OPEN INNOVATION―ハーバード流イノベーション戦略のすべて. 産業能率大学出版部. 2004年
※6　von Hippel, Eric. Democratizing Innovation. The MIT Press（サイコム・インターナショナル監訳『民主化するイノベーションの時代』ファーストプレス. 2006年）

ユーザーに先行し、②自らのニーズを充足させる解決策（ソリューション）から他に比べて高い効用を得るユーザーである、とした。

　悪性腫瘍等治療支援分子イメージング機器などの早期診断技術、次世代ドラッグ・デリバリー・システム型治療システムなどの低侵襲治療機器技術は、臨床現場の医師の着想をもとに、医療機器メーカーとのコラボレーションで開発されることが多い。とすれば、オープン・イノベーションは臨床現場を持つ高機能病院と先端的な医療機器等の開発を行うメーカーとなどとの間に横たわるテーマでもある。

5　イノベーション生態システム

　近年は、イノベーションが創発される場をイノベーション生態系（innovation ecosystem）と捉え、イノベーションを創発させるための生態系づくりを産学官連携で行うというアプローチが注目されている。このような文脈では、イノベーション生態系とは、一国の経済産業の中でイノベーションが持続的かつ自律的に生まれる社会的・制度的な生態系（エコシステム）を表す。エコシステムとは元来、米国競争力評議会（Council on Competitiveness）が2004年に発表した報告書「イノベート・アメリカ（Innovate America）」（パルミサーノレポート）において公式に示された概念である。同報告書はイノベーションを、経済と社会の多くの側面にわたる多面的で継続的な相互関係であり、また、従来の研究－イノベーション－商業化という直線的な概念ではなく、「複雑で生態的なプロセス」であるとした。さらに、イノベーション・エコシステムについて、供給と需要との関係、およびそれを取り巻く政治と基盤の二つの要素により説明を行っている。近年、日本の産学官コミュニティーも上述したオープン・イノベーションやイノベーション・エコシステムの概念を用いてイノベーションを扱う政策立案に生かしていこうとする動きが活発になってきている。たとえば産業構造審議会産業技術分科会は我が国イノベーション生態の抜本的問題として以下を指摘している[7]。

・産学官ともに各組織の縦割り構造、知識・研究・技術に係る自前主義が存在し、大学での学際的研究、省庁間の連携や資源シフト、社内組織間の融合、異業種間の協働、学術・科学技術・ビジネスの同期化、といった面で欧米にない障壁が存在。
・再チャレンジを許さない文化ゆえに、トライ＆エラーによる飛躍、ハイリスクな挑戦によるブレークスルーが望めず、画一的・平均的な創造活動に傾きがち。
・知識・情報の爆発、マーケット・イノベーションの速さに対する官の制度・規制・組織の対応能力が過少。イノベーション政策への対応が困難。

※7　産業構造審議会産業技術分科会研究開発小委員会．中長期的な研究開発政策のあり方〜競争と共創のイノベーション戦略〜中間とりまとめ．2009年6月

- 理工系離れ・ものづくり離れ・ゆとり教育などによる人材の質の低下が、中長期的にイノベーションの潜在力を根本的に低下。
- 技術成果を付加価値に変換する"イネイブラー(enabler)"(≒ビジネスクリエイター、トランスレーター、インテグレーター、プロデューサーといった人材層)が、産学官いずれにも不足しており、成果が死蔵されている(技術一流・ビジネス三流)。
- リスクマネーの供給が少なくベンチャー・ビジネスが低迷している他、大企業の新陳代謝も比較的少ないことから、既存技術・事業を否定する破壊的イノベーションが生まれにくい。

本テキストの主題である医療経営も、大きくは産学官連携のイノベーション生態系の中に位置する。「産」に位置する医療機関の経営は、薬剤、医療機器などを開発、販売するベンダー側の「産」と密接に連携し、医療に関わる診療報酬改定、医療政策立案、誘導、イノベーション政策を担当する「官」の影響のもと、特に高機能の大学病院などでは、「学」との連動のもとで基礎研究、応用研究に深くタッチしている。このように考えると、医療界にも、産学官連携のイノベーション生態を構想し、グランド・デザインを共有して各セクターが連携してイノベーションを進展させていくという発想が必要である。

6　医療サービス・ナショナル・イノベーション・システム

新規性の強い薬剤や医療機器を開発し、国内と世界に広めてゆくためには、日本全体の科学研究、技術開発に関わるリソースを糾合する必要がある。たとえば国際競争が激しい再生医療の分野では、図6-5のように産業界、公的機関、大学などの連携が進みつつある。

フリーマン、ネルソン(1987)らは1980年年代の躍進する日本を観察するなどして、「新しい技術の開発、導入、普及に関連する私的・公的セクターのネットワーク」のことをナショナル・イノベーション・システムと呼んだ[8]。筆者はこの議論を受けて、産業、医療機関、大学、公共セクターが諸制度を設計、運用、媒介させながら、サイエンス、テクノロジー、マネジメントの力動的な流れを共創、共進して、新しい医療サービスのイノベーションを創発させる振る舞いの生態的な全体像を医療サービス・ナショナル・イノベーション・システム(NISHS: National Innovation System of Health Services)と呼んでいる。たとえば近年発展目ざましい再生医療の成否は、まさにそれに関わる医療サービス・ナショナル・イノベーション・システムの成否にかかっている。再生医療をめぐるグローバル競争には、医療サービス・ナショナル・イノベーション・システムの共創的競争の側面がある。

※8　Christopher Freeman.Technology Policy and Economic performance:lessons from Japan.Pinter Publishers.1987年(邦訳　クリストファー・フリーマン. 技術政策と経済パフォーマンス～日本の教訓. 大野喜久之輔監訳. 晃洋書房. 1989年)

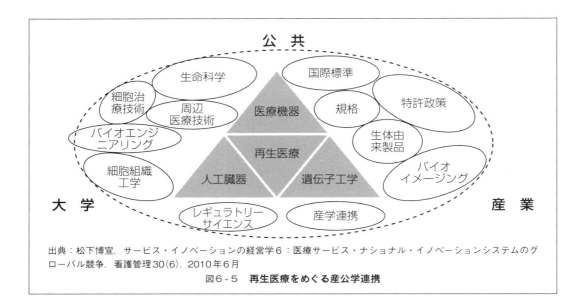

出典：松下博宣．サービス・イノベーションの経営学6：医療サービス・ナショナル・イノベーションシステムのグローバル競争．看護管理30(6)．2010年6月

図6-5　**再生医療をめぐる産公学連携**

❸ 社会イノベーションとは何か

1 医療・ビジネスにおけるイノベーションの共通点

前節まで、医療イノベーションを意識しつつ、ビジネスセクターでのイノベーションのあり方、理論、モデルなどをレビューしたが、そこには以下のような3つの共通点ないしは前提がある。

①ビジネスセクターでは主として企業の営利追求行為の手段としてイノベーションを捉える。

②ビジネスセクターのイノベーションの結果、普及される財は製品を中心とした私有財が中心である。

③ビジネスセクターでは、知的財産権を確立、保護、活用することによって競合企業に対する優位を狙う。

2 営利ビジネスイノベーションと社会イノベーション

社会イノベーションとは、社会的ミッションを内包するアイディアが普及し、社会システムに影響を及ぼすことである[9]。社会イノベーションは、政府、企業、非営利セクターなどで創発するものと見なされてきたが、最近では、これら3セクターの境界領域、あるいは越境空間で発生するものであると捉えられるようになってきている。財（製品、サービス）のこうした融合、融解的な変容をサポートしていくのである。すなわち、営利ビジネスセクターは、主として(a)企業の営利追求行為の手段としてイノベーションを捉えるが、社会イノベーションは(A)社会ミッション実現の手段としてイノベーションを捉える。ビジネスセクターでは、(b)イノベーションの結果、普及されるものは私有財が中心であるが、社会イノベーションでは(B)私有財のみならず公共財、準公共財を対象とする。さらに(c)知的財産権を確立、保護、活用することによって競合企業に対する優位を狙うビジネスセクターに対し、社会イノベーションでは(C)知的財産権を確立することで競合企

※9　渡辺孝ほか. 社会イノベーション研究：2008年度報告書 社会的企業・社会起業家に関する調査研究. 内閣府社会経済研究所. 2008年

業に勝利するという動機は希薄である。ビジネスセクターにおけるイノベーションと社会イノベーションを比較すると、以上のように３つの項目において対蹠的な相違点を見出すことができる。また、これら３つの相違点に影響を与える要素として、（d）営利ビジネスセクターでは、製品志向が中心をなしているのに対して、（D）社会イノベーションはサービス志向が強いことがあげられるだろう（図６-６）。

　上に挙げたそれぞれの項目は営利ビジネスによるイノベーションと社会イノベーションを分かつ純然たる二項対立の項目ではなく、むしろ連続線上の傾向を示したものである。つまり、営利ビジネスとて当然サービスを提供することもあり、また、社会イノベーションを企図する組織も、営利法人として組織化されていることもある。同様に、社会イノベーションとして私有財を提供することもあるし、株式会社とて準公共財を扱うこともある。

3　新しいセクター

　さて、オープン・イノベーションやイノベーション生態系の概念枠組みは、ビジネスセクターにのみ適応可能とするものではなく、社会イノベーションの方向を議論してモデル化する際には有効な考え方となろう。いずれにせよ、このような社会イノベーションの特質があいまって、異なるセクターの境界をまたいで協調的なソーシャル・イノベーションを促進するプラットフォームのあり方にも多大な関心が注がれるようになってきている。

　図６-７は従来の営利セクターが対象としてきた活動領域と、非営利セクターならびに新しいセクターが対象とする活動領域のイメージをマッピングしたものである。ジェームズは、社会イノベーションとは、「社会的ニーズ・課題への新規の解決策を創造し、実行

（a）企業の営利追求行為の手段として
　イノベーション　　　　　　　　⟷　（A）社会ミッション実現の手段として
　　　　　　　　　　　　　　　　　　　　のイノベーション

（b）普及する財は私有財が中心　　⟷　（B）私有財のみならず公共財、準公共財を対象とする

（c）知的財産権を確立、保護、活用することによって競合企業に対する優位を狙う　⟷　（C）知的財産権を確立することで競合企業に勝利するという動機は希薄である

（d）製品志向（プロダクト・ドミナンツ）　⟷　（D）サービス志向（サービス・ドミナンツ）

筆者作成

図６-６　営利ビジネス・イノベーションと社会イノベーションの対比

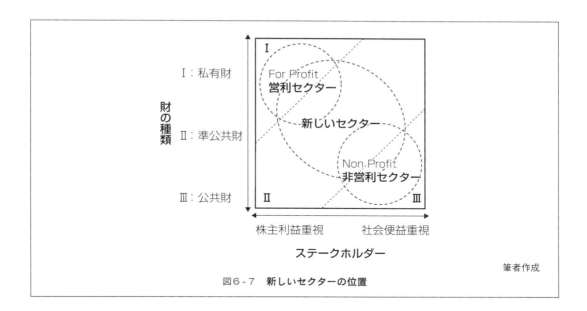

図6 - 7　新しいセクターの位置

するプロセス」[10]であると定義している。この定義にみられるように社会イノベーションが含意するものが非常に広いものとなりがちな一つの理由は、私有財、準公共財、公共財という広範な対象を、株主利益重視の営利法人から社会便益を重視する非営利組織までの多様な法的組織体が提供するという事情が背後にあるからである。

　従来のビジネスセクターは、ステークホルダーとして株主利益重視で私有財ドメインでのイノベーションに注力してきた。非営利セクターは、公共財ないしは準公共財ドメインを中心として社会便益を重視して運営されてきている。それらと比較すると、社会イノベーションは営利セクターや非営利セクターと重複する広い活動範囲を持つことがわかる（図6 - 7）。

4　社会イノベーションの系譜

　社会イノベーションという考え方は取り立てて新しい考え方ではない。たとえば、1960年代からピーター・ドラッガーやミシェル・ヤングはソーシャル・イノベーションについて論じている。1970年代には、フランスのピエール・ロサンバロン、ジャクイス・フォーニア、ジャクス・アタリなどによっても論じられた。しかし、社会イノベーションという考え方は、これらの著述よりも遥か以前から存在した。たとえば、ベンジャミン・フランクリンは、日常的な問題を解決するような地域における社会的組織について言及している[11]。協同組合運動を始めたロバート・オーウェンのような19世紀の社会改革者も、

※10　James A. Phills Jr.et al:Stanford Social Innovation Review. 2008
※11　Mumford, M.D. Social Innovation:Ten Cases from Benjamin Franklin. Creativity Research Journal,14（2）, 253-266. 2002

カール・マルクス、マックス・ヴェーバー、エミール・デュルケルムも、社会変革という大きな文脈に注目している。

　社会イノベーションという考え方は、社会イノベーション・エクスチェンジ（social innovation exchange）や研究・実務の境界で活動する組織がさまざまな国や地域に現れるのにともない、一般的なものとなりつつある。新しい潮流が融合して、さらに新しい潮流が生まれている。スカンジナビアの国々では、公的サービスのイノベーションに関する新しい方法として注目度が高まっている。先に述べたサービス優位論理と社会イノベーションとの間には密接な符号がある。そして、サービスを重視する社会イノベーションの動きの担い手として、ソーシャル・アントレプレナーシップに関する関心が高まりつつある。またサービス産業の発展にともない、サービスにイノベーションを創発することを狙うビジネスセクターの関心もアイ・ビー・エム社が唱導する「サービス・サイエンス」に見られるように高まっている。

　ソフトウェア産業では、オープンソース・ソフトウェアのイノベーションの新手法[12]を敵対視することから、徐々に共存関係へと変わってきている。知的財産権でソフトウェアの所有権や使用権を囲い込んで占有的な地位を占めるプロパライエタリなビジネスモデルとオープンソース・ソフトウェアの互恵関係を結合させたコマーシャル・オープンソースはその代表事例だろう。

5　多様なアプローチ

　社会イノベーションを社会システム理論研究に統合して、そのダイナミズムを新しい組織論で理解しようとする試みや公的セクターの社会イノベーションについて協同的なアプローチもある[13]。さらに近年では、イギリス、オーストラリア、中国、スカンジナビア諸国、日本などの公共政策立案者の間で、社会イノベーションを支援することについての関心が急速に高まっている[14]。イノベーションの普及過程、特定の地域をイノベーティブなものにする差異化要因に関する研究もさかんになりつつある。

　表6-2は、社会イノベーションに関連する研究内容、定義、主要な研究者の一覧である。多くの研究者が様々にアプローチしていることがわかる。そこには、コミュニティ起業、社会変革エージェント、制度的起業家、社会的ベンチャー、起業家的非営利組織、社会的企業、社会イノベーションなど多様な捉え方が存在する。

　しかしながら、図6-8に示すとおり、新しい形のイノベーションは、従来から存在す

※12　たとえばKarim R. Lakhani："Open Source Science: A New Model for Innovation" http://hbswk.hbs.edu/item/5544.html
※13　Nambisan, S. Transforming Government through Collaborative Innovation.IBM Center for the Business of Government. April 2008
※14　Mulgan, Ali, Tucker; Social innovation: what it is, why it matters, how it can be accelerated. published by Said Business School. Oxford. 2007年

表6-2　関連分野における研究の視点

Phenomenon under study	Deseription	Key Author
Community entrepreneurship	地域の起業アクターであり、かつ利益を享受する者	Peredo and Chrisman 2006
Social change agents	社会問題に対する公的なパーセプションを変化させる者	Waddock and Post 1991
Institutional entrepreneurs	発展を阻害する社会的な取り決めや制度的構造を変化させる個人や組織	Mair and Marti 2009
Social ventures	社会・環境的な便益をもたらすプロダクト、サービスを提供するビジネス・ベンチャー	Dorado 2006
Entrepreneurial not for-profit organizations	収益フローと財務的安定性を創造する商業的活動に関与する非営利組織	Fowler 2000
Social enterprise	共同組合の原則に従って活動する組織	Borzaga and Defourny 2001
Social innovation	社会の進歩、福利に益する広範囲のイノベーション	Alvord et al. 2004

出典：シンポジウム「社会起業家を育てる大学教育と社会起業家研究」（2009年1月24日）Johanna Mair による講演資料より

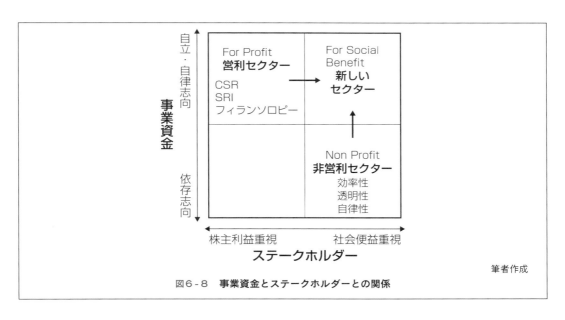

図6-8　事業資金とステークホルダーとの関係

る営利セクター、非営利セクターという2分法では捉えづらい領域で発生しつつある。従来、社会的な便益を重視しながらも運営資金を外部に依存する傾向が強かった非営利セクターが、効率性、透明性、自律性を向上させつつ新しいセクターへ移行する。また事業資金の手当てについては、自立・自律志向が強く、また株主利益を重視していた営利セクターがCSR（Corporate Social Responsibility）、フィランソロピーへの取り組みを契機にして新しいセクターに関与しつつある。また、各種ビジネス・マネジメント手法は営利セク

ターで開発、蓄積されてきたものが圧倒しており、今後は新しいセクターへの移転、活用が積極的になされることになるだろう。

6　社会イノベーションの手段と表現

　コミュニティ起業、社会変革エージェント、制度的起業家、社会的ベンチャー、起業家的非営利組織、社会的企業、社会イノベーションなどの研究分野の多様な広がりは、台頭しつつある新しいセクターへの関与方法、接近方法の多様性を示しているといって良いだろう。

　ヘルスケアサービスを社会イノベーションの文脈で捉えるとき、有用なのが**図6-9**のピーター・フランクリン（2002）のモデルである。社会の需要サイドを重視するアプローチからは、医療サービスの供給体制の刷新が主張される。よく言われるように、政府や市場の失敗のために生まれる新たな医療サービスの提供である。市民運動、アドボカシー、コミュニティ内でのソーシャル・キャピタルの形成は、主として市民運動・政治運動で主張される。これらが供給重視の立場になると、医療サービスに関わるボランティア活動や寄付者が自らの価値を主張、表出するためにボランティアや寄付という行動となる。社会起業的アプローチがユニークなのは、供給サイドに立ち、用具・手段に関わる存在理由を具備して自らの価値を主張する点だ。すなわち、ビジネスモデルの側面と公共性・公益性の側面を結びつける社会的システムの提案である。従来は、ビジネスモデルと公共性・公益性は別々のものであったが、社会起業的アプローチでは、これらが統合されるというのである。

	需要重視 Demand-side orientation	供給重視 Supply-side orientation
手段の依存理由 Instrumental rationale	② Service delivery 政府・市場の失敗により生まれるサービスニーズの提供	① Social entrepreneurship ビジネスと慈善事業を結びつけた社会的企業の創出
表現理由 Expressive rationale	③ Civic and political engagement 市民運動、アドボカシー、さらにコミュニティ内でのSocial Capitalの形成	④ Value and faith 活動を通じてボランティア、寄付者が価値・信念を表出

出典：Peter Frumkin: On Being Nonprofit: A Conceptualand Policy Primer Harvard University Press, 2002
図6-9　社会イノベーションの手段と表現

　ただし、新しいセクターは、国や地域の社会経済制度によって性格を著しく異なったものにしている。アメリカのように市場経済のメカニズムを活用することが積極的（しばしば過剰）に認められている社会では、ビジネス起業家と共に社会起業家が出現しやすい。政府の役割を狭めて、市場のことは市場に任せるという考え方のもとでは起業家の活動に対する期待、評価共に高いものとなるからだ。その反面、ヨーロッパ型の民・官共同経済、すなわち政府が富の配分に重要な役割を演じる国々では政府は市場に頻繁に介入する。それにしたがいNGO、NPOの役割は限定的になる。かたや、開発途上国型のインフォーマル経済では、政府も市場の力も現状のままでは社会問題の解決についてきわめて限定的なものでしかない。必然的に有能な社会起業家の役割期待は大きなものとなっていく。

　1993年に、ソーシャル・エンタープライズ・イニシアチブ（Social Enterprise Initiative）という組織を創設し、具体的活動を始めた米国ハーバード大学ビジネス・スクールは、法律上の組織形態（営利、非営利）に関わらず、人々に良いサービスを提供する社会的使命を持つ組織としての「ソーシャル・エンタープライズ（Social Enterprise）」というコンセプトを採用している。社会的使命を追及することが第一義であり、たとえ営利目的の法人形態をとっていても社会企業に含めるとされている。いっぽう欧州での影響力ある調査は異なった性格を浮き彫りにしている。欧州11か国を対象にしたWISEs（Work Integration Social Enterprise:雇用復帰支援社会的企業）162組織の調査では、社会的企業は共同事業と社会事業の中間に位置するものとして概念化されていて、営利企業は除外されている。

　以上のようにアメリカにおける社会的企業の概念は、基本的に営利企業も含めているところに特徴がある。その背景には、アメリカが市場経済（market economy）を基本としているのに対し、ヨーロッパでは社会経済（social economy）を基本としている[15]。これらの違いは、国の歴史や制度の違いによってもたらされるのだ。

7　イギリスの医療改革と社会イノベーション

　イギリスでは、NHS（National Health Service）のもとで国営による包括的な医療サービスを提供してきている。しかしながら、サッチャー政権の新自由主義的な政策のもと、国営医療の主要な一部が民営化され、医療の質の急激な低下、がんを含める重篤な疾患を持つ患者が強いられる待ち受け時間の長大化などさまざまな問題が露呈するにいたった。その後の政権交代で登場したブレア政権の「第3の道」をめぐる政策を契機として、社会企業がイギリスの国営医療中心の体制に進出を果たしている。そのような中、イギリスでは社会的企業が、医療・福祉・介護の分野に参入して活躍しているのである。逼迫する財政

※15　渡辺孝ほか. 社会イノベーション研究：2008年度報告書 社会的企業・社会起業家に関する調査研究. 内閣府社会経済研究所. 2008年

のもと、サッチャーが意図したような単純な民活でもなく、また政府財源によるイニシアティブでもない、新しい行き方として注目される。

　小島によると、プライマリーケアに携わるスタッフが関わる社会的企業では、4形態があるとされる。「具体的には、看護師およびコミュニティ・スタッフが起こした組織として、セントラル・サリー・ヘルス（Central Surry Health）とクック・ライン・ヘルス・センター（Cuckoo Lane Health Centre）がある。時間外ケアおよびPractice-based Commissioning から発生した組織として、東ロンドン統合ケアセンター（East London Integrated Care）、南東ロンドン連合（South East London Cooperative）、ローカル・ケア・ダイレクト（Local Care Direct）がある。プライマリーケア・トラストから出発・拡張した組織として、プリンシア（Princia）とサリー・コミュニティ・プロバイダー・サービス（Surry Community Provider Services）がある。歯科に特化した組織として、ジェネシス歯科センター（Genesis Dental Care）とGenosall がある。また、従来のボランタリー組織としては、次の2形態がある。具体的には、ボランタリーセクターの組織として、ウェスト・エンド提供センター（West End Health Resource Centre）とケイス・ロック・コミュニティ（Kath Locke Community Health and Resource、Hulme and Moss Side）である。既存の社会的企業が拡張した組織として、SCA ヘルスケア（SCA Healthcare）とサンダーランド・ホームケア・アソシエーション（Sunderland Home Care Associates）である」[16]。

　このような社会的企業は、医師、看護師などの専門職免許保有者が、実践の中で培った専門的技量と日々の診療・看護行為の中で深めた問題意識を起爆剤にして起業することが一般的である。その意味で、英国医療の「第3の道」の文脈に登場する医療に関わる社会的企業は、医療版社会起業家の奮闘に多くを依存している。また、英国保健省としても、医療分野で起業、活躍する社会的企業を表6‐3のようなスキームで支援している。

　我が国における医療改革にとっても、医療社会起業家による医療版社会的企業を勃興させることにより問題解決を図ろうという報告が検討されているが、その際には、上述したイギリスの事例が頻繁に言及されている。

※16　小島愛. 先進的病院経営による社会的企業への志向─イギリス・プライマリーケア市場の拡大─. 立命館経営. 第47巻3号. 2008年

表6-3　イギリス保健省による社会的企業支援の活動

レベル分け	活動内容
トップレベルの社会的企業育成	①社会的企業ユニット（Social Enterprise Unit）を通じたパイオニアの募集・選定 ②社会的企業基金（Social Enterprise Fund）によるパイオニアの財政支援 ③社会的企業ユニット（Social Enterprise Unit）によるパイオニアの実践に基づく知識・経験の共有活動 ④投資基金イノベーション（Innovation for Investment Fund）の設立
財政支援	①借り入れと補助金に関する団体の紹介 ②社会的企業連合（Social Enterprise Coalition）とのパートナーシップに基づく社会的企業投資基金ファンド（Social Enterprise Investment Fund）内でのライフ・チャレンジ基金イノベーション（Innovation for Life Challenge Fund）の設立（PCTとの契約締結や、地域単位での社会的企業ネットワークの確立、地域の幅広い健康を願うコミュニティおよび自治体の支援などに対する財政支援）
日常的な啓蒙活動	①社会的企業ネットワーク（Social Enterprise Network）を通じた各関係団体・地域住民への社会的企業設立および関心についての呼びかけ ②相談（スタッフの雇用や固定資産、各種サービスの規定、患者情報を把握するNational Programの使用法など）先の紹介

出典：※8参照

4 社会イノベーションの普及とスケールアウト

1 社会イノベーションのインパクトと普及

　次に、社会起業家、ないしは、社会的企業の戦略について概観してみよう。医療経営において医療組織(病院、診療所、在宅医療提供者、チーム医療)を広義の社会的企業と見立てれば、以下の議論は近未来の医療経営を見立てるうえに示唆に富むだろう。

　さて、社会起業家の第一義的な成果は社会へのインパクトである。そして広い範囲にわたってソリューションが普及してはじめて社会に対するインパクトは認知し得るのであり、事後的に社会イノベーションとして認識される。事前に萌芽段階において、社会イノベーションを予測するのは至難である。

▍(1)インパクトの社会への広範囲な埋め込み

　卓越した社会起業家は、自分たちのソリューションを社会的な文脈に埋め込む際に、「場」づくりを重視する。社会起業家が提供するソリューションを活用したり使用したりする顧客、そして顧客のコミュニティが拡大することが重要である。これはソリューションユーザー(医療サービスのユーザー、つまり患者)の場づくりと言って良いだろう。事業が拡大するにつれて、ユーザー・コミュニティー以外にも下記のように各種コミュニティーが形成されることになる(図6 -10)。

 ①ユーザー・コミュニティー(顧客)　　　　→ソリューションユーザーの場づくり
 ②ワークフォース・コミュニティー(ヒト)→労働力調達の場づくり
 ③パーチェス・コミュニティー(モノ)　　→リソースの仕入れ・調達の場づくり
 ④ファンド・コミュニティー(カネ)　　　→事業収入以外の資金獲得の場づくり
 ⑤ナレッジ・コミュニティー(知識)　　　→知識共有・創造の場づくり

　規模の拡大(スケールアウト)(図6 -11)は、ユーザー・コミュニティーを中心として、ワークフォース・コミュニティー(ヒト)、パーチェス・コミュニティー(モノ)、ファンド・コミュニティー(カネ)、ナレッジ・コミュニティー(知識)が拡大していくことである。

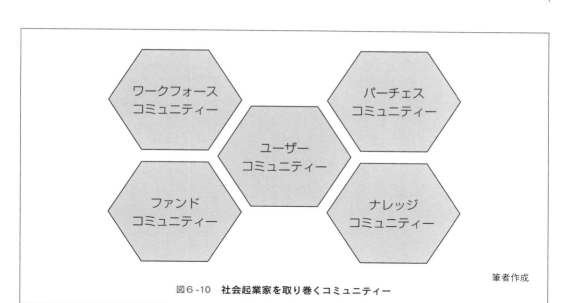

図6-10　**社会起業家を取り巻くコミュニティー**

筆者作成

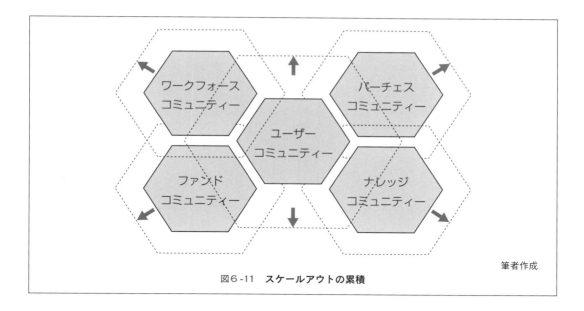

図6-11　**スケールアウトの累積**

筆者作成

（2）イノベーションの普及

　ロジャース（2003）はイノベーションの普及に関する理論を提唱した。この理論では、消費者の商品購入に対する態度を新しい商品に対する購入の早い順から、①イノベーター＝革新的採用者（2.5パーセント）、②オピニオンリーダー（アーリー・アドプター）＝初期少数採用者（13.5パーセント）、③アーリー・マジョリティ＝初期多数採用者（34パーセント）、④レイト・マジョリティ＝後期多数採用者（34パーセント）、⑤ラガード＝伝統主義

者（または採用遅滞者）（16パーセント）の5つのタイプに分類される[17]。これら5つのタイプの割合は、図6-12のようなベルカーブのグラフで表される。ロジャースは、このベルカーブを商品普及の累積度数分布曲線であるS字カーブと比較し、イノベーターとオピニオンリーダーの割合を足した16パーセントのラインが、S字カーブが急激に上昇するラインとほぼ一致することから、オピニオンリーダーへの普及が商品普及のポイントであると主張した。ロジャースはこれを「普及率16パーセントの論理」として提唱している。

2　ソリューション普及の鍵を握るオピニオンリーダー

　ロジャースのイノベーションの普及に関する理論では、オピニオンリーダーへの普及が商品普及の鍵を握るとされる。市場に出たばかりの製品やサービスを最初に購入するのは革新的採用者だ。しかし、革新的採用者が着目するのは製品の目新しさそのもので、本来、多くの人が価値を見出す商品の訴求点にはあまり着目しない。一方、革新的採用者に続くオピニオンリーダーは、たんなる目新しさだけでなく、これまでの商品にはない新しい便益あるいは効用そのものに着目する。市場に出て間もない商品ほど、実際の開発者が当初考えていた商品の利用シーン、用途は、実際のそれと異なってくる。オピニオンリーダーが実際の商品の利用方法を生み出して初めて、商品は市場にフィットしたものとなる。また、オピニオンリーダーが中心となってクチコミのネットワークが形成されることで、商

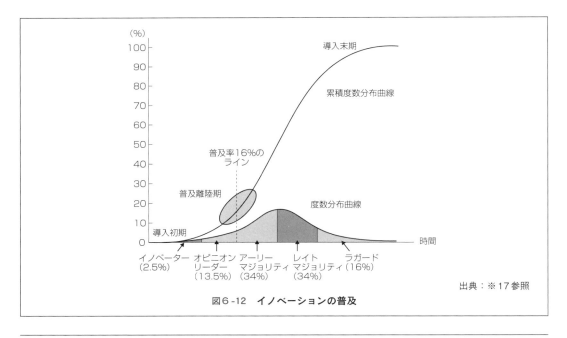

図6-12　イノベーションの普及

※17　Everett M.Rogers: Diffusion of Innovations 5th Editon. Free Press. 2003
　　（三藤 利雄 訳『イノベーションの普及』翔泳社. 2007年）

品普及の道が大きく開ける。オピニオンリーダーが商品普及の鍵を握るといわれるのはそのためだ。革新的採用者とオピニオンリーダーをあわせても市場全体の16パーセントを占めるにすぎない。しかし、この初期市場でオピニオンリーダーをうまく獲得できるかどうかが、商品普及をアーリー・マジョリティ、レイト・マジョリティに拡げられるかどうかの分かれ道となる。

3 キャズム理論

　一方、ムーア（2002）はハイテク業界を題材にして、イノベーター理論の度数分布曲線に潜む、市場への商品普及の大きな溝（キャズム）として言い表した。ムーアが示したのは、図6-12のように、イノベーターとアーリー・アドプター（＝オピニオンリーダー）で構成される初期市場と、アーリー・マジョリティやレイト・マジョリティによって構成されるメイン市場の間には、容易には越えがたいキャズム（普及率16パーセントのラインの深いミゾ）があるということである[18]。ムーアによると、顧客セグメントの違いによって生み出されるキャズムを超えなくては、新しい商品はメイン市場で花開くことなく、規模の小さな初期市場の中でやがては消えていく運命となる。

　キャズムの原因となっているのは、アーリー・アドプターが「誰も使っていない商品で他者に先んじる」ことを望む層であるのに対して、アーリー・マジョリティは「多くの人が採用している安心できる商品で他者に遅れをとらない」ことを望む層であるという点にある。アーリー・マジョリティは、「他の人も使っている」ことを判断材料に商品購入を決定する。よって、ほんの一部のアーリー・アドプターにしか採用されていないということは、アーリー・マジョリティに商品購入を踏みとどまらせる理由にこそなれ、商品購入のきっかけにはならない。そのため、キャズムを超えるためには、アーリー・アドプター（＝オピニオンリーダー）への普及を考えるだけでなく、キャズムを超えてメインストリーム市場を攻略するための最初の一歩として、適切なアーリー・マジョリティ層を一気に顧客として取り込むことが重要となる。ムーアのキャズム理論は、ロジャースのイノベーター理論を拡張するものであり、その理論の核にある市場セグメンテーションとターゲティング、ポジショニングといったマーケティング戦略の重要性を再認識させるものである。

4 スケールアウトのためのフロー

　社会的なインパクトがあるイノベーションは事後的には確認できるが、事前には容易に予測・判定することはできない。しかし、現場で活躍する社会起業家は、地元コミュニティー

---

[18] Jeffery Moore: Crossing the Casm. Actar. 1991（川又 政治訳『キャズム』翔泳社. 2002年）

でも他のコミュニティーでのニーズがある場合、成長戦略としてスケールディープかスケールアウトかを決めなければならない。そのような時には図6-13のような流れで意志決定をすることとなる。

　ユーザー・コミュニティーを中心として、他地域へ進出することなく、地元のコミュニティのニーズに応えることを最優先し、該当コミュニティーでのインパクトを深耕し、全ての経営資源をホームコミュニティーに集中させることをスケールディープという。その一方、他のコミュニティーでも汎用性のあるソリューションを開発し、インパクトの伝播手法をシステム化して、新しいコミュニティーでインパクトを拡大させてゆくことをスケールアウトという。大きな社会的なインパクトをもたらして、社会イノベーションと評

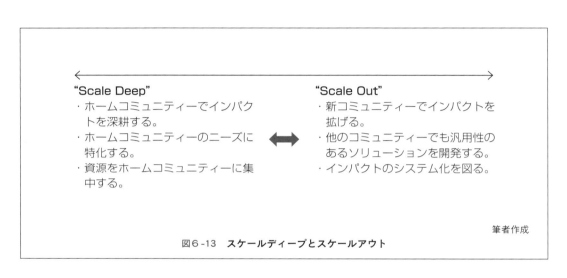

図6-13　スケールディープとスケールアウト

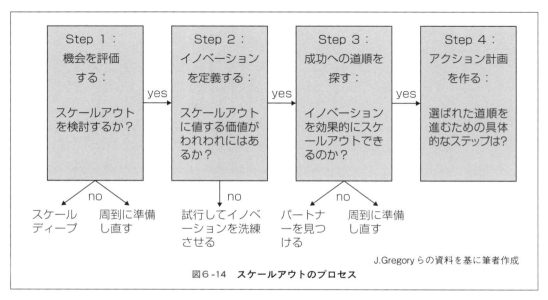

図6-14　スケールアウトのプロセス

価するに値するソシューションを提供するに至っている社会起業家は、すべてスケールアウト戦略を選択して一定の成功を収めている（図6 -14）。以下のようなツールが参考になるだろう。

　病院や診療所を他地域へチェーン展開することはスケールアウト戦略である。通常、スケールアウトは、まったく別の診療科目や病院類型で行われることは稀であり、他地域へ展開する際には特定領域に蓄積されたノウハウを活用することになる。また、他地域へ多面展開することがない医療機関は、必然的にスケールディープ戦略を採用することになる。

⑤ 社会事業のモデル

1 事業モデリング

社会起業家は起業行動を通して社会事業を創造してゆく。社会への貢献という抽象論ではなく、個々の社会起業家が具体論として社会問題を解決してゆく継続性のある仕組みが社会事業モデルである。このような観点から、事業モデルの類型を検討し、それぞれの事業モデルの特質とそれを支える基盤、そして組織基盤の充実（キャパシティ・ビルディング）の方法について議論してゆきたい。そうすることによって卓越した社会起業家がデザイン、展開する事業モデルの特徴を俯瞰してみよう。

2 コミットする財の性格

私たちは社会の中で生きていて、社会の中で自らが引き受ける役割に応じてさまざまな資源を統合して価値を創り出す。事業モデルにコミットしている社会起業家は、システム的に価値を共創するためにさまざまな製品やサービスを社会に提供している。主流派経済学の多くが依拠する通説に従って製品やサービスをまとめて財というのならば、財は①私有財、②公共財、③準公共財の３つに分類される（図６-15）。

■（1）私有財

私有財には２つの特質がある。１つは消費の競合性。私有財は、ある消費者がその財を消費すると他の消費者はそれを消費することができない。たとえば、ある人がパンを買って食べたとすれば、それはパンという純粋な私有財の消費であり、このパンを別の消費者が同時に食べることはできない。消費が競合する状況で私有財は成立し、また私有財は消費や生産を競合させる状況をもたらす。もう１つは消費の排除可能性。私有財は、ある消費者がその財を利用するとき、その利用から他の消費者を排除することが容易にできる。たとえばある人がパンを食べたいときには、そのパンを買うことによって他の人がそのパンを食べることを排除することができる。

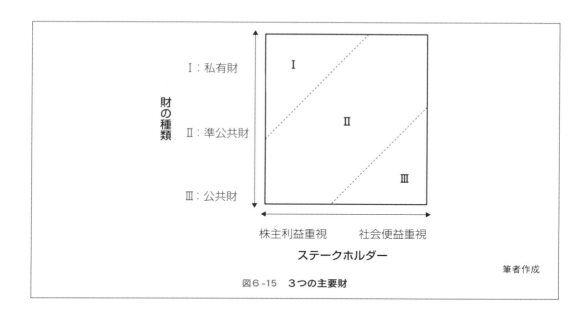

図6-15　**3つの主要財**

筆者作成

（2）公共財

　かたや、公共財には2つの特質がある。1つは消費の非競合性。通常の純粋な私有財は、ある消費者がその財を消費すると他の消費者はそれを消費することができない。消費の非競合性とは、同じ財・サービスを同時に複数の消費者が消費できることをいう。たとえば国防サービスは、同時に国中の人々が消費しているサービスであり、ある人が国防サービスを消費したからといって、他の人が国防サービスを消費できないという性質のものではない。公共財にはこうした消費の非競合性がある。もう1つは消費の排除不可能性。通常の一般的な財、つまり（純粋）私有財は、ある消費者がその財を利用するとき、その利用から他の消費者を排除することが容易にできる。たとえばある人がパンを食べたいときには、そのパンを買うことによって他の人がそのパンを食べることを排除することができる。

　つまり、パンの代金を支払うことによって他者がそのパンを食べることを排除することが可能な財。一方、消費の排除不可能性とは、ある財・サービスの利用から他の消費者の利用を排除することが不可能か、あるいは困難である。純粋な公共財としては、国防サービスの他に行政サービスや司法制度などがある。

（3）準公共財

　多くの財・サービスが存在する社会において、純粋な公共財ではなく、また純粋な私的財でもない財・サービスが存在する。純粋な公共財ではないが、ある程度の公共財としての性質を満たすような財のことを準公共財と呼ぶ。たとえば、公的な介護サービスや公的な医療サービスなどである。こうした介護サービスや医療サービスの料金（自己負担金）を

徴収することによって利用しない人を排除することができるので、純粋な公共財とは言えない。しかし、介護サービスや医療サービスは多くの人々が同時に介護サービスや医療サービスを利用することができるので消費の非競合性があるという点では、公共財の性格を持つ。その一方、公的な介護サービスや医療サービスの利用者が増加すれば混雑が発生し、そのサービスを受けることができない人々が出てくる。つまり、ある一定の限界を超えるとこれらのサービスは消費の非競合性を満たさなくなる。公共財の性格が希薄化するからだ。こうした準公共財の例としてはその他に、公園、道路などがある。こうした準公共財には、純粋な公共財とは違って、公営、民営の区別を行う特定の基準がない。だから国立公園もあれば、民間の公園もある。同様に公的な介護サービスや医療サービスもあれば、民間によって提供される介護サービスや医療サービスもある。公共性は公共財と密接な関係を持つが、同一のものではない。

3　キャッシュ・イン手法による4分類

　次に事業モデルを検討するに当たって最も基本となるキャッシュ・イン（資金の獲得）手法を見てみよう。詳細にはさまざまなバリュエーションがあるが、大別してキャッシュ・インの手法は4つに分かれる。

（1）事業収入ゼロで、寄付とボランティアで活動

　本質が事業というよりは「運動」的なモデルである。キャッシュを確保する事業を保有せずに、基本的には寄付とボランティアで運営される。民間企業や役所などの組織に属しながら組織の仕事時間外で活動している人もいる。これは副業としての社会起業である。寄付とボランティアの最大の課題は資金と人材のリソースの確保である。創業メンバーが既存組織に在籍したままであれば、活動の代表であるリーダーたちの人件費は心配ないが、活動時間が限られ、活動規模の拡大、他地域への展開には限界がある。

（2）寄付とボランティア、および料金収入でキャッシュフローを維持

　寄付と事業による料金収入の両立ての戦略は、社会起業家が採用する資金調達戦略としては一般的である。市場経済の中で商品・サービスの対価としての販売売上を基本に組織がマネジメントされる営利セクターの組織とは異なり、社会起業家の組織は基本的には営利追求ではない。社会的ミッションを追求することが活動の主目的であり、それゆえに社会的ミッションを効果的に訴求できれば寄付が集まりうる。逆に寄付行為によってコミュニティから賛同があることが十全な社会的ミッションを追及していることの証明でもある。スケールアウトとともに事業規模が大きくなる社会事業の場合、株式会社などの営利を主目的にした法人とNPO法人の両方を持つということが多い。

（3）企業のCSRとの連携、事業収入など複合

　近年、上場企業等は、CSR（Corporate Social Responsibility）活動の一環としてＣＳＲ戦略にマッチする社会事業モデルに寄付行為として資金を提供することが一般的になりつつある。母体となる組織をインキュベーション組織として利用し、双方の合意のもとでスピンオフさせるモデルである。営利スタートアップスの場合は母体となる組織もスピンオフする組織も営利組織となるが、今後は、インキュベーションの機会を提供する多様な組織から、社会起業をミッションとする組織が生まれてくることになるだろう。

（4）事業収入でキャッシュフローを賄う

　これは市場経済の中での営利的な事業活動に近似する事業モデルである。診療報酬制度のもと準公共財として医療サービスを提供する医療機関の事業モデルである。一見すると、提供するサービスの対価を料金の形で受け取る形態は、一般の営利目的の企業の販売売上と変わりはない。しかし、診療報酬制度のもとで点数を与えられ保険診療として提供する医療サービスは準公共財の特質を持つものであり資金の流れは異なる。

　図6-16のように保険医療機関は被保険者の患者に医療サービスを提供するが、その内訳は支払い審査機関によって妥当性のチェックを得て、資金が保険者から償還されることとなる。厚生労働省によると、2020（令和２）年の国民医療費は約48.8兆円と推計されている。この国民医療費の負担先は、患者15パーセント、保険料52パーセント、税金33パーセントとなっている。ちなみに、職業によって加入する医療保険制度が異なるように制度設計されてきている。すなわち、民間企業で働く人々とその家族は、主として大企業の被

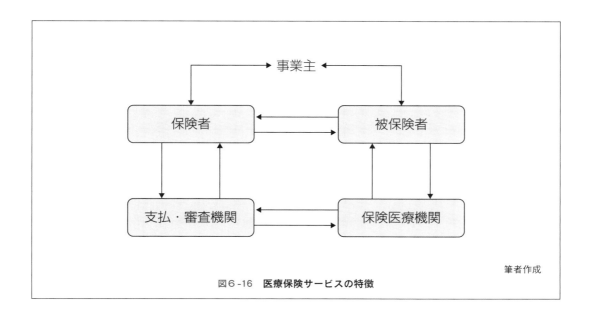

筆者作成

図6-16　医療保険サービスの特徴

雇用者は組合健康保険となり、中小企業の被雇用者は「協会けんぽ」に加入。国（社会保険庁）の責任で運営していた旧政府管掌健康保険は2008（平成20）年10月に「協会けんぽ」に組織替えし、都道府県ごとの運営に移管されている。公務員や私立学校の職員とその家族は、国家公務員共済組合、地方公務員共済組合、私立学校共済組合に加入する。国民健康保険は、被用者（民間のサラリーマン）や一般の公務員、75歳以上の後期高齢者医療（現在、名称含め制度設計変更中）等以外の地域住民（農家、自営業、開業医）や零細企業で働く人々やその家族を対象としている。

　「協会けんぽ」は非公務員型の法人として運営される保険者であり、職員は公務員ではなく民間の職員である。都道府県ごとに支部が設置され、地域に密着した保険者として加入者や事業主のニーズに基づいた運営が期待される。

6 サービスの特性

1 サービスの創発

　日本のGDPの約70パーセントはサービス部門から生まれている。狩猟採集経済、農業経済、工業経済、サービス経済であれ、全ての経済は人間が知識を生み出してそれらをさまざまな便益を生み出すために利用すること、つまりサービスの側面と切り離すことはできない。農業経済から工業経済へと転換しつつあった時代に資本主義経済の台頭とともに経済学が登場してきたので、経済学では、必然的に製品優位論理が優位に立ってきた。サービス対サービスのような交換様式は間接的な交換、モノ、職務、貨幣の陰に隠れていたのである。論者によっては現代を知識経済あるいは情報経済と呼ぶが、全ての経済には知識的、情報的な側面がある。

　しかし、モノと対置してコトの優位性が顕著になりつつあるサービス化現象が進行している現在、製品優位論理と比べサービス優位論理が台頭するのは言わば必然であろう。製品ドミナント論理とは、伝統的な経済学的視点で個々のサービスと個々の製品をまったく別の価値創造メカニズムと見立てる。製品を戦略的に支配的、優勢なものと見立てる論理である。一方サービス・ドミナント論理では、サービス・システムが創造、提案、実現する価値共創的なやり取りが個々のサービスや製品に含まれるというのである。やり取りには、物、行為、情報、知識などが含まれる。いわばサービスを戦略的に支配的、優勢なものと見立てる論理である。この論理によると、サービスは実体間でなされる目的を持った価値創造活動の全てを対象として定義、研究されるべきとされる[19]。

　社会は、個人そして組織が提供するサービスに依存しているという側面に注目すれば、社会はサービス・システムの生態系と見立てることができる。そして社会起業家が提供する財は、前の節でつぶさに見たとおり、製品というよりはサービスが前面に出てきている。社会起業家を、社会というサービス・システムの生態系の中で、不均衡な部位を見つけ出し、新たな均衡を創るアントレプレナーであると見立てれば、なるほど、新しい社会づく

※19　Jim Spohrer "Service Science and System Science: Perspectives on Social Value", Proceedings of the 5th Symposium of the 21st Century COE Program" Creation of Agent-based Social Science Systems Science" on February 27 and 28, 2009 at Tokyo Institute of Technology, Tokyo. pp.9-33

りにおいて彼ら、彼女らが新しいサービスの創発に力点をかけるのはうなずける。

2 IHIP 仮説等から見るサービスの特性

　さて、以上のようなサービス経済化の動きを受け、最近のサービスを取り扱う教科書にはサービスの持つ特性としてIHIP特性仮説がよく言及される。サービスの持つ、通常の有形製品と異なる特性として、形がない（無形性：intangibility）。品質を標準化することが難しい（異質性：heterogeneity）。生産と消費が同時に発生する（同時性あるいは不可分性：simultaneity）。保存ができない（消滅性：perishability）といった特性があるとする見方である[20]。正確に言えば、これらの特徴は一般的に想定されるサービスの性格であり、厳密に実証や反証がなされえているわけではない[21]。それでも、多くの論者によって言及されるのは、直感的にサービスの本質の一端を語っているからである。

　私見によると、IHIP仮説以外にもサービスに底通する特性がある（図6-17）。

・サービスの共創性：サービスは顧客と提供者が共創するものである。
・サービスの共進性：サービスは顧客と提供者の相互作用で進化（退化）する。

・無形性（Intangibility）形がない。

・異質性（Heterogeneity）品質を標準化することが難しい。

・同時性と不可分性（Simultaneity or Inseparatability）生産と消費が同時に発生し不可分である。

・消滅性（Perishability）保存ができない。

・共創性（Co-creation）：サービスは顧客と提供者が共創するものである。

・共進性（Co-evolution）：サービスは顧客と提供者の相互作用で進化（退化）する。

・共起性（Synchronisity）：サービスは顧客と提供者の間で共起する。

・互恵性（Reciprocity）：サービスは互恵関係の中で生まれる。

筆者作成

図6-17　サービスの特性

※20　Zeithaml, Parasuraman, and Berry（1985）は1975-83年にかけて提出された33人の著者による46の論文・著作を分析して、これらのサービスの特性を抽出したとされる。初めてこれら4つのサービスの特性を論じたのはSasser, Olson, and Wyckoff（1978）である。

※21　たとえば、イェール大学のChristopher Lovelockは、IHIP仮説の起源は経済学にあるとして反駁している。すなわち消滅性はAdam Smith（1776）によって指摘された。無形性と不可分性はJean-Baptiste Say（1803）によって論じられ、異質性はJoan Robinson（1932）によって考究されている。

- サービスの共鳴性：サービスは顧客と提供者のやり取りの中で共鳴する。
- サービスの互恵性：サービスは互恵関係の中で生まれる。
- サービスの共起性：サービスは顧客と提供者の間に共起する。
- サービスバリュー・プロポジション：サービス提供者が提供するのは価値提案（サービスバリュー・プロポジション）のみである。顧客が受け入れて初めてサービスが成立する。
- サービス・システム：サービス・システムとは、人々、技術、組織、共有情報などの諸資源のダイナミックな構成のことである。それによってリスク負担と価値創造をバランスさせ、サービスを創造し提供する。サービス・システムは複雑かつ適合的なシステムである。内部に小さなサービス・システムを内包すると同時に、より大きなシステムに含摂される「システムのシステム」という性格をあわせ持つ。
- サービス・マネジメント：サービス・システムやサービス活動に対して、マネジメント手法、ツールを応用し拡張することによってサービスの質は高まる。

7　社会イノベーションとサービス共創性

1　社会イノベーションの中核的特質としてのサービス性

　ソーシャル・キャピタルとは人々の協力関係を育み社会の働きをより円滑にして効率的にする信頼、互酬、互恵、繋がり合い、といった諸要素が複合したものである。特にソーシャル・キャピタルを媒介とした社会変革の一手段として社会イノベーションのあり方を捉えていこうとする接近方法に注目が集まっている。ここで注目すべきことは、財の性格が私有財、公共財、準公共財のどれであろうと、またどのセクターに分類されようとも、社会起業家が提供するソリューションはサービス中心であるということである。

　「社会イノベーション研究：2008年度報告書」で取り上げている社会起業事例では、中核となる活動がサービスである事例は90パーセントを占めている。国内総生産のうち、70～80パーセントがサービス・セクターによって計上されているという昨今の経済情勢を鑑みれば、社会起業家が取り組む新規性の強い社会事業はサービス中心であることには違和感はない。また他の社会起業に関わる調査もサービスが中心となっている。すなわち、社会イノベーションの中核的特質はサービス性にあるのである。そして、医療サービスは数ある社会サービスの中でも万人に求められ、社会が健康を維持し、発展していくためには必要欠くべからざるものである。

2　サービスの共創性

　さて、サービスには製品取引には見られない共創性という特徴がある（図6-18）。サービスの提供者が顧客に提供しているものは決して価値そのものではない。価値はサービスの提供者と顧客が共に場を共有して特定の文脈の中で創り上げるという性格を持つ。サービス提供者が顧客に対して提供するのはバリュー・プロポジション（Value Proposition）でありこれらがマッチするときに初めてサービス価値が生まれるのである。バリュー・プロポジションとは、便益と問題解決が個別的にパッケージ化されたもので、それらはサービス・システムによって他者に提供される。サービスのメリット、社会起業家の存在価値や独自性を顧客に伝え、顧客の事前期待に応えその価値を高めることが重要である。バリュー・プロポジションの効果を高めるためには、顧客の立場、目線に立って自らが提供

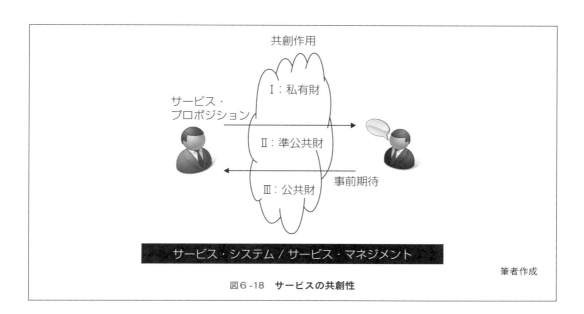

図6-18　サービスの共創性

筆者作成

する製品、サービスをデザインすることが必要となる。

3 モノとサービスの価値

　さて、社会に棲む人々にはキャリア形式のプロセスを経つつ、特定のスキルに特化してゆく傾向がある。専門性を深めるほど全てを一人でこなすことはできなくなり、スキルの交換が必要になってくる。社会は専門化すればするほど頻繁にスキル、そしてスキルを活用することによって生まれるサービスを交換するようになり、相互依存性が増す。専門職によって成り立つ組織や社会は、多職種連携によってさらに多様なスキルを交換し相互依存性を増してゆく。もちろんサービスのみで社会が成り立つわけではなく、モノあるいは製品も重要なものでありつづける。狩猟採集経済、農業経済、工業経済、サービス経済と経済の姿が変化するにつれ、モノやサービスの位置づけは変わってきている。もちろん、市場経済メカニズムと自由を重んじるアメリカ型、民・官共同経済、ないしは社会経済的なヨーロッパ型、強い開発途上国のインフォーマル型によってもモノやサービスの位置づけは異なってくる。しかし、どのような経済形態でも、程度の差こそあれ、人間が知識やスキルを生み出してそれらをさまざまな便益を生み出すために利用すること、つまりサービスとモノの組み合わせに依存するのである（図6-19）。

　いずれにせよ、社会起業家は以上のようなサービスの性質、特徴、あるいは仮説的な特性をも含むサービス・オリエンテッドな事業を展開しているのである。ゆえにサービス一般が持つ特性を深く理解し、社会的な事業モデルに反映させることが肝要である。

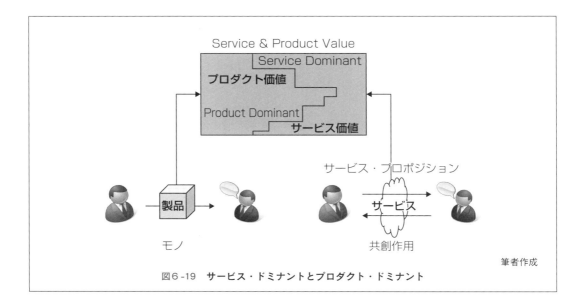

図6-19 **サービス・ドミナントとプロダクト・ドミナント**

⑧ 医療サービスの イノベーション創発場

　医療サービスのイノベーションが創発する場を、図6-20のようなモデルを使用して俯瞰することができる。医療サービスを、ヒエラルキー・モデルを用いて展望すると、そこには、患者層、インタラクション層、医療組織層、プラットフォーム層、健康基盤層といった5階層の構造があることがわかる。以下、各層の特徴を説明しよう。

1　患者層

　何らかの健康上の問題のため、医師、歯科医師、看護師などから多様な医療関連専門職から組成される医療組織から医療サービスを受け、共創させていく立場の人が患者である。

2　インタラクション層

　医療サービスにおいて価値創造のためのやり取りは、医療組織や医療チームと患者との

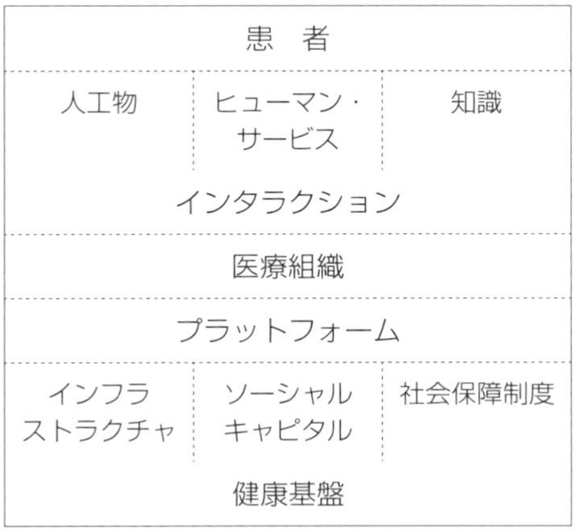

出典：松下博宣．サービス・イノベーションの経営学5：医療サービスの構造機能モデルで俯瞰する．看護管理20（5）．p.428．2010年5月

図6-20　医療サービスの階層構造

間で行われる。一般に、価値創造のやり取り（value-creation interactions）とは価値を創造するためにサービスを取り巻く組織や個人がコミュニケーションを行うことである。そして医療組織と患者はヒューマン・サービス（役務）を通して、人工物を活用しつつ、知識のやり取りを行う。

　患者層と医療組織層の間に位置するインタラクション層をもう少し詳細に見れば、図6-21のようになる。

■（1）人工物

　医療サービスに関わるやり取り＝インタラクションのうち人工的に加工されたものが介在して行われるもの。入念にデザインされそして使い込まれるモノには長期間に渡って涵養されるスキルや知識がその深層に埋め込まれている。

（1）医薬品
　薬事法第2条では、「人又は動物の疾病の診断、治療又は予防に使用されることが目的とされている物であって、機械器具、歯科材料、医療用品及び衛生用品でないもの（医薬部外品を除く）」とされている。
　人または動物の身体の構造又は機能に影響を及ぼすことが目的とされている物であって機械器具、歯科材料、医療用品及び衛生用品でないもの。（医薬部外品及び化粧品を除く）
国内で医薬品として譲渡を含め流通させるには、厚生労働大臣による製造販売承認が必要

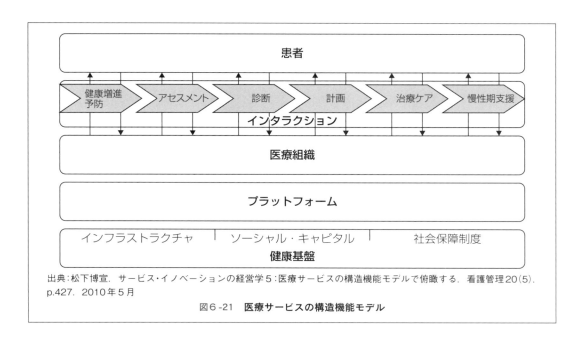

出典：松下博宣. サービス・イノベーションの経営学5：医療サービスの構造機能モデルで俯瞰する. 看護管理20（5）. p.427. 2010年5月

図6-21　医療サービスの構造機能モデル

である。承認のないもので医薬品、医薬部外品、化粧品もしくは医療機器に該当しないものは「効能」「効果」をうたうことはできない。保健機能食品でその認められた範囲内で標榜する場合を除き、医薬品としての効能効果を謳った製品は、「未承認医薬品」として処罰の対象となる。

（2）医療機器

①特定保守管理医療機器

薬事法で「特定保守管理医療機器」とは、医療機器のうち、保守点検、修理その他の管理に専門的な知識および技能を必要とすることからその適正な管理が行われなければ疾病の診断、治療または予防に重大な影響を与えるおそれがあるものとして、厚生労働大臣が薬事・食品衛生審議会の答申を受けて指定するもの。

②医療機器

改正薬事法（平成17年4月施行）でいう「医療機器」。「人もしくは動物の疾病の診断、治療もしくは予防に使用されること、または人もしくは動物の身体の構造もしくは機能に影響を及ぼすことが目的とされている機械器具等であって、政令で定めるものである。

③医療機械

「特定保守管理医療機器」および別途定められている修理を要する医療機器。人工呼吸器、透析装置、ペースメーカーなどの、保守点検、修理、その他管理に専門的な知識・技能を必要とする「特定保守管理医療機器」が含まれる。

④体外診断用医薬品

人体の外部において疾病の診断に用いられる医薬品。GOT、GPT検査試薬、生体の酵素等の測定、一般感染症、生体機能の測定試薬など。

⑤高度管理医療機器

薬事法によると「高度管理医療機器」とは、医療機器であって、副作用または機能の障害が生じた場合において人の生命および健康に重大な影響を与えるおそれがあることからその適正な管理が必要なものとして、厚生労働大臣が薬事・食品衛生審議会の意見を聴いて指定するものである。透析器、ペースメーカー、放射線治療装置などが含まれる。

⑥管理医療機器

「高度管理医療機器」以外の医療機器であって、副作用または機能の障害が生じた場合において人の生命及び健康に影響を与えるおそれがあることから、その適切な管理が必要なものとして、厚生労働大臣が薬事・食品衛生審議会の意見を聴いて指定するもの。MRI、電子式血圧計、消化器用カテーテルなどが含まれる。

⑦一般医療機器

副作用・機能障害が生じた場合でも、人の生命・健康に影響を与えるおそれがほとんどない医療機器。メス、ピンセット、X線フィルムなど。

⑧特定保険医療材料

　特定保険医療材料とは、保険医療機関および保険薬局における医療材料の支給に要する平均的な費用の額が、技術料などの診療報酬とは別に定められている医療材料。

⑨生物由来製品

　人もしくは植物を除くその他の生物に由来するものを原料として製造される医薬品・医療機器のうち、保健衛生上特別の注意を要するものとして、厚生労働大臣が薬事・食品衛生審議会の意見を聴いて指定するもの。医薬品では、遺伝子組換製剤、血液製剤、ワクチンなどがある。医療機器では、ヘパリンコーティングされている人工心肺回路やカテーテル類などが含まれる。

⑩特定生物由来製品

　生物由来製品のうち、市販後において当該製品による保健衛生上危害の発生または拡大を防止するための措置を講じることが必要なものとして、厚生労働大臣が薬事・食品衛生審議会の意見を聴いて指定するもの。たとえば人血液製剤、人細胞組織医薬品、動物生細胞組織医薬品・医療機器などが含まれる。

（2）ヒューマン・サービス

　ヒューマン・サービス（役務）では相手次第という相互作用が曖昧さを大きくし、確定的な部分をいっそう少なくする。相手によって、サービス技術の適用を変化させ、さらには、サービスの質や量を変えさせることになる[22]。

（3）知識の創発

　患者と医療組織は、健康増進ないしは予防、アセスメント、診断、計画、治療・ケア・介入、慢性期支援……というような流れのそれぞれの局面で、ヒューマン・サービス（役務）や人工物を介しながら間断なくやり取りをしている。その間断なきやり取りの中でデータ、情報、知識が生成される。

3 医療組織層

　医師、歯科医師、保健師、助産師、看護師、准看護師、診療放射線技師、臨床検査技師、衛生検査技師、理学療法士、作業療法士、言語聴覚士、視能訓練士、臨床工学技士、義肢装具士、歯科衛生士、歯科技工士、救急救命士、言語聴覚士、栄養士、管理栄養士、薬剤師、保育士、社会福祉士、介護福祉士、精神保健福祉士、医療ソーシャルワーカーなどの資格を持つ専門的な人的資源によって組成されるチームのことを医療チームと言う。組織

※22　田尾　雅夫. ヒューマン・サービスの組織. 法律文化社. 1995年

構造は階層的かつ固定的なものもあれば、自律分散かつ動的なネットワーク構造のものもある。

医療組織層は、インタラクション層とプラットフォーム層に挟まれているので、上下いずれの制約、拘束からも甚大な影響を受けることとなる。また、医療組織層の変化は上下の階層に影響を及ぼす。医療組織層のイノベーションは、このような機序で発生する。

4 プラットフォーム

プラットフォームとは、「土台」という概念を表す用語である。ユーザー(患者、人)と医療組織の両方にとって魅力的な価値を提供して、双方にとっての価値が増大するような好循環を創造する土台＝仕組みのことである。

たとえば、電子カルテ、クリニカルパス、DRG (Diagnosis Related Group：疾患別関連群)、DPC (Diagnosis Procedure Combination:診断群分類)、CTスキャンやMRI放射線画像の管理・相互連携システム、電子レセプト、レセプト(診療報酬明細書)オンライン請求システム、各種遠隔治療・遠隔監視システムなどをあげることができるだろう。プラットフォーム層で優位な立場を形成すると影響力が圧倒的なものとなるため、市場空間で営利事業を営む事業者はプラットフォーム構築に余念がない。

それと同時に、プラットフォームの公共性に鑑みて、産学官連携体制での各種のプラットフォームづくりが近年勢いを増している。

5 健康基盤層

▌(1)インフラストラクチャー

国民福祉と国民経済の発展に必要な医療システムの基盤となるようなハードウェアなど。学校、病院、道路、港湾、工業用地、公営住宅、橋梁、鉄道路線、バス路線、上水道、下水道、電気、ガス、情報通信ネットワーク、大容量データ・ストーレージ・センターと連動して社会的経済基盤と社会的生産基盤とを形成する。

▌(2)ソーシャル・キャピタル

ソーシャル・キャピタルとは人々の協力関係を育み、社会のはたらきをより円滑にする信頼、互酬、互恵、繋がり合い、といった諸要素が複合したものである。OECDはソーシャル・キャピタルを、「グループ内部またはグループ間での協力を容易にする共通の規範や価値観、理解をともなったネットワーク」と定義している。また、市民同士のコミュニケーションの新密度、緊密度や、市民と行政の協働関係が活発であるほど、豊かな社会が形成

されるという考え方を支持する立場から近年頻繁に用いられる概念でもある。

（3）社会保障制度

　日本の社会保障制度は、主として社会保険、公的扶助、社会福祉、公衆衛生および医療、老人保健の5部門に分れている。

（1）社会保険制度（医療保険、年金保険、労災保険、雇用保険、介護保険）
　各自が保険料を払い、各種リスクの保障をするというシステム。原則として強制加入の相互扶助制度。

（2）公的扶助制度（生活保護：国が生活に困窮する者の最低限の生活を保障し自立を助ける制度）

（3）社会福祉制度（老人福祉、障害者福祉、児童福祉、母子福祉など）
　社会生活をする上でハンディキャップを持っているものを援助する制度。

（4）公衆衛生及び医療制度（感染症対策、食品衛生、水道、廃棄物処理など）
　国民が健康に生活できるように、外因病や生活習慣病の予防などを狙った制度。

（5）老人保健制度（病気に罹る確率が高くなる75歳以上の国民に対して、健康維持と医療サービスを提供するための制度）

⑨ イノベーション・パイプライン

　医薬品や医療機器メーカーなど、主として市場原理に即して運営される営利企業活動には、研究フェーズ、開発フェーズ、治験フェーズ、薬事申請フェーズ、製造フェーズ、市販フェージなどのプロセス的な段階が存在する。

　単一の薬剤・医療機器メーカーが、研究、開発、治験、薬事申請、製造、市販の全てのフェーズを行うことには無理がある。今日、欧米ではバイオ・ベンチャーなどが、このイノベーション・パイプライン（図6-22）の特定の一部のフェーズ、あるいは、フェーズの中の一部の機能に特化する形で競争力をつけ、急成長を遂げているベンチャー企業が勃興している。前章で言及したオープン・イノベーションの発露である。これらは主としてビジネス起業家の活動領域と思われがちだが、社会的起業活動として理解される企業も多数ある。

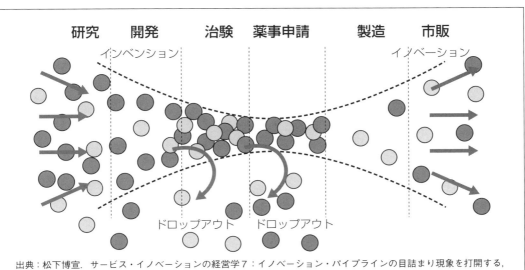

出典：松下博宣. サービス・イノベーションの経営学7：イノベーション・パイプラインの目詰まり現象を打開する, 看護管理20（7）, p.611. 2010年5月

図6-22　イノベーションのパイプライン

1　ドラッグラグとデバイスラグ

　前ページの図6-22のイノベーション・パイプラインとは、医薬品や医療機器メーカーなどにとって重要な意味を持つ。パイプラインというように略されて「A社にはパイプラインが3本ある」、「B社のパイプラインは先細りだ」というように使われる。

　このイノベーション・パイプラインという考え方を用いて医薬品や医療機器メーカーを眺めてみると、イノベーションが目づまり現象、崩落現象を起こして市販にまで至らないということが多々起こっていることが分かる。

　海外で承認された薬剤が日本で承認されるまでの時間の差をドラッグ・ラグという。医療機器の場合はデバイス・ラグである。日本製薬工業協会によると、欧米を中心とした国々で新薬が発売されてから日本で発売されるまでに平均で4.7年の時間を要している。日本では、1.2年の米国に比べて約4倍の時間が承認されるまでに費やされている。米国・欧州・日本で薬剤・ワクチンの承認状況を比較すると、1999～2005年の7年間に新規に承認された新医薬品334薬剤のうち、各地域における承認数は、米国では274薬剤（82.6パーセント）、欧州では262薬剤（78.4パーセント）、日本では181薬剤（54.2パーセント）となっている。前述したように、インベンションは広く普及・伝搬して、広く社会にインパクトを与えてイノベーションとなる。

　ところが、日本では新たな新医薬品によってもたらされる医療サービスが迅速に普及・伝搬しないことによって不利益を得ている患者が多くいるということが医療界では大きな問題となってきた。では、何がドラッグ・ラグやデバイス・ラグを形づくってきたのか。その原因は複雑に絡み合っている。（1）製薬企業の治験（医薬品や医療機器の製造販売承認を得るために行われる臨床試験）開始時期が遅い。（2）治験に時間がかかる。（3）治験に参加する患者が少ない。（4）厚生労働省の審査に長い時間が費やされる。（5）審査担当者の量（人数）と質（能力）の欠如。（6）暗黙的な裁量慣行の存在、などが指摘される。

2　ベンチャー企業の不振

　従来の日本の医薬品、医療機器メーカー等は、パイプラインを各社がそれぞれに自前で構築することによってビジネスを展開してきた。多くの場合、研究、開発、治験、薬事申請、製造、市販というフローに沿って中央研究所、開発部門、治験部門、薬事部門、製造工場、医薬情報活動部などというように専門特化した機能をもつ部署を配置することにより、自前主義体制を敷いてきたのだ。典型的な"垂直統合戦略"である。そこでは、創薬のための研究開発費が上昇する一方で、イノベーション・パイプラインの一番右側に辿りついて上市できる新薬の品目数が減少するという現象が起こっている。長大なイノベーション・パイプラインを構築し、維持するためには多大な資本が必要となる。そこで、1社体

制ではイノベーション・パイプラインは構築できないので、昨今の医薬品業界では外部企業とのアライアンスや世界的なメーカーを巻き込んでの合従連衡、M＆A（合併と買収）が急速に広がりつつある。

　そのような自前主義の垂直統合企業の戦略と相互補完の関係にあるのが、斬新な戦略を前面に打ち出しイノベーションに取り組む若いベンチャー企業だ。医薬品、医療機器のイノベーション・パイプラインは長くかつ複雑なフェーズを数多くの利害関係者と調整して進めなければならない。そのため、医薬・医療機器系のベンチャー企業は、イノベーション・パープラインの一部やその中を流れる１つのプロジェクトに特化することにより差別化を図ることが多くなる。

　ベンチャー企業にとっても、事業展開には多額の資金が必要となる。そこでベンチャー・キャピタルや製薬会社から投資を得て、数億、数十億円規模の資金を長期に渡って確保する必要が出てくる。しかし、日本のベンチャー・キャピタリストはサラリーマンが中心であり、大きなリスクをとれない＝アーリーステージのベンチャー企業に巨額の投資ができないという体質がある。また役員をベンチャー企業に派遣するなどして経営にも深く関与して投資するというハンズオン投資ができるベンチャー・キャピタルが限られているという事情もある。これらの要因が重なり合い、医薬、医療機器分野のベンチャー企業の活躍が限定的なものに留まっている。

３　レギュラトリー・サイエンス方法論の必要性

　医療に関わるイノベーション・パイプラインには産学官の様々なステークホルダーが関わっている。開発、治験、製造、販売は主として産業界が担当し、薬事申請・承認は官が行う。また、アイディア創出、研究、治験には大学病院を含める研究開発体制が整った病院が担当。多くの医療機関は市販後の薬剤や医療機器を使用して医療サービスを提供するという位置づけにある。

　研究と開発については加工物の種類により産学の関与の仕方は異なるが、パイプラインが左から右へ進行するほど産の関与が高まり、学の関与が低くなる傾向がある。また、承認審査業務の現場には、不可解かつ暗黙的な裁量権が横行しているとの指摘が後を絶たない。贈収賄事件として立件されることもある。これは、承認のための科学的なエビデンスに基づくルール、標準といったものがないことと無関係ではない。敷衍すれば、インベンションから承認までのプロセスに明確なエビデンスに依拠する科学的な手続きが、審査する側、審査される側に共有されていないことがこれらの問題の根底にある。イノベーション・パイプラインに関与する多様なステークホルダーが、それぞれのフェーズの相違や利害を超越した共通言語を持つことの重要性は増すばかりだ。

　この文脈の中で近年注目されているのが、レギュラトリー・サイエンスである。レギュ

ラトリーとは規範・規制に関する、ということである。一般に、レギュラトリー・サイエンスとは、社会的な規範の枠組みの中で、人間、環境、社会との良好なバランスを実現するように科学の進歩とその応用、ならびにその過程で発生するリスクをマネジメントすることを志向する。またレギュラトリー・サイエンスには、科学知が応用される社会的な領域において、あるべき規範を提案、創出するという方向性もある。イノベーション・パイプラインに関与する多様なプレーヤーが、レギュラトリー・サイエンスの方法論を共有することが肝要である。そして、新規の医薬品や医療機器の安全性・有効性に関して材料物性や細胞から臨床に至るまで評価系を構築し、臨床プロトコールの策定、薬事申請、審査業務、市販後調査までを一気通貫して担当できる優秀な人材を、イノベーション・パイプラインに多数配置することが望まれる。

　本テキストの主題は多職種連携（チーム医療）である。以上のようにイノベーション・パイプラインを構想すると、多職種連携（チーム医療）にとっても新たな発想を得ることができる。すなわち、多職種連携（チーム医療）とは、ひとり医療機関の中にのみ留めるべきものではなく、医療界全体に渡るインベンション、イノベーションを活性化、効率化するために、イノベーション・パイプライン全体に渡って配置すべきものなのである。

発明とイノベーションの相違点に関して説明する記述として、誤っているのはどれか。

〔選択肢〕

①発明は個人が中心となることが多い。イノベーションは複数の人々によるコラボレーションによってなされる。

②発明は瞬時に発生することがある。イノベーションは多大な時間を要する。

③発明には想定外、予定外の創発がある。イノベーションは管理されたプロセスによって創発されることが多い。

④発明は必ずしも普及するとは限らない。イノベーションは、普及してイノベーションと認知される。

⑤発明は、普及して初めて発明として認知される。イノベーションは必ずしも普及するとは限らない。

確認問題

解答　解説

解答　⑤

解説

発明とイノベーションの相違点については、本テキスト178〜179ページ参照。

第7章

アントレプレナーシップと医療社会起業家

1 医療・保健・福祉分野におけるアントレプレナーとイノベーション
2 社会起業家とは
3 医療社会起業家とは
4 医療社会起業家の特性

　前章では、リーダーシップとイノベーションのあり方を整理したが、この章では一歩進めて、医療分野に要請されるアントレプレナーシップ（起業家的行動様式）のあり方について考えてみよう。アントレプレナーシップとは、イノベーションの創発と普及においてリーダーシップが顕現されるときの一形態である。近年、欧米のビジネス・スクールや専門職大学院では、たんなるリーダーシップではなく、アントレプレナーシップが重視されている。その背景には、イノベーション重視の姿勢がある。

1 医療・保健・福祉分野におけるアントレプレナーとイノベーション

1 シュンペーターによるイノベーションの定義

　そもそもアントレプレナーシップとは、チェコに生まれたオーストリア人経済学者ヨーゼフ・シュンペーターが、イノベーションの担い手として起業家（アントレプレナー）を捉え、起業家によってもたらされるイノベーションの本質を「新結合」の実現に求めたことに淵源する（図7-1）。

　イノベーションという概念を学術的に規定したシュンペーターについてまずは言及しておこう。シュンペーターが生まれた1883（明治16）年は経済学にとって因縁めいた年だ。この年に、カール・マルクスが世を去り、イギリスにシュンペーターの宿敵とでも言うべきジョン・メイナード・ケインズが生まれている。マルクスの労働価値説を徹底的に批判したベーム・バヴェルクがシュンペーターの師だった。

　シュンペーターは25歳の若さで「理論経済学の本質と主要内容」を書き上げ、29歳でグラーツ大学の教授に就任。その後、政治家に転じ蔵相になるも失敗。そしてビーダーマン銀行の頭取に就任し、一転して経営実務家となるが経営難に陥った。その後の彼の人生に

・シュンペーター初期の著書「経済発展の理論」でイノベーションの源泉を新結合と定義した。
・イノベーションとは、経済活動において新方式を導入すること。シュンペーターはイノベーションとして5類型を提示した。
　―新しい財貨の生産
　―新しい生産方法の導入
　―新しい販売先の開拓
　―新しい仕入先の獲得
　―新しい組織の実現（独占の形成やその打破）
・イノベーションの実行者を企業家・起業家（アントレプレナー：entrepreneur）と呼ぶ。
・新機軸
・新結合
・革新
・技術革新はイノベーションの重要な一部ではあるがすべてではない。
・ラテン語の"innovare"（新たにする）が語源。In（内部へ）＋ novare（変化させる）

筆者作成

図7-1　Innovation

ついては略すとして、シュンペーターは、著書『経済発展の理論』でイノベーションの本質を抉り出して「新結合」と定義した。イノベーションとは、ラテン語の"innovare"（新しくする）が語源で、in（内部へ）＋novare（変化させる）がイノベーションである。つまりイノベーションとは、経済活動を通して新方式を内部に取り込み内発させることである。

2 イノベーションの5類型

シュンペーターはイノベーションとして5類型を提示した（図7-1）。

- ・新しい財貨の生産
- ・新しい生産方法の導入
- ・新しい販売先の開拓
- ・新しい仕入先の獲得
- ・新しい組織の実現

今でこそ、当たり前のようにイノベーションを取り扱う論者によって引用される5類型であるが、シュンペーターはイノベーションを体現する当事者をアントレプレナー（entrepreneur）と呼ぶ。ちなみに、この日本語訳者は「起業家」ではなく「企業家」という訳語を当てているが、本書では起業家もしくはアントレプレナーという用語で統一して表記する。彼は、利潤の源泉を先に挙げた5類型のイノベーションに見出して、経済均衡を破る一大契機であると看破してこれを「創造的破壊」と命名した[※1]。この「創造的破壊」という用語は有名な概念となっている。

3 イノベーションの本質

日本ではイノベーションという用語は、1958（昭和33）年の『経済白書』から「技術革新」というように訳されて一般的な訳語になってしまった。しかし、シュンペーターはイノベーション＝技術革新とは言っていない。それどころか、イノベーションを前述したように非常に幅広く新結合を捉えている。

ちなみに中国では、イノベーションを正しいニュアンスで訳して使っていて、イノベーションを「創新」と訳している。清華大学や北京大学のビジネス・スクール、工学部では、イノベーションを、社会主義市場経済を増進させる鍵となる学問として扱っている。また国家戦略としても、中国独自の「創新」を大きく掲げている。

※1　J.A. シュンペーター. 資本主義・社会主義・民主主義. 東洋経済新報社. 1995年

　イノベーションは技術革新と同じではないとする主張は根強い。アマー・ビーデは、100社以上のスタートアップス（ベンチャー企業）への聞き取り調査とケース分析を行った結果、「イノベーションの本質は技術革新ではない」と結論づけている[2]。アップルやグーグルのように既存技術の組み合わせによってすぐれたサービスが実現される一方、日本メーカーのように特許は多数持っているが収益の上がらない企業が多く存在する。彼は多くの場合、収益化のボトルネックになっているのは、技術そのものではなくマネジメントであるという。凡庸な技術が優秀なビジネスモデルによって成功するケースは多いが、凡庸なビジネスモデルによって優秀な技術が日の目を見ることは皆無に近い。

4　資本主義経済におけるイノベーションの役割

　さて、資本主義経済システムではイノベーションの実行は事前に貨幣を必要とするが、起業家は潤沢な貨幣を持たないので、これに対応する貨幣は新たに信用創造されるとシュンペーターは考えた。すなわちイノベーションを行う起業家が銀行から信用貸出を受け、それにともない中央銀行によって貨幣が創造されるという「信用創造」の過程を重視したのだ。

　経済学を含める社会科学者は未来予測をよくする。著名な経済学者の未来予測を振り返ってみることは歴史の特等席とでも呼べる現代、そして今日という席に座っている私たちの特権だろう。マルクスは「資本主義はその欠点ゆえに滅びる」、「やがて資本主義は瓦解し、革命が起きて社会主義が勃興する」と予言したが、先に瓦解したのは資本主義ではなく社会主義のほうだった。シュンペーターは、「資本主義はその成功ゆえに滅びる」と予測した。正しかったのはシュンペーターのほうだった。資本主義にとって最も本質的なものはイノベーションである。イノベーションこそが資本主義の推進役にしてエッセンス。イノベーションが絶えてなくなれば、市場経済制度は活力を失い、資本主義は衰退する。ここでシュンペーターは重要なことを指摘している。弛まざるイノベーションによって資本主義は発展するのだが、小企業の時代から大企業、巨大企業の時代へと移行する中で、企業経営や企業者の機能は日常化し、イノベーションまでもが日常業務の中に没してしまうというのだ。

5　資本主義は社会主義化する

　シュンペーターはイノベーションが日常業務化してしまうありさまをナポレオンの指揮官としての責務や機能に喩えて描写する。　成功によって肥大化した組織は、天才的な閃きや冒険心よりも合理化・自動化されたシステムを求め、集団的な意志決定によってその

---

[2]　Amar Bhide, "The Venturesome Economy: How Innovation Sustains Prosperity in a More Connected World", Princeton University Press, 2008年

制度としての組織を維持、運営するようになる。換言すれば、1人の天才的英雄が、その企業者精神、先見性や独創性、決断力や実行力によって牽引してきた魅力溢れるイノベーティブな企業も、大きくなるとすっかり官僚化してしまうということだ。彼は、前述したように、資本主義はその失敗のゆえに滅びると予言したマルクスの向こうを張って、資本主義はその成功ゆえに巨大な企業を生み出し、その巨大さ、硬直さゆえに大企業は官僚的になって活力を失いイノベーション創造活動から徐々に遠ざかると予測したのである。

さてもう1つシュンペーターは重要な未来予測を行っている。「資本主義は社会主義化する」ということである。サッチャー以前のイギリスは、すでに多くの産業部門を国有化していた。鉄道、鉄鋼、エネルギー、通信、医療サービス、教育や住宅も大部分は国有化され「銀行も国有化すべきである」という声すらあった。企業の国有化は、すなわち社会主義化を意味する。世界に先んじて産業革命を実行し、資本主義社会を形成したイギリスの社会主義化を阻止したのが新自由主義的な政策を推し進めたサッチャーだった。サッチャーは国有企業の民営化を進めた。光彩を失いつつあったアントレプレナーシップを刺激することで、英国社会に資本主義の精神と経済的活力を取り戻させた。そして現在進行中の新型コロナウイルス感染のパンデミックと世界規模の不況、あるいは恐慌が進行する過程で国債を乱発し、有効需要の原理（Supply on demand）にもとづく需要刺激政策が国家の過剰な統制のもとに行われれば、「資本主義は社会主義化する」というシュンペーターの洞察は、現下の米国・日本経済に向けられた予測であると読むべきだ。

そしてシュンペーターは『資本主義・社会主義・民主主義』で、意味深長なことを書いている。経済が静止状態にある社会においては独創性豊かなアントレプレナーは官僚化した企業組織ではなく未開拓の社会福祉や公共経済の分野に創造の場を求めることになる、と。医療・保健・福祉の分野でイノベーションを担う人材は、他ならぬ本章のテーマである社会医療起業家である。

6 社会起業家の台頭

（1）ソーシャル・ビジネスの3つの条件

シュンペーターは、起業家がその主要な活躍の場を、産業分野から次第に公共セクターや非営利セクターに移行させていくだろう、と予測したのは大変示唆的である。今日、社会起業家の活躍が世界的に注目されているからである。

さて、経済産業省の「ソーシャル・ビジネス研究会」報告書（2008〈平成20〉年）によれば、ソーシャル・ビジネスとは「社会的課題を解決するために、ビジネスの手法を用いて取り組むもの」であり、①社会性、②事業性、③革新性の3つを備えていることが基本的な特徴とされる。ソーシャル・ビジネスを立ち上げ、ソーシャル・ビジネスを起動、展開、普

及させるリーダーシップ溢れる起業家を社会起業家と呼ぶのならば、ソーシャル・ビジネスはまさに、社会起業家という存在によって実現されるといって良いだろう。以下では、想定されるイノベーションの場の中でも、インベンションがイノベーションとなって、世の中にディフューズさせてゆく医療組織を中心として見てみよう。

■（2）医療・保健・福祉の領域におけるアントレプレナーシップの発揮とイノベーションの契機

　特に、医療・保健・福祉の領域でリーダーシップを発揮するとき、病院や医院といった非営利組織を自由開業医制度のもとで開業することは、医師・歯科医の世界では一般的なものであり続けている。ただし、医師・歯科医による開業行為は、「ソーシャル・ビジネス」や「社会的起業」のコンセプトが出現する以前から存在したものであったこともあり、医師による自由開業を「ソーシャル・ビジネス」や「社会的起業」の枠組みで議論する言説は多くないことは必然である。しかしながら、先述した①社会性、②事業性、③革新性を備えることを条件にするのならば、伝統的な自由開業医制度に依拠した「開業」であっても、「ソーシャル・ビジネス」や「社会的起業」と捉えることには矛盾はない。

　近年は、伝統的なスタイルである病医院に限らず、在宅医療、訪問医療、訪問看護ステーション、新規性の強い医療・保健・福祉サービスの提供システムの開発や展開などもアントレプレナーシップ発揮の場と見立てることができるだろう。土地建物が付随する医療機関の立ち上げばかりが、アントレプレナーシップの対象ではない。インターネット上で、医療・保健・福祉に関する問題意識を共有する人たちを集め、インターネット・コミュニティーを形成し、知見を交換・共有し、ある目的を達成するために行動を共にしていくという形のイニシアティブを取る、ということもアントレプレナーシップの発揮と捉えることができるだろう。また前述した医療サービスの構造機能モデルを用いれば、インタラクション階層の、健康増進、ないしは予防、アセスメント、診断（看護においては看護診断）、計画、治療・ケア・介入、慢性期支援などの局面で画期的な技術をもとに、新規性の強いサービスを生み出すこともイノベーションの契機となるであろう。また、医療組織、そして後述するように医療チームのあり方を、新しいインタラクション方式を実現するために開発、定着、展開、普及させることもイノベーションの萌芽として捉えることができるだろう。

7　社会起業における医療・保健・福祉はリーディング分野

　内閣府国民生活局市民活動促進課の統計によれば、NPO法人が定款に記載している活動区分として、「保健・医療または福祉の増進を図る活動」を登録している法人は21,510

で57.8パーセント（複数回答あり）となっており、他の活動区分を大きく引き離している。また、社会起業領域の研究者である露木真也子らが行った84事業を対象とした調査の結果によると、ヘルスケア（保健・医療・福祉）の事業が全体の2割を占め突出している[※3]。社会起業家による取り組みは、行政、民間企業、非営利活動がそれぞれ従来実践してきた手法によって解決されない社会的な問題が存在し、それらの社会問題解決のニーズに応えようとする動向として注目されている。

※3　露木真也子. 障害者就労支援分野における社会イノベーションの事業モデルおよび普及過程に関する研究. 2009年

② 社会起業家とは

1 スタンフォード大学ソーシャルイノベーションセンターによる定義

「社会起業家」の活躍に注目が集まりつつあるが、その新しさゆえに、社会起業家の定義については確定的なものはまだない。そこで、いくつかの影響力のある社会起業家についての定義を見てみよう。

スタンフォード大学ソーシャルイノベーションセンターでは、「社会起業家とは、社会問題を解決するためにビジネスのスキルを使い、イノベーティブなアプローチを考え出し、社会的な価値を創造する」人々である、と定義している（図7-2）。

2 社会起業家の父＝ビル・ドレイトン

社会起業家を支援するアショカ財団の代表であるビル・ドレイトン氏（図7-3）は、その卓越した社会起業家の発掘、支援の方法でもって、「社会起業の父」と称されている。アショカ財団の研修生（アショカ・フェロー）として選ばれた人々の5年後を追跡調査すると、その97パーセントがプロジェクトを継続しており、88パーセントの人のアイディアが他の組織に伝播している。さらに55パーセントのアショカ・フェローのアクションが、開発途上国を中心とする国家政策にまで影響を与えている。つまり、アショカ財団が支援する社会起業家によって創発される社会に対するインパクトが甚大なのだ。アショカ・フェ

「社会起業家とは、社会問題を解決するためにビジネスのスキルを使い、イノベーティブなアプローチを考え出し、社会的な価値を創造する」
(Stanford B School Social Entrepreneurship Initiative)

1．起業家精神（社会的なイノベーション）
2．社会的なミッション（社会的課題の解決）
3．ビジネスツール（効率性・問題解決能力）

出典：Stanford Business School Entrepreneurship Initiative ウェブサイト
図7-2　社会起業家の定義

・米国 Ashoka 財団の創設者
　（http://www.ashoka.org/）
・公民権運動参加　強い正義感
・ハーバート大学・エール大学卒業
・マッキンゼー・米国環境保護庁勤務
・排出権取引を考案
・世界最大の社会起業家支援団体
・アショカフェロー全世界　2,000 人
・良いアイディアを持つ社会起業家を発掘し
　て、生活費を支援（3〜5 年間）

筆者作成

図7‐3　現代社会起業家の父、ビル・ドレイトン

ローの審査にあたっては、新しいアイディアを持つこと、クリエイティビティがあること、起業家としての能力・資質、問題解決へのコミットメント、アイディアの社会的インパクト、倫理観と信頼を徹底的に調べ上げる。ここで注目されるものはシステムとスケールアウトである。地道に地域密着型で行動する「草の根」市民運動も大事だが、卓越した社会起業家は、ソリューション提供のシステム化と多様な地域への展開というスケールアウトを実現している。

3　その他の社会起業家の定義

（1）渡辺奈々による定義

『チェンジメーカー〜社会起業家が世の中を変える』（日経BP社、2005 年）の著者である渡辺奈々は「ソーシャル・アントレプレナーシップとは、おおむね次のように理解されている。①収益を追求する企業の運営方法と戦略を、「社会問題の解決」に活用する。②あくまでも収益を確保するビジネス組織として、広く人材と資金を求める。③こうした方法によって、社会問題解決に「効率」という考えを導入し、新しい課題解決のスタイルとビジネスモデルを社会に提案する」人であるとしている。

（2）デイビット・ボーンステインによる定義

『How to Change the World』（邦題『世界を変える人たち──社会起業家たちの勇気とアイデアの力』ダイヤモンド社、2007 年）の筆者デイビット・ボーンステインは、この本の冒頭で以下のように社会起業家の定義を試みている。

「ソーシャルアントレプレナーという言葉が、最近、非常に人気を博している。アメリ

カの多くの有名大学でも、ソーシャル・アントレプレナーシップ（社会起業家精神）を学ぶ専攻コースを提供している。ジャーナリスト、フィランソロピスト、途上国開発関係者も、この言葉に意味を込めて好んで使う。しかし、多くの場合が、いかにビジネスやマネジメントのスキルを社会的な目的を遂げるために適用するのか、ということに最大の関心を払っている。『どうやって非営利団体（NPO）が、事業収入を生み出すベンチャー事業を運営するのか』といった話だ。もちろん、これは重要なトレンドだ。だが、この本ではこのソーシャルアントレプレナーという存在に対して違った見方を採用している。この本では、ソーシャルアントレプレナーを、社会を変化させる力そのものと見ている。社会の重要な問題を解決に導く、新しいアイディアを持ち、いかなる容赦もなく、自らのビジョン実現を追及している人たち。そのアイディアが、可能な限り広がるそのときまで、簡単にはNo（できない）と投げ出さず、諦めない人たちである」

■（3）田坂広志による定義

　田坂広志は、社会起業家をさらに幅広く捉えている。「誰もが持ちうる、より良い社会を実現しようとする志や、より良い仕事をしようと努力する精神。これは、起業にとどまらず、いかなる職場においても発揮しうるもので、現代をあらゆる人が、社会起業家となる時代」と位置づけている。前述した露木は、「社会的課題に対し、解決の意思をもって新規の事業アイディアを創出し、当該事業アイディア実現のための事業基盤の持続性確立を目指し、手元の資源に制約を受けることなく、主体的に実践に取り組むことによって、当該事業の普及と普及による社会変革の担い手となる一人または複数の人物」が社会起業家であるとする。

4　ティモンズ・モデル

　さて社会起業家の存在は重要なものではあるが、社会起業家が事業機会と経営資源に出会い、それらをコントロールすることによってイノベーションの契機が創発することになる。社会起業家、事業機会、経営資源の間に横たわる不確実性をマネジメントすることが社会起業家によるイノベーション創発に結びつくと説明するのがティモンズである[4]。図7-4はティモンズ・モデルと呼ばれている。新規に創造する事業が成功するためには3つの決定的な要素が影響する。事業機会、経営資源、そして起業家本人である。事業計画をとりまくこれら3つの要素は互いに依存して影響を与え合う。この点を十分意識しつつ、この章では医療アントレプレナーの属人的な側面に焦点を絞り込む。

※4　Jeffery Timmons:New Venture Creation. Homewood, IL:Richards Irwin. 2001年

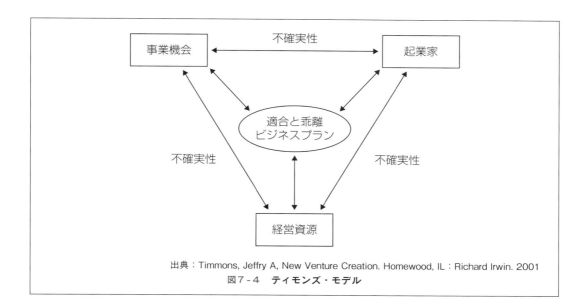

出典：Timmons, Jeffry A, New Venture Creation. Homewood, IL：Richard Irwin. 2001

図7 - 4　**ティモンズ・モデル**

③ 医療社会起業家とは

1　医療社会起業家の定義

　医療・保健・福祉の分野は社会起業にとってリーディング分野であり、今後ますます多くのイノベーション創発の試みがなされることが期待されている。リーダーシップという主題から出発して、さらに以降の議論を発展的にするためには、医療・保健・福祉分野の社会起業家の定義を暫定的に以下のようにしておこう。

　すなわち、医療社会起業家とは、医療・保健・福祉ならびにそれらと関連する分野において事業機会と経営資源をコントロールすることにより、事業アイディアを創発・実践化し、社会性、事業性、革新性をともなう事業を持続的に社会に普及させ社会変革の担い手となる人的資源である。

　暫定的と断ったのは、議論を進めるうちに、異常の定義を拡張したり、文脈によっては修正・改善したりする余地をまずは残しておきたいからである。はたして、自由開業医制度によって既得権益を守られた形で開業する医科・歯科の医師による開業は社会起業なのであろうか。既存の制度による起業であっても、社会性、事業性、革新性のいずれか、あるいはそれらの組み合わせが事業モデルの根底に埋め込まれていて、新規性の強い事業を継続的に社会に普及させ、社会変革の担い手になることができれば、医療社会起業家として位置づけようというのが本書の基本的なスタンスである。

2　起業家の属人的特徴

▌（1）バイグレイブによる起業家の属人的特徴

　卓越した成果を生み出す起業家にはどのような属人的な特徴があるのだろうか。彼ら、彼女らの能力、資質、発想、行動、気質といったものに注目してみよう。バイグレイブによると、卓越した起業家の属人的な特徴は、夢、果断さ、実行、決定、献身、愛情、こまやかさ、運命、金銭感覚、配分に現れるという[5]（表7-1）。第2章で検討してみたリー

※5　ウィリアム・バイグレイブ，アンドリュー・ザカラキス．アントレプレナーシップ．日経BP社．2009年（William Bygrave, Andrew Zacharakis. Entrepreneurship. John Wiley & Sons Inc. 2008）

表7-1　起業家の属人的特徴

項目	特徴
Dream（夢）	起業家はビジョンを持たねばならない。あるべき未来の見取り図。
Decisiveness（果断さ）	俊敏で果敢な行動力。機会を素早くとらえ、実行に移す。
Doers（実行）	足腰を使った素早い行動。
Determination（決定）	あきらめずに突き進む。のめり込んでエネルギーを集中させる。
Dedication（献身）	1日24時間、365日、働き続ける。疲れたと言わない。
Devotion（愛情）	事業に対するあくなき愛情を注ぐ。
Details（細かさ）	詳細な部分に対する執着。悪魔は細部に潜むと信じる。
Destiny（運命）	自分の運命は自分で切り開くという信念。強い自己コントロール感覚。
Dollars（金銭）	健全な金銭感覚。
Distribute（配分）	成功、達成感、成果を配分する。

出典：バイグレイブ、ザカラキス：アントレプレナーシップ　p.80図を改変

ダーの一般的な特徴と比較してみると興味深い。

　起業家は、あるべき未来への見取り図とも呼ぶべきビジョンに向かって走り続ける。機会を素早くとらえ実行に移すことができる。失敗してもあきらめずに努力する。自分がやると決めた仕事や事業に愛情を注いで拡大させていく。時に豪胆に振舞うほうが、仕事の細部にまで神経を行き渡らせる。金銭に関してはルーズでもなくケチでもなく、そして健全だ。強い自己コントロール感を持ち、チーム全員に成果を配分する気配りもできる。バイグレイブらはこのような起業家像を挙げている。

医療社会起業家の特性

1　世界あるいは「それ」との親和的な関係

　医療社会起業家は現実の世界のあり方を変えようとする。もちろん世界の範囲は、文字どおり全世界ということもあれば、半径１キロくらいの地域ということもあるだろう。あるいは、数人程度の職場が世界ということもありうるだろう。つまり、身の回りの「それ」に問題を見出して、問題解決のきっかけを見つけて実際に行動するのは当事者のやり方次第である。

　偉大な人物は、世の中を変え、時代に一石を投ずるといったような「大きな物語」に突き動かされることが多い。しかし、私たちの周りには、あえて世界全体を見渡し、意味づける「大きな物語」を必死になって求めることはせず、むしろ表層の小さな物語の中で戯れることで、自分が生きている世界に意味を与えるオタクたち[6]（苅部　2007）もいる。さて、人はどのように世界を認識するのか。身の回りの多くの「それ」の集積、その集積を説明する物語の束をつくって認識にいたる。100人の人がいれば100とおりの世界が認識として構成される。70億人の人間が地球にいれば、70億通りの「それ」の散逸的な束があるということだ。つまり、世界を変えるということは、身近にある「それ」の認識を変えることにほかならない。つまり、誰でもその気になればできるし、その気にならなければできない。

　この文脈において、マイケル・ポランニーの言説は興味深いものとなる。彼は、人が世界とのやり取りを通して「自分が知っている事実がリアルであると信じるのは、『それ』が将来思いがけない方法で自らの正体を明かす自主性と力を持っている、と感じることなのである」[7]という（ポランニー、2003）。「それ」は客観的に実在する実体としての「それ」なのか、あるいは意識に投影された主観的な仮想としての「それ」なのかについては議論を要するが、「それを変える」という行いは、「それ」を認識するということと、「それ」に直接はたらきかけて変化を「それ」に対して加えることを含む。多くの医療社会起業家は、「それ」を通して、世界を見ているし、「それ」を変えることで、世界を変えることができると確信する素朴な楽観主義者である。その楽観のフィルターに濾し出されると「それ」は「それ」ではなくなってくる。それと自分を遮る境界が溶けて、「それ」は「わたし」の中に入ってくる

※6　苅部 直. 移りゆく『教養』. NTT出版. 2007年
※7　マイケル・ポランニー. 暗黙知の次元. 高橋勇夫訳. ちくま学芸文庫. 2003年

し、「わたし」も「それ」の中に越境して侵入する。卓越したリーダーは、「それ」の中に棲み込むことができるのである。「それ」と自己を分け隔て、客観的な観察者を装うことはせず「それ」と自己を相互浸透させる。

　人間は世界そのものを直接経験することはできない。「それ」を通して人は世界を経験する。それを通して、世界の編集と創造に参与する。「それ」を見つめる視点は、それぞれの世界を構築する素朴な編集と創造の仕掛けである。「それ」を見つめる視点に方法と体系、そして一貫性を与えるものが論理である。しかし、それぞれの論理を用いた編集や創造行為は、その方法で世界を照らし出してくれると共に、その方法で世界を覆い隠してしまう。その意味で、あらゆる視点は不可避的に盲点を内包するのである。アルバート・アインシュタインも言っている。「理論は非常に有益である。なぜなら、あなたの理論はあなたが見ることのできるものを決定づけるのだから」と。

2　キワモノとしての医療社会起業家

　通常、キワモノといえば「際物」という文字が使われる。正月の門松など季節の間際にだけ売り出す品物を指す。医療社会起業家は「際者」として辺境や周囲に位置取りして、中央、権力には擦り寄らない特殊な反骨精神の持ち主であることがしばしばである。辺縁から中心をじっくり見ることにより、中心にいる者とは異なった角度、目線から深く本質を観察する。人に言われるのを待つのではなく、とにかく他人の問題を自分の問題として切実に受けとめ自分で動く。

　境界を越境するキワ者は固定化されることを嫌う。キワダツ人間とは、端、境界、辺境に立って異界を俯瞰し超越する存在である。「際」は業際や学際、国際に通じている。キワ者としてのリーダーは、越境して異なるものを見届け、比較する。そして異質を結びつける。接着剤、触媒のような人でもある。関係性を取り結び、異質なものを取り混ぜたり、組み合わせたり、仲介したりする。異質な人と人を結びつける。場を接続させる。異質の統合者、仲介者、媒介者。キワ者は余白のような人、ノリシロのような人でもある。

　キワ者は、窮者である。探索の旅に出る探求者。何かを真剣に求める。探す。探る。窺う。覗う。ウソ、ホントを疑い、窺う。求知窮理というように、キワ者は特殊個別の住人というよりは、知識を探索し、論理、一般法則性を求める。社会は制度という枠組みを作る。既存の社会制度と折り合いをつけて暮らしているが、社会制度に対する問題意識は高い。

　数奇なもの、奇妙なもの、キテレツなものにすぐ目がいってしまう人。窮まり知らない好奇心が充満する人でもある。キワ者は極者である。marginalを旨とする。マージナル・マンとは、異質な諸社会集団のマージン（境域・限界）に立ち、既成のいかなる社会集団にも完全には帰属していない人間。境界人、限界人、周辺人、異界超越人である。マージナ

ル・マンの性格構造や精神構造、その置かれている状況や位置や文化を総称して、マージナリティと呼ぶ。マージナル・マンは、自己の内にある文化的・社会的境界性を生かして、生まれ育った社会の自明の理とされている世界観に対して、ある種の距離感を保つことができる。それゆえにマージナル・マンは、人生や現実に対して創造的にはたらきかける契機を持っている。マージナル・マンの意味は、多くの社会科学者によって、さまざまな批判と修正がなされた。たとえば、E・V.ストーンキストによると「2つ以上の世界に挟まれて、それらの世界の不調和と調和、反発と誘引を主観的に反映する心理的不安の中で、辛うじて身を支える人」である。

3　関係の演出力

　社会的なネットワークを創る。社会的ネットワークとは、思想、価値、信条、構想、金銭の授受、友人、同窓、ウェブリンク、コミュニティーなど1つ以上の関係により結びつけられた個々人からなる社会的な構造である。金子郁容は、「ボランティアとは、何らかの困難を抱えている人を前にしたときに、その人の問題を自分から切り離すのではなく、その人の問題は、ある意味では自分の問題でもあるという結びつきを見て取るという自体への関わり方をしたうえで、その状況の改善に向けてネットワークをつくってゆくネットワーカーである」と述べている[8]。金子はバルナラビリティ（壊れやすさ、弱さ）という概念を重視し、バルナラビリティがボランティアを始めとする社会への貢献活動を支える鍵概念であるとしている。医療・保健・福祉の領域で活躍するプロフェッショナルの中には、自分自身の壊れやすさ、弱さを正直に認め、さらには、それらを周囲に露呈・開示することによって求心力に転換している人が多い。

　パットナムは、社会全体の人間関係の豊かさを重視したうえで、「ソーシャル・キャピタルとは、人々の協調行動を活発にすることによって、社会の効率性を高めることのできる、『信頼』『規範』『ネットワーク』といった社会的仕組みの特徴」であるとした[9]。パットナムによればソーシャル・キャピタル（社会関係資本）は、人々の協調行動が活発化することにより社会の効率性を高めることができるという。すぐれた医療社会起業家は、これらの関係のつくり手であり、演出者であり、共演者であり、仲介者でもある。

　異界越境する。あちら側の事情に介入し異質を結びつける。こうして自らが関係性の混沌に飛び込んで泳ぎもするが、関係性と関係性を取り結び、そこにまた、異質なものを取り混ぜ、組み合わせ、仲介もする。事業をデザインするときなど、このリーダーに資質がよく出る。まずは、顧客をつくる。ユーザー・コミュニティーをつくりながら場づくりをする。ヒトの側面では、ワークフォース・コミュニティーをつくる。これは労働力調達の

※8　金子郁容. ボランティア：もうひとつの情報社会. 岩波書店. 1992年
※9　ロバート・D.パットナム. 哲学する民主主義─伝統と改革の市民的構造. NTT出版. 2001年

場づくりである。仕入れ先のパーチェス・コミュニティーをつくる。そして、事業収入以外の寄付やファンディングのためのファンド・コミュニティーを一所懸命つくる人もいる。そして、知識共有・創造の場を創り、ナレッジ・コミュニティーさえもつくる。これらは全て、関係性との係わり合いから生まれてくる。そしてそれらの場、場の組み合わせを大きくしてスケールアウトしていくのである。リーダーとは、フォロワーを導く人ではなく、振り返ると人がついてくる人のことを言う。フォロワーも、命令による強制や報酬のためでなく、自律的に自ら進んで旅を共にする[※10]。

4　カネでは動かないがカネを動かす

『社会起業家に学べ』の著者、今一生はこう語る。「社会起業家は、自分の団体の周辺の人脈にとどまらず、もっと広い『社会』という枠組みの中で問題解決のニーズを考え、『自分たちの問題は実は広く社会全般に通じる問題なのだ』という意識で問題の深刻さに向き合い、問題解決のために時間や労力、金を投げ打つんですね」[※11]。確かに、こうしたワークスタイルは、通常の株式会社の代表取締役のように株主の利益を最優先して行動し、本来の事業から獲得した収益から余った金だけを社会貢献に回すという考え方とは行動様式が異なっている。

確かに合理的経済人が眺めれば、これらの社会起業家たちの発想は異質である。いずれにせよ、市場経済メカニズムの境界の外側で活躍する社会起業家は、カネでは動かないがカネを動かすのである。カネでは動かないがカネを動かす人もいれば、カネを自分でつくらないが、カネをせびる人もいる。カネで動かないふりをしつつ、カネで動く人もいる。カネで動かないしカネを動かせない人もいる。

5　フロー体験力と報酬デザイン力

社会に一定のイノベーションとして社会に認知させることができる医療社会起業家には「健全な金銭感覚」を持っている人が多い。確かに所得としての金は報酬だが、所得だけが報酬ではない。ここにおいて、報酬とは何か、そして社会起業家にとっての報酬は何なのか、というテーマが浮上する。

「以前はサラリーマンをやっていましたが、会社の利益のためだけに働き、自分の給料のためだけに働くことに疑問を感じるようになりました」

「お金儲けをするのなら、医療の仕事なんかしませんよ」

なるほど、このような見方は医療の世界で活躍する方々との会話の節々によく出てくる

※10　野田智義, 金井壽宏. リーダーシップの旅. 光文社新書. 2007年
※11　東京農工大学大学院技術経営研究科の「アントレプレナーシップ」での招待講演. 2008年11月21日

ものだ。市場の中では、経済人は自らの利益を最大化するために合理的に行動するという仮説は捨てがたく魅力的なものだ。確かに、市場経済制度の枠組みの中で社会的事業を行う人もあれば、市場経済制度の枠組みを意図的に回避して、互酬や再配分の制度を組み立てて事業を展開している事業家もいる。しかしながら、何らかの「報酬」を期待してリーダーたちは行動しているのである。

　先に議論したように、フロー体験とは、極度にハマッている体験、没入している体験のことだ。外部から何の報酬を得なくても、まったく気にならない。やっていることそのものが報酬なので、内発的に動機づけられている状態でもある。寝食を忘れるほど仕事に没頭する。楽しくてしょうがない。こんな経験を多くの医療社会起業家は持っているし、仕事をとおしてフローを経験していることが多い。先にも述べたが、仕事に没入している医療社会起業家にとっての報酬の多くは、没入している当の仕事そのものから発生していると考えられる。フロー経験とは、自己が行為の場を高い集中力をもって統制し、効果的に環境にはたらきかけているときに感じる「自己効力感をともなう楽しい経験」のことだ[12]。そしてフロー体験とは、外発的な利益とは無縁の、それをすること自体が報酬となる自己目的的な活動である。

　傑出した成果を上げている医療社会起業家には、自己目的的パーソナリティを持つ人が多い。そして彼ら、彼女たちは、意識せずとも社会の問題を解決するという仕事の中にフロー経験を見出し、それ自体が報酬の大きな1つであると認識しているようだ。所得としての金銭価値よりは、社会問題の解決という経験そのもののほうが報酬なのである。

　報酬については、脳科学や認知心理学の知見が新しい切り口をもたらしてくれる。ヒトや動物の脳の中で、欲求が満たされたとき、あるいは満たされることがわかったときに活性化し、その個体に快の感覚を与える神経系が報酬系である。喉の渇きを潤すために水を飲むとか、部屋が寒いから暖房をつけるといった生物的で短期的な欲求もあれば、他者に褒められるとか、子供を育て上げるといった社会的で長期的な欲求もある。報酬系にはドパミン神経系が関与しているとされている。

　社会的な問題解決に長期的、継続的に取り組むリーダーにとっての報酬は、当事者である自己が介入する社会からの反応によってもたらされることが多い。

　「ありがとうございました」

　この言葉を聞くとき、彼ら、彼女たちは無上の歓び、悦びを感じるという。患者からの認知、患者からの評価、そして患者との共感が医療界で活躍する医療社会起業家にとっての重要な報酬の重要な一部を構成するのである。報酬系神経で分泌されるドパミンは、スプーンの先端にも満たない微量なものかもしれないが、リーダーには大いなる内面的な報酬をもたらすのだ。フロー体験は行為から生まれ、認知、評価、共感は関係性から生まれ

※12　M.チクセントミハイ：楽しみの社会学. 新思索社. 2001年

る。傑出した社会起業家には、フロー体験や報酬をデザインする力がある。

6 シンクロニシティ共起力

　「あの人は運がいい！」ということを換言すると、「あの人には偶然幸運に出会う能力つまりセレンディピティ（serendipity）がある」となる。165ページで見たように、成功している社会起業家にはセレンディピティがある。セレンディピティと深いところで繋がっているものにシンクロニシティがある。詳細は第5章でリーダーシップを扱ったときに議論したが、シンクロニシティは「意味のある偶然」をもたらす現象でもある。通常の因果律では因果関係が見出せない事象における関係性を説明する考え方なので、シンクロニシティは「共時性」ともユング派の研究者によって訳されている。

　シンクロニシティはフロー状態にいるときによく起きると言われる。フロー体験のただ中では、何事かに真剣に集中し、意識が冴えわたり、いろいろなことに敏感に気づき、オープンになる。読書や執筆活動によってもシンクロニシティがもたらされる。読書は純粋に意識的なフロー体験であり、興味がある事柄、関心のあるテーマによって意識が心地よいテンションで充満されるときシンクロニシティが頻発する。

　運は能力の一部門であるという考え方がある。その1つの発現としてセレンディピティ（serendipity）という言葉は「偶然、幸運に出会う能力」を意味する。シンクロニシティ（synchronicity）を1つの能力として捉えれば、共時・共起する偶然に積極的に関わろうとする自覚的能力を暗示するものである。

　「偶然、幸運に出会う能力」は、能動的に環境にはたらきかける操作ではなく、環境から自分へのはたらきかけ、メッセージ、予感などを感じ取る受動的なものである。ここにおいて、『幸運の流れをつかむ哲学〜パワー・オブ・フロー〜』の記述が示唆的だ[13]。著者のベリッツによればフローとは、「自分や他者や世界との垣根を取り払い、宇宙と調和して生きているという実感を味わわせてくれるもの」で、訓練や習慣によってシンクロニシティの気づきは高まり、幸運を呼び寄せることができるという。まさに偶然幸運に出会う能力をいかに開発するのかというテーマを中心に書かれている。人の行動は複雑で雑然としている。複雑で雑然な人が何となく感じる運の良し悪しは、実証的分析の埒外に置かれてきたが、近年は認知科学、脳科学ではセレンディピティという概念に光が当てられるようになってきている。

※13　チャーリーン・ベリッツ，メグ・ランドストロム．パワー・オブ・フロー．河出書房新社．1999年

7　夢への首尾一貫力

　溌剌として健康な人もいれば病気がちな人もいる。面白そうに生きている人もいれば、何かつまらなそうに生きている人もいる。クリエイティブに前向きな変化やイノベーションを起こす人もいれば、言われたことをそのまましかやらない人もいる。いろいろな人がいる。何がこのような違いをもたらすのか。その答えの1つがセンス・オブ・コーヒレンス（sense of coherence）と呼ばれる感覚（コヘレント感覚）である。人生の当事者として身の回りの世界に首尾一貫した意味のある一体感を保持し、人生を手中にしている感覚。そして、世界と自分との間に目的を見出し自分が選び出した世界と仲良く親密になれる感覚。首尾一貫して新しい世界との対話を楽しみ、そこに前向きな意味を紡ぎ出していけるおおっぴらな楽観的感覚。世界にほのぼのとした光を見出し、レンズでその光を集めて退屈な紙を焼いてしまうような集中する感覚。

　優秀な医療社会起業家にはコヘレント感覚を持つ人が多いように思われる。学習性無気力感覚（learned helplessness）とは無縁の人々である。思考は志向的だ。マイケル・ポランニーは、ゲシュタルト（形態）は認識を求めるときに能動的に経験を編集するプロセスで形づくられ、その形成と統合こそが「暗黙の力」であり、その暗黙の力が進化の動因でさえあると意味深なことを言った。したがって、一人ひとりの個人には、たぶん宇宙的な原理として、より高い位相に向かう志向性があるというのである。

　さてマズローは、その高い位相のことを自己実現（self actualization）と表現したが、彼と熱心に意見交換したコリン・ウィルソン（Colin Wilson）は、その高い位相を宇宙意識であると定義した。彼によれば、至高体験のさらに上には春の意識、魔法の意識、そしてX意識があるという[14]。卓越した医療社会起業家は夢に向かって努力を集中するのである。夢を現実に近づけるものが目標であるとするのならば、優秀な社会起業家は目標をことさら大事にするものである。

※14　コリン・ウィルソン. 至高体験―自己実現のための心理学. 河出書房新社. 1998年

問題　社会起業家の定義として、正しいものはどれか。

〔選択肢〕

①社会問題を解決するためにビジネスのスキルを使い、イノベーティブなアプローチを考え出し、社会的な価値を創造する人々である。

②社会問題を解決するためにビジネスのスキルを使い、イノベーティブなアプローチを考え出す人々である。

③イノベーティブなアプローチを考え出し、社会的な価値を創造する人々である。

④自らの利益を最大化しようとする合理的な人々である。

⑤自らの利益を最大化するために、イノベーティブなアプローチを考え出し、社会的な価値を創造する人々である。

解答　①

解説

スタンフォード大学ソーシャルイノベーションセンターでは、「社会起業家とは、社会問題を解決するためにビジネスのスキルを使い、イノベーティブなアプローチを考え出し、社会的な価値を創造する人々である」と定義している。

おわりに

　本テキストの初版を執筆したのは、2010年のことだから、それは、かれこれ約10年も前のことになる。10年ひと昔というし、平成から令和へと時代も代わり、初版執筆時と現在とではチーム医療や多職種連携をめぐる状況には隔世の感がある。10年前は東京農工大学技術経営研究科で技術経営の教育や研究に携わっていたが、その後、縁あって大学を移り、現在は学校法人東京農業大学・東京情報大学大学院総合情報学研究科と看護学部で教鞭をとっている。

　さて、本テキストでは、チーム医療や多職種連携をシステム科学、とくにトランスレーショナル・システム科学の視点でいろいろと論じてきた。システム科学やサービス・システム科学の学恩は、全面的に東京工業大学名誉教授（現、大東文化大学教授）の木嶋恭一先生に負っている。木嶋先生のシステム科学に関するゼミは刺激満載の実にエキサイティングなものであった。また、サービスのありかたをシステム科学の視点から捉え、英国、米国、ヨーロッパ、北欧、インドネシアなどから先端的な研究者を招聘して大々的に開催されたサービス・システム科学に関する国際会議も、国際的、学際的でアカデミックな刺激に満ち満ちたものだった。

　木嶋先生とはナポリ沖合の風光明媚なイスキア島（昔の映画だが、アラン・ドロン主演の「太陽がいっぱい」のロケ地でもある）で開催されたNaples Forum of Service Sciencesもご一緒し、心地よい海風にあたって蒼いティレニア海を眺めながら、美味しいワインとイタリア料理を存分に味わったこともいい思い出だ。感謝の思いを込めて、不出来な弟子の、不出来な本であるものの、本テキストを僭越ながら、木嶋恭一先生と、今は亡き奥様に捧げたい。

　昨年から、科研費（19K10491）の助成を受けて、「多職種協働チームのヘルスケアサービスの質に対するインパクトの国際的実証研究」に着手している。本テキストで引用している論文、そのもととなった貴重なデータは、研究分担者の文京学院大学の藤谷克己教授、東京情報大学看護学部の市川香織准教授、同総合情報学部の池田幸代准教授と、この共同研究プロジェクトで積み上げてきたものだ。また、その共同研究プロジェクトには、カナダのブロック大学のドーン・プレンティス教授、ウェスタン大学のキャロル・オーチャード名誉教授、フィンランドのアルト大学のポール・リランク教授にも共同研究者として有難くもご参画いただいている。医師、看護師、助産師、教育学博士、マネジメント、社会科学者などのバックグラウンドを持つ彼女、彼らとは、文字どおり、太平洋やユーラシア大陸を越えた多職種連携チームを作って研究を進めている。また、実証的な調査研究につ

いては、静岡県の富士宮市立病院看護部長の石川弥生氏はじめ多様な職種の方々に大変お世話になった。記して感謝申し上げる次第である。

　多職種連携を主題にした本テキストは、まさに、このようなインターナショナルかつインタープロフェッショナル・コラボレーションに依拠しているということになる。多種多様な仲間と、新たな発見、仮説、理論についてオープンに擦れ合い、アイディアをシェアし、議論をするのは、本当に面白いことだ。それが、研究の醍醐味であるといったら、言い過ぎになるだろうか。

　10年前の「おわりに」で、「研究の道半ばの成果をまとめた」と書いたことを編集担当者から指摘されて、ハッとしてそのことを思い出した。10年経ったから研究が集大成したかと問われれば、残念ながら、さにあらずだ。研究には終わりがあるようでないので、2020年の時点でも、やはり、研究の道半ばの成果をまとめたこととなる。ともあれ、このような機会を与えてくれた日本医療企画にも改めて記して御礼申し上げる。

松下　博宣

謝辞：本テキストには、日本学術振興会の支援（研究課題／領域番号19K10491）を受けた
　　　研究成果が含まれる。

索 引

[数字・アルファベット]

Assessment of Interprofessional Team Collaboration Scale（AITCS）
················· 41, 58, 72, 123

Ⅰ型人材·····························93

PDCA······························170

Society 5.0······················24, 26

Ｔ型人材·························93, 101

－型人材·····························93

π型人材···························101

[あ]

アトム化·····························171

[い]

異界越境者（トランスレーショナル・アクター）·····························19

育成力·······························88

意思決定主体···· 7, 8, 13, 34, 100, 167, 172

位相変態者·····························20

イニシアティブ·······················88

イノベーション···· 13, 16, 18, 84, 115, 178, 210, 213, 219, 226

インター・プロフェッショナル・コラボレーション ·····················2, 36

イントラ・プロフェッショナル・コラボレーション ·····················36

[え]

エコ・システム······················39

縁故（リファラル）転職··············99

エンパワーメント··············· 151, 173

[お]

思い·······························68

[か]

階層組織····························167

概念化······························89

概念思考力··························92

拡張―形成理論······················75

拡張知能(エクステンデッド・インテリジェンス)·····························25

家事支援ロボット····················32

価値共創者（バリュー・コクリエーター）·····························20

カッツ······························92

関係構築力··························89

関係性スキル····················94, 97

間主観性（インター・サブジェクティビティ）·····························67

[き]

技術スキル······················94, 97

帰属感情····························74

気づき（アウェアネス）················8

機能体（ゲゼルシャフト）・・・・・・・・・・・168
機能要件・・・・・・・・・・・・・・・・・・・・・73
キャラクターAI・・・・・・・・・・・・・・・・33
強圧・・・・・・・・・・・・・・・・・・・・・・・168
共起ネットワーク分析・・・・・・・・・・・・・67
共同体（ゲマインシャフト）・・・・・・・・168
共立併存（アコモデーション）・・・・・・・・8
協力・・・・・・・・・・・・・・・・・・・・・・・40

[く]

クロス・プロフェッショナル・コラボレー
　ション ・・・・・・・・・・・・・・・・・・・37
クロンバック α 係数・・・・・・・・・・・・・44

[け]

経営資源・・・・・・・・・・・・・・・・・・・・58
傾聴・・・・・・・・・・・・・・・・・・67, 68
権限・・・・・・・・・・・・・・・・・・・・・167
健康経営・・・・・・・・・・・・・・・・・・・・59

[こ]

工業時代・・・・・・・・・・・・・・・・23, 167
交流・・・・・・・・・・・・・・・・・・・・・・37
顧客志向性・・・・・・・・・・・・・・・・・・89
コモンセンス・・・・・・・・・・・・・・・・・97
コラボレーティブ・リーダーシップ
　・・・・・・・・・・・・・・・166, 171, 173
コラボレーティブ・リーダーシップ評価尺
　度 ・・・・・・・・・・・・・・・・・・・・173
コンピテンシー・・・・・・ 14, 80, 86, 100, 170
コンピテンシー・フレームワーク・・・・・86
コンピテンシーの動的不均衡理論・・ 83, 85

コンピテンシー理論・・・・・・・・・ 80, 81, 85
コンピテンス・・・・・・・・・・・・・・・・・80

[し]

指示・・・・・・・・・・・・・・・・・・・・・167
指示命令・・・・・・・・・・・・・・・・・・・167
自信・・・・・・・・・・・・・・・・・・・・・・89
システマティック・・・・・・・・・・・・・・60
システミック・・・・・・・・・・・・・・・・60
システム科学・・・・・・・ 10, 13, 17, 62, 80
指導力・・・・・・・・・・・・・・・・・・・・88
自発的努力・・・・・・・・・・・・・・・・・・89
社会的孤立・・・・・・・・・・・・・・・・・・96
終身雇用・・・・・・・・・・・・・・・・・・・168
柔軟性・・・・・・・・・・・・・・・・・・・・89
手術支援ロボット・・・・・・・・・・・・・・29
狩猟時代・・・・・・・・・・・・・・・・・・・23
上下関係・・・・・・・・・・・・ 68, 167, 169
上司・・・・・・・・・・・・・・・・・・・・・167
情報共有・・・・・・・・・・・・・・・・・・・68
情報志向性・・・・・・・・・・・・・・・・・・88
情報時代・・・・・・・・・・・・・・・・・・・24
職種間の理解・・・・・・・・・・・・・・・・・68
職種内連携・・・・・・・・・・・・・・・・・・35
シンクロニシティ・・・・・・ 159, 164, 243
人材不足・・・・・・・・・・・・・・・・・・・66

[す]

スペンサー・・・・・・・・・・・・・・・・・・80

[せ]

セレンディピティ・・・・・・・・・ 165, 178, 243

セルフ・コントロール・・・・・・・・・・・・・・89

専門性・・・・・・・・・・・・・・・・・・・・・89

【そ】

相互傾聴・・・・・・・・・・・・・・・・・・・68

阻害要因・・・・・・・・・・・・・58, 61, 69

促進要因・・・・・・・・・・・・58, 61, 68, 69

組織感覚力・・・・・・・・・・・・・・・・・89

組織風土・・・・・・・・・・・・58, 61, 74

ソフトシステム・・・・・・・・・・・・・・・・7

ソフトシステムアプローチ・・・・・・・・・・16

【た】

対人影響力・・・・・・・・・・・・・・・・・・89

対人感受性・・・・・・・・・・・・・・・・・・89

対話・・・・・・・・・・・・・・・・・・・・・70

多職種カンファレンス・・・・・・・・・・68, 70

多職種連携（インタープロフェッショナル・
　コラボレーション）・・・2, 7, 9, 13, 23, 34,
　40, 58, 118, 121, 124, 131

多職種連携アイスバーグモデル・・・・・・・72

達成指向性・・・・・・・・・・・・・・・・・・88

【ち】

チームワーク・・・・・・・・・・・・・・・・88

知識創造・・・・・・・・・・・・・・・・・・・171

知の変換者（ナレッジ・トランスフォー
　マ）・・・・・・・・・・・・・・・・・・・・19

調整・・・・・・・・・・・・・・・・・・・・・40

【て】

デジタル・トランスフォーメーション
　・・・・・・・・・・・・・・・・・・25, 29

徹底性・・・・・・・・・・・・・・・・・・・88

【と】

統合・・・・・・・・・・・・・・・・・34, 37

同調圧力・・・・・・・・・・・・・・・・・・70

動的不均衡状態・・・・・・・・・・・・・・・84

トランス・プロフェッショナル・コラボレー
　ション・・・・・・・・・・・・・・・・・37

トランスレーショナル・サイクル・・・・・38

トランスレーショナル・システム科学
　・・・・・・・・・・・・・17, 19, 22

【に】

人間活動（ヒューマン・アクティビティ）
　システム・・・・・・・・・・・7, 13, 60, 84

人間関係力・・・・・・・・・・・・・・・・・92

【ね】

ネガティブ感情・・・・・・・・・・・・・・・75

ネットワークシステム・・・・・・・・・・・34

年功賃金・・・・・・・・・・・・・・・・・・82

【の】

農業時代・・・・・・・・・・・・・・・・・・23

能力行動特性・・・・・・・14, 20, 27, 80, 170

ノーハウ・・・・・・・・・・・・・・・・・・100

ノーフー・・・・・・・・・・・・・・・・・・100

ノンテクニカルなコンピテンシー・・・・・92

［は］

バーチャル・ヒューマン・エージェント
　　・・・・・・・・・・・・・・・・・・ 28, 32, 33
パートナーシップ・・・・・・・・・・・・・・・・・40
ハイパフォーマ・・・・・・・・・・・・・・・・100
ハイパフォーマ分析・・・・・・・・・・・・・100
橋渡し（トランスレーション）・・・・・・・27
パワードスーツ・・・・・・・・・・・・・・・・・29
パワーハラスメント・・・・・・・・・・・・・・70

［ふ］

部下・・・・・・・・・・・・・・・・・・・・・・・167
複雑対応系・・・・・・・・・・・・・・・・・・・83
複雑適応系・・・・・・・・・・・・・・・・・・・59
ブリッジ・・・・・・・・・・・・・・・・・・・・・98
分身ロボット・・・・・・・・・・・・・・・・・・30
分析的思考能力・・・・・・・・・・・・・・・・・89
文脈価値転換者（コンテキスト・バリュー・
　　トランスレーター）・・・・・・・・・・・・20
文脈変形者（コンテキスト・トランスフォー
　　マ）・・・・・・・・・・・・・・・・・・・・・21
分離感情・・・・・・・・・・・・・・・・・・・・・74

［ほ］

ポジティブ・ムード・・・・・・・・・・・・・・75
ポジティブ感情・・・・・・・・・・・・・・・・・75
ボヤティス・・・・・・・・・・・・・・・・・・・80

［ま］

マインドフルネス・・・・・・・・・・・・・・172
マクレランド・・・・・・・・・・・・・・・・・80

マシンインターネット・・・・・・・・・・・・28
マルチ・プロフェッショナル・コラボレー
　　ション・・・・・・・・・・・・・・・・・・・36

［み］

見える化・・・・・・・・・・・・・・・・・・・・44

［む］

ムード・・・・・・・・・・・・・・・・・・・・・74

［め］

命令・・・・・・・・・・・・・・・・・・・・・・167

［よ］

弱いつながりの強さ・・・・・・・・・・・・・・98

［り］

リーダーシップ・・・・ 88, 139, 143, 146, 149,
　　153, 161, 166, 169
利己主義・・・・・・・・・・・・・・・・・・・・67

［れ］

レジリエンス・・・・・・・・・・・・・・・ 59, 75
連携・・・・・・・・・・・・・・・・・・・・ 34, 37
連合・・・・・・・・・・・・・・・・・・・・・・34
連絡・・・・・・・・・・・・・・・・・・・・ 34, 37

著者紹介

松下博宣（まつした・ひろのぶ）

早稲田大学商学部卒業後、コーネル大学大学院（Policy Analysis and Management, Sloan Program in Health Administration）に留学し、M.Sc.を取得。東京工業大学社会理工学研究科にてシステム科学、サービス・システム科学を研究。博士（学術）。Hay Consulting Group を経て会社経営、上場企業に売却してイグジットを果たした後、アカデミアに転ずる。東京農工大学産業技術専攻（MOT）教授（2008年〜2013年）を経て、現在、学校法人東京農業大学・東京情報大学大学院総合情報学研究科教授。コンゴ民主共和国、スリランカ等で、医療サービスの継続的質改善、多職種連携、グローバルヘルスに関して病院、政府に対して指導。「創造するリーダーシップとチーム医療」、日本医療企画、2010年（単著）。Service Systems Science, Springer, 2015.（分担執筆）。「看護マネジメントのための診療報酬・介護報酬解説BOOK 2018年度改定対応版＜看護政策・経営学で読み解く＞。メディカ出版。2018年6月（著・編集）等、20冊の専門書を刊行、論文多数。内閣府経済社会総合研究所社会イノベーション研究ワーキンググループ委員（2008年）、看護経済・政策研究学会理事（2018年〜）等を歴任。

多職種連携に関する講演資料、各種尺度、論文、リサーチノートなどは筆者ホームページにて公開中
https://hironobu-matsushita.com/

NOTE

NOTE

NOTE

医療経営士●中級【専門講座】テキスト6

多職種連携とシステム科学——異界越境のすすめ

2020年7月27日　初版第1刷発行

著　　　者　松下　博宣
発　行　人　林　　諄
発　行　所　株式会社 日本医療企画
　　　　　　〒104-0032　東京都中央区八丁堀 3-20-5　S-GATE八丁堀
　　　　　　TEL 03-3553-2861（代）　　http://www.jmp.co.jp
　　　　　　「医療経営士」専用ページ　http://www.jmp.co.jp/mm/
印　刷　所　図書印刷 株式会社

『医療経営士テキストシリーズ』全40巻

初　級・全8巻

（1）医療経営史——医療の起源から巨大病院の出現まで［第3版］
（2）日本の医療政策と地域医療システム——医療制度の基礎知識と最新動向［第4版］
（3）日本の医療関連法規——その歴史と基礎知識［第4版］
（4）病院の仕組み／各種団体、学会の成り立ち——内部構造と外部環境の基礎知識［第3版］
（5）診療科目の歴史と医療技術の進歩——医療の細分化による専門医の誕生、総合医・一般医の役割［第3版］
（6）日本の医療関連サービス——病院を取り巻く医療産業の状況［第3版］
（7）患者と医療サービス——患者視点の医療とは［第3版］
（8）医療倫理／臨床倫理——医療人としての基礎知識

中　級［一般講座］・全10巻

（1）医療経営概論——病院経営に必要な基本要素とは［第2版］
（2）経営理念・経営ビジョン／経営戦略——戦略を実行するための組織経営
（3）医療マーケティングと地域医療——患者を顧客としてとらえられるか
（4）医療ICTシステム——ヘルスデータの戦略的活用と地域包括ケアの推進［第2版］
（5）組織管理／組織改革——改革こそが経営だ！
（6）人的資源管理——ヒトは経営の根幹［第2版］
（7）事務管理／物品管理——コスト意識を持っているか？［第2版］
（8）病院会計——財務会計と管理会計
（9）病院ファイナンス——資金調達の手法と実務
（10）医療法務／医療の安全管理——訴訟になる前に知っておくべきこと［第2版］

中　級［専門講座］・全9巻

（1）診療報酬制度と医業収益——病院機能別に考察する戦略的経営［第5版］
（2）広報・広告／ブランディング——集患力をアップさせるために
（3）管理会計の体系的理解とその実践——原価計算の手法から原価情報の活用まで
（4）医療・介護の連携——これからの病院経営のスタイルは複合型［第4版］
（5）経営手法の進化と多様化——課題・問題解決力を身につけよう
（6）多職種連携とシステム科学——異界越境のすすめ
（7）業務改革——病院活性化のための効果的手法
（8）チーム医療と現場力——強い組織と人材をつくる病院風土改革
（9）医療サービスの多様化と実践——患者は何を求めているのか［第2版］

上　級・全13巻

（1）病院経営戦略論——経営手法の多様化と戦略実行にあたって
（2）バランスト・スコアカード——その理論と実践
（3）クリニカルパス／地域医療連携——医療資源の有効活用による医療の質向上と効率化
（4）医工連携——最新動向と将来展望
（5）医療ガバナンス——医療機関のガバナンス構築を目指して
（6）医療品質経営——患者中心医療の意義と方法論
（7）医療情報セキュリティマネジメントシステム（ISMS）
（8）医療事故とクライシスマネジメント——基本概念の理解から危機的状況の打開まで
（9）DPCによる戦略的病院経営——急性期病院経営に求められるDPC活用術
（10）経営形態——その種類と選択術
（11）医療コミュニケーション——医療従事者と患者の信頼関係構築
（12）保険外診療／附帯事業——自由診療と医療関連ビジネス
（13）介護経営——介護事業成功への道しるべ

※タイトル等は一部予告なく変更する可能性がございます。